大学生
心理健康
理论与实践

主编 刘 佳

西安交通大学出版社

XI'AN JIAOTONG UNIVERSITY PRESS

图书在版编目(CIP)数据

大学生心理健康理论与实践 /刘佳主编. — 西安：
西安交通大学出版社，2024.5(2025.8重印)
ISBN 978 - 7 - 5693 - 3682 - 5

Ⅰ. ①大… Ⅱ. ①刘… Ⅲ. ①大学生－心理健康－健
康教育 Ⅳ. ①G444

中国国家版本馆 CIP 数据核字(2024)第 054769 号

书　　名	大学生心理健康理论与实践
	DAXUESHENG XINLI JIANKANG LILUN YU SHIJIAN
主　　编	刘　佳
责任编辑	侯君英
责任校对	王斌会
装帧设计	伍　胜

出版发行　西安交通大学出版社
　　　　　（西安市兴庆南路 1 号　邮政编码 710048）
网　　址　http://www.xjtupress.com
电　　话　(029)82668357　82667874(市场营销中心)
　　　　　(029)82668315(总编办)
传　　真　(029)82668280
印　　刷　西安五星印刷有限公司

开　　本　720 mm×1000 mm　　1/16　印张 16.75　字数 425 千字
版次印次　2024 年 5 月第 1 版　　2025 年 8 月第 2 次印刷
书　　号　ISBN 978 - 7 - 5693 - 3682 - 5
定　　价　42.00 元

如发现印装质量问题,请与本社市场营销中心联系。
订购热线:(029)82665248　(029)82667874
投稿热线:(029)82668525

写给青春的你

祝贺你,亲爱的朋友,当你经过多年的拼搏努力,考上大学,带着亲人们期许的目光,背上行囊,踏入大学校门的那一刻,你的人生将掀开新的篇章。感谢我们相遇在这本书中,感谢你选择了这份礼物。

在大学这个人生重要的阶段,你可能会面临学习、恋爱、人际、就业、成长等各方面的课题,你也可能会遇到困难和问题,但请记住:"你成长中所遇到的问题,都是为你量身定做的。解决了,你就成为你这类人当中的幸存者。不解决,你永远也不知道自己可能成为谁。"这本《大学生心理健康理论与实践》就是你遇到困难和问题时的好帮手,助力你更快乐、更健康地成长。

国家高度重视大学生心理健康教育工作。2001年教育部颁布了《教育部关于加强普通高等学校大学生心理健康教育工作的意见》(教社政〔2001〕1号),2002年又发布了《普通高等学校大学生心理健康教育工作实施纲要(试行)》。2010年公布的《国家中长期教育改革和发展规划纲要(2010—2020年)》中指出加强心理健康教育,指出心理健康对学生全面发展的重要意义。2011年,《普通高等学校学生心理健康教育工作基本建设标准(试行)》强调学校对心理工作的重视与投入,确立了高校心理健康教育建设基本标准。2012年,党的十八大报告中明确提出要提高公民道德素质,注重人文关怀和心理疏导,培育自尊自信、理性平和、积极向上的社会心态。2016年,《关于加强和改进新形势下高校思想政治工作的意见》中指出要推进高校思想政治工作改革创新,加强人文关怀和心理疏导,促进大学生身心和人格健康发展。2017年,《高校思想政治工作质量提升工程实施纲要》提出思政质量提升工程的顶层设计,明确心理育人为十大育人体系之一。2018年,《高等学校学生心理健康教育指导纲要》强调心理健康教育是高校人才培养体系的重要组成部分,也是高校思想政治工作的重要内容,要求各高校将心理健康教育纳入学校改革发展整体规划,研究制定心理健康教育的工作规划和相关制度。同年,《全国社会心理服务体系建设试点工作方案》提出搭建社会心理服务平台,将心理健康服务纳入健康城市评价指标体系。2019年,《国务院关于实施健康中国行动的意见》(国发〔2019〕13号)、《健康中国行动组织实施和考核方案》、《健康中国行动(2019—2030年)》指出心理健康是健康的重要组成部分,应健全社会心理服务网络,加强心理健康人才培养。2023年,教育部等17个部门印发的《全面加强和改进新时代学生心理健康工作专项行动计划(2023—2025年)》中明确提出,要切实把学生心理健康工作摆在更加突出的位置。

2023年,我们总结经验,吸收心理学最新研究成果,编写了《大学生心理健康理论与实践》。全书分为理论篇和实践篇,共有14章内容。理论篇中各章主题分为心理知识、小贴士、做一做、小故事大道理、心理探秘、名言警句、请你分析、心理测试、心理小训练九大板块,逻辑上环环相扣,内容上层层递进,形式上生动活泼。实践篇主要包括大学生生命教育与心理危机应对、大学生团体心理辅导、校园情景心理剧。

衷心希望学生通过对本书的学习和实践,能够获得心灵上的成长。

本书在编写的过程中,参考借鉴了国内外该领域的许多论著和教材,在这里一并表示衷心的感谢!

编　　者

2023年10月

理 论 篇

第六章　学习心理

第七章　人际交往

第八章　情绪管理

第九章　爱情心理与性心理

第十章　职业生涯规划心理

实 践 篇

第十一章　助人与自助

第十二章　大学生生命教育与心理危机应对——热爱生命

第十三章　大学生团体心理辅导

第十四章　校园情景心理剧

理论篇

第一章

大学生心理健康概述

‹◉› 心理知识

一、什么是健康

世界卫生组织关于健康的定义："健康乃是一种在身体上、精神上的完美状态，以及良好的适应力，而不仅仅是没有疾病和衰弱的状态。"这就是人们所指的身心健康，也就是说，一个人在躯体健康、心理健康、社会适应良好和道德健康四方面都健全，才是完全健康的人。

二、健康的标准是什么

1999 年，世界卫生组织把身心健康的新标准概括为"五快三良好"。

"五快"是生理健康标准。其具体内容为快食、快眠、快便、快语、快行。"快食"是指胃口好、不挑食、不偏食、不狼吞虎咽；"快眠"是指入睡快、睡眠质量高、精神饱满；"快便"是指大小便通畅、便时无痛苦、便后感舒适；"快语"是指思维敏捷、说话流利、口齿清楚、表达正确；"快行"是指行动自如、步伐轻盈。

"三良好"是心理健康标准。其具体内容为良好的个性、良好的处世能力、良好的人际关系。"良好的个性"是指心地善良、乐观处世、为人谦和、正直无私、情绪稳定；"良好的处世能力"是指观察事物能客观现实、有良好的自控能力、能较好适应复杂的环境变化；"良好的人际关系"是指能够助人为乐、与人为善、待人接物宽和、不过分计较小事。

三、什么是心理健康

心理健康已经成为现代健康概念中的一个不可或缺的部分。心理健康是指个体在认知、情感和行为上的一种良好状态，这种状态使得个体能够适应社会环境，有效地应对日常生活中的压力和挑战，同时发挥自我潜能。

四、大学生心理健康的标准

（一）智力正常

智力以思维为核心，包括观察力、记忆力、思维力、想象力和认识力等。它是衡量人的心理健康的最重要的标志之一。心理健康的人,智力水准虽然有所不同,但智力应是正常的。正常的智力是人们生活、学习、工作和劳动的最基本的心理条件。

(二)情绪乐观并能自控

心理健康的人心胸开朗,情绪稳定和乐观,常向光明看,不往"黑暗处"钻,热爱生活,积极向上,对未来充满希望,遇到困难能自行解决。心理健康的人对自己情绪的自控能力很强。通常情况下,心理健康的人内心总是趋于平衡和协调的。既有适度的情绪表现,又不为情绪所左右而言行失调。一个人具有自控情绪能力,表明其中枢神经系统运行正常,身心各方面处于协调状态,不论遇到什么事总能适度地控制自己的喜怒哀乐,既不会得意忘形,也不会悲观轻生。有人认为,用情绪来表示心理健康就像用体温来表示身体健康一样准确。

(三)意志健全

意志是指一个人自觉确定目的,支配自己克服困难去实现目的的心理过程。意志健全的主要标志是行为的自觉性、果断性和意志的顽强性。心理健康的人,无论做什么事,都有明确的目的,能坚定地运用切实有效的方法解决所遇到的各种困难和问题,不优柔寡断、裹足不前,也不轻举妄动、草率行事。意志顽强的人,能较长时间保持专注和控制行动去实现某一既定目标,不屈不挠,不达目的决不罢休。

(四)反应适度

人对事物的认识和反应存在着个体差异,有的人反应敏捷迅速,有的人反应模糊迟缓,但这种差异是有一定限度的。心理健康的人应该是反应适度,而不是表现得异常兴奋或异常淡漠。

(五)自我意识明确

自我意识是人的意识发展的高级阶段,是个体对自己的认识和评价。它反映了个体对自己的态度。个体是在与现实环境的相互关系中,在个人的实践活动中来认识自我、确立自我形象的。心理健康的人,有明确的自我意识,能正确地认识自我,做力所能及的事情,有自知之明,能把"理想的我"与"现实的我"有机地统一起来,"理想的我"总能在"现实的我"中得到体现,能根据自己的认识和评价来控制调节自己的行为,使个体和环境保持平衡。

(六)人际关系和谐

人际关系是指人们在工作、生活和学习中所形成的心理关系。心理健康的人,在社会和集体中总是善于和他人交往,并能和多数人建立良好的人际关系。良好人际关系的建立是心理健康者与外界正常交往的结果,是个体对自己和对他人及两者之间关系正确认识和评价的结果。心理健康的人,在和他人交往中,能接纳自我,并接纳他人,对集体具有一种休戚相关、荣辱与共的情感,在与人相处时,积极的态度(如尊敬、信任、喜悦等)多于消极的态度(如嫉妒、怀疑、憎恶等)。

(七)良好的社会适应能力

在日常生活中,人们常以一定的社会行为规范作为判断个体心理是否健康的标准。心理健康的人,总能和社会保持良好的接触,能正确地认识环境,处理好个人和环境的关系,能了解各种社会规范,自觉地用这些规范来约束自己,使个体行为符合社会规范的要求。另外,心理健康者还能动态地观察各种社会生活现象的变化,以及这些变化对自己的要求,以期更好地适应社会环境。

小贴士

正确理解大学生心理健康的标准

1. 相对性

大学生心理健康与不健康是一个连续的过程,如将健康比作白色,将不健康比作黑色,那么在白色与黑色之间存在着一个巨大的缓冲区域——灰色区,大多数人的心理状态,都处于这一区域内。这说明,对多数大学生而言,在人生的发展过程中面临心理问题是正常的,不必大惊小怪,应积极应对。与此同时,个体灰色区域也是存在的,大学生应提高自我保健意识,及时进行自我调整。

2. 导向性

不健康的心理可能是不可避免的发展性问题,但是会随着个体的心理成长逐渐调整并趋于健康。心理健康的标准是一种理想尺度,它一方面为人们提供了衡量心理是否健康的标准,另一方面也为人们指出了提高心理健康水平的努力方向。如果每个人在自己现有基础上能够做出不同程度的努力,都可追求自身心理发展的更高层次,从而不断发挥自身的潜能。所以,大学生心理健康的基本标准,是一种高水平的方向引领,并不是要求大学生必须达到的终极目标。

做一做

A:小李身体非常强壮,但是与同学的关系总是处不好,为此非常烦恼。

B：小赵有先天性心脏病。

C：小刘身体健康，善于和人交往，情绪比较稳定，自制力比较强，意志坚定，大家都比较喜欢她。

请问：上述 3 个人当中谁是健康的呢？

小故事，大道理

一名秀才进京赶考，傍晚，投宿一客栈，做了一个梦：白菜种在墙上；下雨天既穿蓑衣又戴斗笠；一副棺材摆在自家门口。秀才疑惑，遂找一先生解梦。

先生说："你回去吧，考不上了。白菜种在墙上，那是白种啊；下雨天既穿蓑衣又戴斗笠，多此一举；看见棺材，这么晦气，今年一定考不中。"

秀才听后很沮丧，返回客栈收拾东西。客栈老板问其原因后说，我帮你解释："白菜种在墙上，那是高中啊；下雨天既穿蓑衣又戴斗笠，有备无患；棺材，官财，升官发财啊，你今年一定高中！"

秀才听后大喜，进京赶考后，果然高中。

换个角度看问题，结果会大有不同。心理因素是成功的关键之一。

心理探秘

怎样减少不必要的心理压力，提高心理健康水平

在日常生活当中，人们常常承受着来自各方面的压力。适当的压力是身心健康必需的条件，它有助于提高人的生活和学习的效率，正所谓"人无压力轻飘飘"。但是，这种压力必须维持在合理的、平衡的水平之上。当压力点处于松弛阶段时，生活会变得枯燥无味；当压力点过于紧张时，生活会变得极具冒险性、刺激、富有挑战，但可能会影响身心健康。那么，如何减少不必要的心理压力呢？

（1）通过一些心理自评量表进行自我评价，从中发现自己的压力值。

（2）学会自我放松。通过意识控制使肌肉放松，同时间接地入松紧张的情绪，从而达到轻松的心理状态，有利于身心健康。

（3）控制压力，学会释放压力。你可以尝试以下方法释放压力：找朋友倾诉；在学习、生活、工作中感到紧张的时候，及时调整生活节奏；从事自己喜欢的运动，比如通过游泳、跑步、打球等运动调节身心。

（4）理解、接纳自己的各种情绪，察觉情绪背后的愿望，用合理、恰当的方法实现自己的愿望，放下非理性愿望。

（5）认识自己、理解自己、接纳自己。认识自己的独特价值，接纳现实的自我，朝着理想自我的方向不断完善自我，提高自信心。

名言警句

真正的光明绝不是永远没有黑暗的时候，只是永不被黑暗遮掩罢了。真正的英雄绝不是永远没有卑下的情操，只是永不被卑下的情操所屈服罢了。所以，在你要战胜外来的敌人之前，先得战胜你内在的敌人；你不必害怕沉沦堕落，只要你能不断地自拔与更新。

——罗曼·罗兰

请你分析

一名优秀的大学毕业生应聘某大公司。在公布录用结果时，他名落孙山。得知此消息后，他深感绝望，顿生轻生之念。然而自杀未遂，只在脖子上留下了一道长长的标记。在他昏迷不醒之际，忽然又传来他被录用的喜讯。原来他名列榜首，只是统计时出了差错。然而，就在他把喜讯告知朋友，准备庆祝一番之时，又有消息传来，他被该公司解聘了。

请你思考：你认为该公司解聘他的理由是什么？你若是该公司的负责人，你会录用他吗？为什么？

心理测试

测试一下你的心理健康状况

下面的 40 道题，如果你感到"经常是"画"√""偶尔是"画"△""完全没有"画"×"。

（1）平时不知为什么总觉得心慌意乱、坐立不安。　　　　　　　　（　　　）

（2）上床后，怎么也睡不着，即使睡着也容易惊醒。　　　　　　　（　　　）

（3）经常做噩梦，惊恐不安，早晨醒来就会感到倦怠无力、焦虑烦躁。（　　　）

（4）经常早醒 1～2 小时，醒后很难再入睡。　　　　　　　　　　（　　　）

(5)讨厌学习,学习的压力常使自己感到烦躁。　　　　　　　　　（　　　）

(6)读书看报甚至在课堂上也不能专心致志,往往自己也搞不清在想什么。

　　　　　　　　　　　　　　　　　　　　　　　　　　（　　　）

(7)遇到不称心的事情便会较长时间沉默少言。　　　　　　　　（　　　）

(8)感到很多事情不称心,无端发火。　　　　　　　　　　　　（　　　）

(9)哪怕是一件小事情,也总是放不开,整日思索。　　　　　　（　　　）

(10)感到现实生活中没有什么事情能使自己产生兴趣,总是郁郁寡欢。

　　　　　　　　　　　　　　　　　　　　　　　　　　（　　　）

(11)老师讲理论知识时,常常听不懂,有时懂得快忘得也快。　　（　　　）

(12)遇到需要抉择的问题常常举棋不定,迟疑再三。　　　　　　（　　　）

(13)经常与人争吵,过后又后悔不已。　　　　　　　　　　　　（　　　）

(14)经常追悔自己做过的事,有负疚感。　　　　　　　　　　　（　　　）

(15)一遇到考试,即使有准备也紧张焦虑。　　　　　　　　　　（　　　）

(16)一遇到挫折,便心灰意冷,丧失信心。　　　　　　　　　　（　　　）

(17)非常害怕失败,行动前总是提心吊胆、畏首畏尾。　　　　　（　　　）

(18)感情脆弱,稍有不顺心的事,就会暗自流泪。　　　　　　　（　　　）

(19)自己瞧不起自己,总觉得别人在嘲笑自己。　　　　　　　　（　　　）

(20)喜欢跟比自己年幼或能力不如自己的人一起玩或比赛。　　　（　　　）

(21)感到没有人理解自己,烦闷时别人很难使自己高兴。　　　　（　　　）

(22)发现别人在窃窃私语,便怀疑是在背后议论自己。　　　　　（　　　）

(23)对别人取得的成绩和荣誉常常表示怀疑,甚至嫉妒。　　　　（　　　）

(24)缺乏安全感,总觉得别人要加害自己。　　　　　　　　　　（　　　）

(25)参加春游等集体活动时,总有孤独感。　　　　　　　　　　（　　　）

(26)害怕见陌生人,人多时,一说话就脸红。　　　　　　　　　（　　　）

(27)在黑夜行走或独自在家时会有恐惧感。　　　　　　　　　　（　　　）

(28)一旦离开父母,心里就不踏实。　　　　　　　　　　　　　（　　　）

(29)经常怀疑自己接触的东西不干净,反复洗手或换衣服,对清洁极端注意。　　　　　　　　　　　　　　　　　　　　　　　　　　（　　　）

(30)担心是否锁门和可能着火,反复检查门和燃气灶,经常躺在床上又起来确认,或刚一出门又返回检查。　　　　　　　　　　　　　　　（　　　）

(31)站在曾经有人自杀的场所、悬崖边、大厦顶、阳台上,有摇摇晃晃要跳下去的感觉。　　　　　　　　　　　　　　　　　　　　　　　（　　　）

(32)对他人的疾病非常敏感,经常打听,生怕自己也身患同病。　　　(　　)

(33)对某些特定的事物、交通工具(火车、公共汽车等)、尖状物及白色墙壁等稍微奇怪的东西有恐怖倾向。　　　(　　)

(34)经常怀疑自己发育不良。　　　(　　)

(35)与异性交往时,会脸红心慌或想入非非。　　　(　　)

(36)对某个异性朋友的每一个细微行为都很注意。　　　(　　)

(37)怀疑自己患了严重的不治之症,反复看医书或去医院检查。　　　(　　)

(38)经常无端头痛,并依赖止痛药或镇静药。　　　(　　)

(39)经常有离家出走或脱离集体的想法。　　　(　　)

(40)常常感到内心的痛苦无法解脱,只能自伤或自杀。　　　(　　)

测评方法:"√"得 2 分,"△"得 1 分,"×"得 0 分。

评价参考:

(1)0~8 分:心理非常健康。

(2)9~16 分:属于健康的范围,但应有所注意,也可以找老师或同学聊聊。

(3)17~30 分:在心理方面有了一些障碍,应采取适当的方法进行调适或寻求心理辅导老师的帮助。

(4)31~40 分:有可能患了某些心理疾病,应找专门的心理医生进行检查、治疗。

(5)41 分及以上:有较严重的心理障碍,应及时找专门的心理医生治疗。

心理 小训练

我的生命线

目的:对过去、现在和未来的"我"作出评估和展望,帮助自己思考过去一些重要事件对自身产生的影响,努力发现自己处理问题的正面力量与资源。

操作:生命线就是每个人生命走过的路线,世间有多少条生命,就有多少条生命线。

(1)请准备好一张白纸、一支红笔、一支黑笔。先把白纸摆好,最好横放。

(2)在白纸的中间,从左到右画一道长长的横线,然后在右侧画上箭头。接着,请在左侧写上"0"这个数字,在横线的右侧箭头旁边,写上你为自己预期的死亡年龄(预测死亡年龄的 3 个依据:个人的健康状态、家族的健康状态、个人生活地域的平均寿命),可以是 68 岁,也可以是 100 岁。

(3)在横线的上方写上"××的生命线"(××代表你的名字),写上你此时的年龄和今天的日期。

(4)在横线上,把你这一生曾经历的大事和未来想做的重要事情都标出来。如果有可能,尽量注明时间。将每件事情带给你的感受用不同颜色的笔标注出来。如果它是你的"至爱",请用红笔写在你的生命线的上方;如果它是挫折或困难,请用黑笔将其在生命线的下方勾画出来。

第二章

心理咨询

‹◉› 心理*知识*

一、什么是心理咨询

心理咨询是指运用心理学的方法,对心理适应方面出现问题并试图解决问题的来访者提供心理援助的过程。需要解决问题并前来寻求帮助的人称为来访者,为来访者提供心理帮助的咨询者称为咨询师。来访者就自身存在的心理不适或心理障碍,通过语言文字等交流媒介,向咨询师进行述说、询问与商讨,在其支持和帮助下,通过共同的讨论找出引起心理问题的原因,分析问题的症结,进而寻求摆脱困境、解决问题的条件和对策,以便恢复心理平衡、提高对环境的适应能力、增进身心健康。

简单地说,心理咨询是心理咨询师协助来访者解决心理问题的过程。

二、正确认识心理咨询

(一)如果你没有进行过心理咨询,请正确认识它

(1)误区一:心理咨询等于不体面的事,有了严重的心理问题才需要心理咨询。

心理咨询的对象主要是在日常生活中遇到困难或挫折而产生心理困扰的正常人群。心理障碍患者是心理咨询的一小部分,发病期的精神病人不属于心理咨询的范畴。我们每个人在成长的不同阶段及工作的不同方面,都有可能会遇到这样那样的心理问题,就这些问题求助于心理咨询并不意味着不正常或心理变态。心理咨询不是看病,它面向的是正常人。

(2)误区二:心理咨询师几乎无所不能,什么问题都能解决。

心理咨询是一个连续的、艰难的改变过程,咨询效果影响因素很多。例如来访者的个性及生活经历等,就像一座冰山,尘封已久,没有强烈的求助、改变的愿望,没有恒久的决心与之抗衡,是难以冰消雪融的。

(3)误区三:心理咨询就是聊天、安慰人。

心理咨询的目的是鼓励来访者自助,帮助来访者经历"痛苦—战胜痛苦—走出困惑"的过程,它不是同情而是共情。同情只需涉及对方感情上的安慰和物质上的帮助,而且心理咨询不替来访者做决定,需要应用心理咨询的原理和技术方

法才能进行。

（4）误区四：心理咨询就是做思想政治工作。

心理咨询是通过咨询师与来访者之间的互动关系，运用心理学的方法，引导来访者面对情绪困扰，学习自助方法，走出心理困境的过程。学校心理咨询主要是指导、帮助学生适应学校生活、规划生涯发展、协调人际关系、寻找合适的问题解决办法，并对有心理障碍的学生进行评估，完全不同于做思想政治工作。

（二）如果你正在进行心理咨询，请进一步了解它

（1）心理咨询＝照镜子。每个人都有眼睛，可是我们只能看到别人而无法看到自己；每个人都有心灵，可是我们常常感慨："不识庐山真面目，只缘身在此山中。"心理咨询师就像一面清澈的镜子，可以帮助你更加客观地看到自己，帮助你更清晰地自我观照。

（2）心理咨询师＝拐杖。拐杖不会代替你决定人生的方向和行走人生的旅途，但是拐杖能在你无助时衷心陪伴和支持你，期待你重新体会到自身的完整和力量，然后丢掉拐杖，飞奔向前。

（3）心理咨询师不能代替你对自己的觉察和分析。弗洛伊德说："精神分析只能治好有精神分析头脑的人。"大意就是，来访者才是咨询的主体。如果你不想分析自己，那么心理咨询就起不到作用。

（4）心理咨询不能或很难立竿见影。心理咨询不像普通医学，它并不那么在意诊断，也不是看一次病、开一次处方就能有立竿见影的效果。

（5）一个心理咨询师，不可能适合所有的来访者。咨询师不是根据自己的好恶来选择来访者，而是受自己专业和所受训练的范围限制。

（6）你的心理咨询师可能不会让你一直感到满意。很多人对心理咨询有一种误会，觉得就像咨询师和来访者坐在一起分糖果，大家一起乐呵呵。其实，咨询师很可能不会一直让你感到高兴、满意。在咨询的准备阶段，也许你会有良好的感觉，那是咨询师要和你建立咨询关系。等到了咨询阶段，由于咨询师的扰动，很多被你压抑的痛苦体验会再现，你会有一段时间陷入心理紊乱，性格也会有些退行，希望依赖这个咨询师。这个阶段很重要，把压抑的情结释放出来，经过处理—整合—重建，内心可能就会获得新生。

（7）你是水，咨询师是船，水涨了，船才能高。一旦形成了咨询关系，你必须认真地投入，主动地坦承你的困惑与问题，不是干等着咨询师来做什么。如果你不投入，咨询师就只能等待，他或她是被动的、从属的。

投入的另一个方面是：一旦你决定接受心理咨询的帮助，就要拥有心理学头脑，在生活的每时每刻保持努力地觉察和分析自己，寻找不一样的处理问题的方法，接受不一样的视角。

其实，心理咨询成功的关键是来访者自身的准备、内在成长的动力、咨询中真正投入的程度。水涨船高，水就是来访者，船就是心理咨询师。

三、需要心理咨询的情况

下面是需要心理咨询的一些情况。

（1）当你感到适应大学生活困难，却又不知如何改变时。

（2）当你的学习、生活、情感压力过大，例如失恋、学习挑战太大、同学相处不良等，而使你出现胸闷难受、心脏疼痛（但到医院检查又查不出身体问题）、焦虑不安、容易发火、心情忧郁、失眠等状况时。

（3）当你学习时，感到注意力不能集中，学习效果不佳，以致感到学习压力很大时。

（4）当你对于考试过分地担心、焦虑、紧张，以致影响到考试时。

（5）当你与宿舍同学或者其他同学的交往出现困难，与人交往一直遭遇有时候有原因、有时候没有原因的挫折，或者总是感到与周围格格不入，却无力改变时。

（6）当你总是出现莫名的情绪干扰你的日常学习和生活时。

（7）当你感情上遇到困难，虽有朋友开解也无法面对时，例如失恋、交往中的困惑等。

（8）当你在性和恋爱方面感到困惑时。

（9）当你与家人相处出现矛盾，无法改变，并影响到日常学习和生活时。

（10）不论什么原因，如果你觉得自己被某种不良情绪压抑超过 2 周时间，并且这一情况还在持续时。

（11）当你对于某些特定的物体和行为产生困扰，例如与人交往困难、怕猫狗，或者当你面对一些社会场景，例如广场、商场，或者没有特定对象的情况下，都觉得焦虑不安，甚至呼吸困难、心跳加速时。

（12）当你的某些行为对自己造成困扰，却又不知原因，无力改变时。

（13）当你对于一些物质过分依赖，或者有些成瘾行为，影响到学习和生活时。

（14）当你对食物有障碍时。

（15）当你遇到失去亲人、遭遇威胁、环境变故等重大突发事件 1 个月后，仍经常被这些事件的记忆干扰，甚至经常出现做噩梦、哭泣等情况时。

四、你将从心理咨询中获得什么

从某种意义上讲，心理咨询能起到药物所起不到的作用。总体上说，心理咨询的任务，是帮助正常人群在生活中化解心理问题、解除心理困惑、克服各种心理障碍、矫治不良行为、理顺人格结构、纠正不合理的认知模式和非逻辑思维、学会调整人际关系、深化自我认知、端正处事态度、构建健康的生活方式、增强适应能力等。心理咨询完成上述任务，皆为达到一个目的——提高个人心理素质，使人健康、愉快、有意义地生活下去。

小贴士

心理咨询的感觉

心理咨询到底是怎样的一种感觉呢？

想象一片沙漠，你是那里唯一的跋涉者，你走得很累、很孤独、很焦渴，突然眼前出现了一片绿洲，感受一下此刻的心情：你捧起一汪清水，珍惜地开始滋润自己的嘴唇、喉咙、肠胃，及至全身；回头看看走过的路，看看这片绿洲，再看看前方的路，洗把脸，然后放步前行，体验一份值得。——这个过程就是心理咨询的感觉。

想象一辆空的公交车将近，你是排队的人中的一个，现在的位置并不理想，很可能上车就没有座位了，而你的路途遥远，感受此时此刻的心情，你有 3 种可能的选择：其一，不管怎样先上车再说；其二，挤到前面去，抢先上车；其三，随队列前行，排到前面，但等下一辆空车再上。至于最后到底怎样了，由你决定。——与你一起分析具体情形，设想多种选择的过程就是心理咨询，而决定仍然是你的权利，只是决断时多了一些明智。

做一做

心理咨询——角色扮演

【要求】

扮演角色：每组 5 人，分别扮演心理咨询师、来访者、来访者的朋友、来访者的父母。

运用所学知识,进行角色扮演,要求每个角色扮演者能深入理解心理咨询的环节、步骤及较为专业的知识,能将角色扮演得生动形象。

自己编写故事,排练演绎。

【程序】

(1)来访者出现问题。

(2)来访者进行心理咨询。

(3)咨询师共情,建立良好的咨询关系,评估并制定策略。

(4)来访者父母及朋友帮助执行求助行动。

(5)问题再评估。

小故事,大道理

逃避影子

"影子真讨厌!"小猫汤姆和托比都这样想,"我们一定要摆脱它。"

然而,无论走到哪里,汤姆和托比发现,只要一出现阳光,它们就会看到令它们抓狂的自己的影子。

不过,汤姆和托比最后终于都找到了各自的解决办法。汤姆的方法是,永远闭着眼睛。托比的办法则是,永远待在其他东西的阴影里。

这个寓言说明,一个小小的心理问题是如何变成更大的心理问题的。

可以说,一切心理问题都源自对事实的扭曲。什么事实呢?主要就是那些令我们痛苦的负性事件。

因为痛苦的体验,我们不愿意去面对这个负性事件。但是,一旦发生过,这样的负性事件就注定要伴随我们一生,我们能做的,最多不过是将它们压抑到潜意识中去,这就是所谓的忘记。

但是,它们在潜意识中仍然会一如既往地发挥作用。并且,即使我们对事实遗忘得再厉害,这些事实所伴随的痛苦仍然会不时地袭击我们,让我们莫名其妙地伤心难过,而且无法抑制。这种痛苦让我们进一步努力去逃避。

发展到最后,通常的解决办法有两个:第一,我们像小猫汤姆一样,彻底扭曲自己的体验,对生命中所有重要的负性事实都视而不见;第二,我们像小猫托比一样,干脆投靠痛苦,把自己的所有事情都搞得非常糟糕,既然一切都那么糟糕,那个让自己最伤心的原初事件就显得不是那么糟糕了。

其实真正抵达健康的方法只有一个,那就是直面痛苦。直面痛苦的人会从痛苦中得到许多意想不到的收获,它们最终会变成当事人的生命财富。规划利用好现有的能力远比挖掘所谓的潜能更重要。

切记:阴影和光明一样,都是人生的财富。

心理探秘

直面痛苦

一个最重要的心理规律就是,无论多么痛苦的事情,你都是逃不掉的。你只能去勇敢地面对它、化解它、超越它,最后和它达成和解。如果你自己暂时缺乏力量,你可以寻找亲友的帮助,或寻找专业的帮助,让你信任的人陪着你一起去面对这些痛苦的事情。

美国心理学家罗杰斯曾是孤独的人,但当他面对这个事实并化解后,他成了一名人际关系大师;美国心理学家弗兰克有一个暴虐且酗酒的继父和一个糟糕的母亲,但当他直面这个事实并最终从心中原谅了父母后,他成了解决这方面问题的专家;日本心理学家森田正马曾是严重的神经病患者,但他通过直面这个事实最终发明了森田疗法……他们生命中最痛苦的事实最后都变成了最重要的财富。你,也可以做到。

名言警句

生活就是一面镜子,你笑,它也笑;你哭,它也哭。

——威廉·梅克比斯·萨克雷

请你分析

大一学生小林在读大学前向往做一名医生。那时,他觉得医生的职业可以救死扶伤,很高尚;医生很有学问,能对人的健康和生命提供切实的帮助。在病人眼里,医生是权威,受尊敬和信赖。而且,医生随着年龄的增长,经验会越来越丰富,自身的社会价值会越来越高。于是,在填报高考志愿时,小林毫不犹豫地全部填写了高等医学院校。后来,他如愿考上了。

拿到录取通知书时的兴奋心情和幸福感觉很快就被枯燥而繁重的医学课程替代了。最先接触的基础课程是人体解剖学,在这门课程里要掌握人体构成有哪些系统、器官,各部分的位置、形态和比例关系,单是每块骨头、每根血管和神经的名称都让人头疼,需要记忆的东西越多,小林越兴味索然,望而生畏。同时,他发现其他专业的同学,尤其是文科专业的同学,学习比较轻松有趣,而且学时也不像自己的那么多,将来还比自己少读一年就能拿到同等学位,工资也没有明显的差别。自己在中学时各科成绩都很好,当初怎么就选了这么一条路呢? 比较来比较去,他为自己的选择感到后悔,因后悔生出了很多烦恼。

你怎样帮助小林呢?

心理测试

测测你的心理年龄

一个人是否成熟,不能简单地以年龄来划分,因为个人的年龄并不能与他们的行为、感情全然相符。有些人在生理上已经成熟,可是在行为表现上却像个孩子一样幼稚。而另一些人虽然还是年轻的孩子,却已熟知这个世界的许多道理,所谓"少年老成"便是这个意思。

相对于真实年龄,每个人都有一个心理年龄,它表明你的心理、精神成熟的程度。在某些方面"年轻的心灵"是很好的,但是以儿童的态度去处理成人问题却并不总是件令人愉快的事。下面的测验将探究你的态度、情绪及其他行为模式,评估你的心理年龄是多大,从而知晓你能否足够成熟地面对生活中遇到的各种问题。

【测试题目】

本测验试题分为两部分,第一部分20个问题可以直接回答,第二部分10个问题必须由另一个人来作答。将答案记在准备好的纸上。

第一部分

(1)下列哪种情况与你最相符?　　　　　　　　　　　　(　　)

　　A. 我常被那些比自己更强的人吸引

　　B. 我比较喜欢接近那些看上去喜欢和尊敬我的人

C. 我喜欢那些看来需要我的人

(2)你正试图向一位朋友解释一个重要问题,他(她)不赞成或是不理解。你会 （ ）

　　A. 继续解释

　　B. 觉得受伤害或生气,不再说话

　　C. 回避这个问题

(3)假如和朋友们夜间聚会,你开始觉得情绪低落了。你会 （ ）

　　A. 请求原谅并且尽快回家

　　B. 宁可痛苦也要作陪,直到最后

　　C. 强作欢颜,不让人注意到你的情绪

(4)当你病倒在床时,你 （ ）

　　A. 喜欢被人们忙着照顾

　　B. 喜欢独自待着

　　C. 不喜欢被人注意、照顾,宁愿看看书和找点别的消遣

(5)下列哪种情况与你最相符? （ ）

　　A. 喜欢妈妈一直为我做的那种食物

　　B. 只要是好吃的,我全都爱吃

　　C. 最喜欢自己做的菜饭

(6)工作上遇到了烦恼,下班后你会 （ ）

　　A. 出去散心,忘掉烦恼

　　B. 希望回家得到安慰

　　C. 去找个朋友倾吐一下自己的不快

(7)你一直在取笑一个好脾气的朋友,而他(她)突然同你吵起来。你会 （ ）

　　A. 觉得难堪

　　B. 和他(她)吵

　　C. 把这归罪于自己,并力图弥补过失

(8)某个你刚认识的人,极力地想告诉你一件你很清楚的事。你会 （ ）

　　A. 告诉他你早就知道

　　B. 不说什么,但也不听

　　C. 等他讲完,再显示你对此道十分精通

(9)如果你得了一笔奖金(比你的工资高),你会 （ ）

　　A. 存起来

B.用来买你一直想要但并非必需的东西

C.用来买日常用品

(10)下列哪种活动使你最感兴趣　　　　　　　　　　　（　　）

A.能使你与别人接触的任何活动

B.摆脱工作压力,进入纯粹愉快的活动

C.组织运动会或其他有益活动,像种花、做木工活等

(11)如果一个朋友说了对你不尊重的话,你会怎样?　　（　　）

A.愤恨地与其绝交

B.不管这话多么可笑,心里都会很难过

C.不知道该怎么说

(12)你最关心的那个人是不是　　　　　　　　　　　　（　　）

A.与你相比,他(她)更需要你

B.与你相比,他(她)同等地需要你

C.与你相比,你更需要他(她)

(13)你正与某个人处得非常融洽,而你的一位老朋友对此人早有了解,他

(她)关心你并对你提出警告。你会怎样?　　　　　（　　）

A.反感地听他(她)讲

B.叫他(她)别管闲事

C.反对他(她)说的任何事

(14)收到意外的礼物时你会有怎样的表现?　　　　　　（　　）

A.想一想该回敬些什么

B.感到高兴

C.会思考送礼者对自己有什么需求

(15)你已经安排好了假日的日程,但离假日还有一个月。你会　（　　）

A.感到如此激动,以致这期间的日子看起来那么烦人而漫长

B.花很多时间去想象你将要做的事

C.在此期间仍然像往常那样过日子

(16)一个朋友在最后一分钟取消了与你的约会,而且毫无正当的理由,你会

怎么想?　　　　　　　　　　　　　　　　　　　　（　　）

A.他(她)找到了更好的事情

B.他(她)遇到了什么麻烦

C.他(她)有点没头脑,但你并不会为此十分烦恼

(17)当你对某事发生兴趣时,你会怎样做? （　　）

　　A.努力做这件事,长时间紧追不舍

　　B.投入进去,但很快失去了热情

　　C.有时 A,有时 B,要看是什么兴趣

(18)下列哪种情况与你最相符? （　　）

　　A.可惜没遇上机会,不然我会做出更大的成绩,而不是像现在这样

　　B.取得的一切都与我长期的努力相符

　　C.花费大量时间做着我不想做的事情

(19)一位朋友指出你的某种令人讨厌的缺点,你会怎样? （　　）

　　A.感到愤怒

　　B.烦恼并一度感到羞愧

　　C.去问问另一个朋友这是否属实

(20)你很想与某人成为好朋友,后来你邀他(她)去参加舞会,可他(她)拒绝了,你会怎样? （　　）

　　A.觉得自己真傻

　　B.不知自己做了什么事使他(她)反感,但对此并不特别难过

　　C.耸耸肩膀对自己说,世界上又不是只有他(她)一个人

第二部分

你现在需要一个搭档——朋友或家长来帮助你完成这部分的测试。下面的这些问题是直接对这位搭档提问的(题目中的"你"),他(她)必须尽可能坦率地回答问题。

(21)在你招待那些你的搭档(即被测者)所讨厌的朋友时,他(她)通常表现得如何? （　　）

　　A.努力显得高兴、和气

　　B.出去干自己的事

　　C.坐在一旁,脸上流露出敌意来

　　D.等他们走后冲你发脾气

(22)当你们两个人做同一件工作时,你的搭档表现得如何? （　　）

　　A.有点霸道

　　B.把一多半的工作让你来做

　　C.是个工作中的好伙伴

　　D.只要你给他(她)戴"高帽子",他(她)就干得很好

(23)在重要的会见之前,你的搭档表现得如何?　　　　　　　　　(　　)

　　A.干起事来非常焦躁

　　B.不愿谈及这个会见

　　C.与你讨论可能的问话和回答

　　D.要求许多支持和鼓励

(24)你的搭档在争吵之后表现得如何?　　　　　　　　　　　(　　)

　　A.很快地冷静下来并且道歉

　　B.仍然努力想证明他(她)的观点

　　C.假装什么也没发生

　　D.连着一两天不高兴

(25)你惹恼他(她)时,你的搭档会怎样表现?　　　　　　　　(　　)

　　A.唠叨、抱怨

　　B.偶尔唠叨几句

　　C.挖苦、讽刺你

　　D.不太在乎

(26)当你发脾气时,你的搭档会怎样表现?　　　　　　　　　(　　)

　　A.不停地问你怎么啦

　　B.显得焦虑,问你是不是他(她)的过错

　　C.让你独自待着,直到你恢复

　　D.叫你别再唠叨

(27)如果必须告诉你的搭档某些坏消息时,你会怎样做?　　　(　　)

　　A.鼓起勇气直接告诉他(她)

　　B.谨慎地选择一个时机

　　C.打算晚些告诉他(她)

　　D.觉得告诉他(她)很容易,但是担忧其后果

(28)你们一同出门,你的搭档认为你穿着不合适,他(她)会怎样表现?　(　　)

　　A.坚持要你换装

　　B.建议你换一下装束

　　C.可能什么也不说

　　D.除非你换装,不然就不去了

(29)你们两个人约好了一同出去,可是临时出了问题,只能有一个人出去。

　　下面哪种情况最可能发生?　　　　　　　　　　　　　(　　)

A. 你会最终留下,不用商量

B. 两个人商量一下怎么办才好

C. 你的搭档会主动留下

D. 你们都不出去

(30)如果你的搭档抱怨说你太过于看重你的朋友们时,这主要是因为 (　　)

A. 他(她)觉得自己受了冷落

B. 你玩乐得太多

C. 你的搭档有点妒忌

D. 你的搭档想更多地看到你

【评分标准】

第一部分

(1)A. 1分　B. 3分　C. 5分

(2)A. 5分　B. 1分　C. 3分

(3)A. 3分　B. 1分　C. 5分

(4)A. 1分　B. 5分　C. 3分

(5)A. 1分　B. 3分　C. 5分

(6)A. 5分　B. 1分　C. 3分

(7)A. 1分　B. 3分　C. 5分

(8)A. 3分　B. 1分　C. 5分

(9)A. 3分　B. 1分　C. 5分

(10)A. 3分　B. 1分　C. 5分

(11)A. 5分　B. 1分　C. 3分

(12)A. 5分　B. 3分　C. 1分

(13)A. 5分　B. 3分　C. 1分

(14)A. 5分　B. 1分　C. 3分

(15)A. 1分　B. 3分　C. 5分

(16)A. 1分　B. 3分　C. 3分

(17)A. 5分　B. 1分　C. 3分

(18)A. 1分　B. 5分　C. 3分

(19)A. 5分　B. 1分　C. 3分

(20)A. 1分　B. 3分　C. 5分

第二部分

(21) A. 1 分　　B. 2 分　　C. 3 分　　D. 4 分
(22) A. 3 分　　B. 2 分　　C. 1 分　　D. 4 分
(23) A. 3 分　　B. 4 分　　C. 1 分　　D. 2 分
(24) A. 1 分　　B. 3 分　　C. 2 分　　D. 4 分
(25) A. 3 分　　B. 2 分　　C. 1 分　　D. 4 分
(26) A. 2 分　　B. 3 分　　C. 4 分　　D. 1 分
(27) A. 1 分　　B. 2 分　　C. 3 分　　D. 4 分
(28) A. 1 分　　B. 3 分　　C. 2 分　　D. 4 分
(29) A. 1 分　　B. 2 分　　C. 4 分　　D. 3 分
(30) A. 2 分　　B. 3 分　　C. 4 分　　D. 1 分

【结果分析】

第一部分

20～45 分：你的心理年龄仍然稳定在儿童状态。你可能总是觉得自己有点可怜巴巴，在关键时刻特别渴望得到感情上的安慰和支持。你爱听赞扬，总想取悦别人，并且希望人们说你使他们高兴。这种儿童状态使你在许多方面有些不切实际，但这也使你比那些"成熟"的人们更能感受到快乐。你很可能热衷于体育，而且能像孩子似的喜欢各种东西。

46～75 分：你的内心世界是青少年状态，既需要独立自主，又需要抚慰、爱护，这种矛盾心理正是青少年状态的特点。他们希望从家庭生活的管束中摆脱出来，但同时对外部世界的严酷怀有一种潜在的担心。无论你年岁多大，这种青少年的矛盾心理是你性格中的重要倾向。你在估计形势时不大实际，很快地一会儿乐观，一会儿又悲观。可能你天性中最大的特点是创造，也可能你还保留着少年时代的观点，以为一切事情都是可能的，这个世界是你的"一块生日蛋糕"。

76～100 分：你很成熟，事实上你肯定已经超过了 25 岁。这意味着，你在处理日常问题时相当实际、老练。你的天性中理性很强，对空洞的议论不感兴趣，而且不大有理想色彩。至少在你觉得能够控制的范围内，你自认为是个强者，你在此范围内控制他人，并同时关心他们。若你做了父母，你一定很有责任心，但你很可能会操心过多。你会发觉你的成人角色使你不得不牺牲许多自由。你是否失去了一些生活的乐趣呢？

第二部分

如果你有勇气请朋友答完第二部分的话,你应该给自己的成年分数中加上一大部分分数,因为并不是人人都能做到这一点。第二部分用来评估你的内心形象究竟是个什么样的孩子,因为在我们每个人的身上都有些孩子气。根据你的得分,10~40分,你将得到一个仍然留在你身上的粗略但很有启示的孩子形象。认识清楚你的孩子气模样,然后向成人跨出一步。

心理小训练

我的心理自画像

请同学们每人拿出一张 A4 白纸,跟随自己的意愿,可以用任何形式来画出自己,抽象的、形象的、写实的、动物的、植物的⋯⋯什么都可以。总之,要把自己心目中能代表自己的图像画出来,最后给自画像起一个名字。

第三章

适应心理

〈●〉心理知识

一、心理适应的标准

心理适应的标准包括以下 8 条。

（1）能够正确认识和理解自我。

（2）能够正确认识和对待社会。

（3）能够确立自己作为一个社会成员所必备的人生观和价值观。

（4）能够对自己身体的发育及其变化充分理解，能够逐渐完善作为男性或女性的性别角色。

（5）能够正确处理人际关系，特别是能够正确处理与异性的关系。

（6）具有充分的心理理解能力，去掌握作为社会成员必备的知识技能。

（7）具有较充分的心理鉴别能力，去做职业选择和就业的准备。

（8）具有一定的心理能力准备结婚和过家庭生活。

以上 8 条标准强调心理适应过程是一个学习的过程。心理与环境是否适应，其标准界限只是相对的。但就判断心理是否适应而言，一般可遵循以下 3 项原则：一是心理与环境的同一性；二是心理与行为的整合性；三是人格的稳定性。

二、大学生适应的内容

大学生活对于每个新生来说，都是一个全新的挑战。每个人进入新的环境，都会感到陌生，甚至焦虑，都需要经过一段或长或短的适应期，需要调整以往的认知、习惯、生活方式来适应新的环境。

事实上，几乎所有的心理学家都认为，从青少年向成人的转变是一个相当艰巨、充满危机的时期。大学里的新生，由于长期受到"高考指挥棒"的影响，心理与行为的独立性都不强，中学阶段对家长、老师有较大的依赖，对社会了解有限，思想较为理想化。一旦跨入大学，环境发生较大变化，有些学生就容易因对自我的认知摇摆不定而难以定位，从而在心理上产生一系列的矛盾与冲突，造成心理发展不平衡，带来不适感、焦虑感、压抑感等消极心理体验。如果这些消极心理体验得不到及时消除，就会演变为心理问题，进而会影响一个人的健康发展。

大学是人生中很重要的一个过渡阶段。一个成功的大学生,应该在大学期间完成从"非独立人"到"独立人"的转变。在大学里要学会独立处理各种生活、学习、人际关系等问题。大学生活应适应以下几个方面。

(一)环境的适应

大多数大学生都是第一次离开家独立生活,之前都是住在家里,拥有自己的生活空间,起居由父母安排,生活不受他人打扰。而进入大学之后,集体生活是住宿舍、吃食堂,凡事要靠自己处理,生活空间缩小,彼此影响。

从生活习惯上看,饮食方面的差异、气候与语言环境的变化、作息制度与卫生习惯的不同、经济上安排不当等,都可能造成不良适应。

从生活范围上看,中学生生活领域较窄,基本上是从家门到校门。而进入大学犹如来到"大世界",丰富多彩的校园文化活动使新生目不暇接,生活的领域大大拓宽。

(二)学习的适应

1. 教学方式发生改变

在高中,老师可能会用一节课或两节课的时间来讲解某一个定理或公理,并且反复强调练习,但大学的老师一节课可能讲一章或几章的知识,知识量加大,而授课时间却减少,进展较快。面对如此快的授课方式和如此大的知识量,有些学生感到不知所措。

2. 学习方式发生改变

在高中,基本上是老师引导学生学习,但是大学里很大程度上是学生的自主学习,很多时间留给学生自己去支配,学习方法更加灵活,自主性要求更高。

3. 学习目标发生改变

在大学以前多年的学习中,大多数学生的学习目标和动力便是考上一个好的大学。进入大学后,这个目标已经实现,需要设定新的目标,没有及时设立新目标的同学往往没有方向,失去动力,从而感到茫然、空虚与寂寞。

4. 学习评判标准发生改变

大学前,学习的好坏主要是通过考试成绩来衡量。进入大学后,成绩的好坏并不以最终的考试成绩为衡量标准,有时需要参考平时的作业情况、课堂表现、实际操作、论文情况等。

(三)生活方式的适应

生活方式的适应直接来自对管理的不同适应。

大学中总的管理环境是外松内紧。所谓外松内紧,主要是说大学中的各种管理就其形式来说似乎轻松,有一定的自由度,但其实质上更严格。这种严格不仅来自外部压力和他律,更重要的是来自自律,以及新的目标和竞争环境所引起的新的自我发展需求的压力。

(四)人际交往的适应

大学的人际关系主要包括5个方面,即师生关系、同学关系、亲子关系、恋爱关系和其他关系。

1.师生关系发生变化

无论是中学还是大学,师生关系都是学生中非常重要的人际关系,但与中学不同的是大学的师生关系没有中学时紧密。对于大学生来说,主要有两类老师:辅导员老师和代课老师。

一般生活问题,比如宿舍矛盾、班级活动、奖学金评比等都是由辅导员来关注,但由于每个辅导员负责的学生多,并且大学管理属于自主管理,所以辅导员不像中学班主任老师那样处处关心,时时留意,在生活、学业等方面有困扰、疑惑时需要主动寻找辅导员老师来帮助。大学的代课老师一般只是上课的时候会碰到,在一起相处的时间较少。

总体来说,大学老师给予学生更多的自由和自主空间,师生关系需要学生较为主动地和老师交流。同时,因为大学生正处在向成人转变的时期,大学老师和学生相处时更多了一些成人的对待,给予学生更多思考的空间。

2.同学关系发生变化

大学同学之间的交往面更广,彼此影响也较深。除了同班同学交往外,还有宿舍之间、院系之间、社团之间、学校之间等关系。其中宿舍同学之间的关系,对于大学生的影响最为深刻和广泛。由于很多学生没有集体生活的经验,并且缺乏人际交往方面的教导,很容易出现人际关系困扰,产生沉闷、孤独、"知音难觅"的心理困惑。

3.亲子关系发生变化

由于大学生活是相对独立的,大多数学生离开父母和家庭,开始了集体生活,和父母的关系也发生了改变。一方面,进入大学后,和父母的关系不如以前亲密,同时随着大学生自我意识的成长,大学生开始脱离父母的掌管,甚至有的学生对父母产生反感,不愿和父母联系。另一方面,由于很多学生的生活一直是由父母帮助打理,缺乏独立生活的经验和能力,所以依然希望能得到父母的帮助和引导。因此进入大学后,大多数学生和父母的关系存在疏离和依赖的矛盾。

4.恋爱关系发生变化

进入青春期,很多学生开始渴望亲密的关系,渴望美好的爱情。有的学生没有进入大学时,已经有恋爱的对象或经验,但这部分学生因为进入大学,接触新的环境和人,想法会出现变化,恋人之间的关系也出现了诸多变数。同时,大多数学生认为进入大学,谈恋爱是必修课,加之大学管理较为松散,父母、老师对此方面不再限制,以致大学恋爱现象较普遍。与此同时,由于缺乏引导,以及对自我、他人缺乏客观理性的认识,致使大学生的恋爱出现了诸多影响其发展的因素。

5.其他关系发生变化

进入大学,社会实践的机会增多,与社会接触频率增加,除了以上人际关系外,还会出现其他方面的人际关系,如同事关系、上下级关系等。在这些人际交往中,大学生更多的是担当成人的角色,以成人的方式来面对、处理问题,承担一定的社会责任。但由于大学生仍是学生,在担当成人角色方面较为稚嫩,很多方面不够成熟,因此还需要学习和成长。

(五)时间安排的适应

中学时期的时间安排一般由学校和家长安排,比较紧凑,干扰因素较少,父母及老师的监管较严。进入大学后,时间主要由自己支配,课程时间都比较松散,父母监督力度减小,学生很容易产生时间的富余感和学习的焦虑感,并且感到空虚无聊。

(六)心理的适应

1.失落感

很多同学在高中期间一直是学习的佼佼者,是老师、家长重视,同学羡慕的对象。进入大学后,来自全国各地的优秀人才比比皆是,自己在其中不显突出,就会感到挫折、失落。

2.自我意识的增长

大学生对于自我的关注增多,对他人关于自己的评价较为在意,因自我评价偏差易出现自卑、自负、自我否定、自我怀疑等心理。

3.贫富、城乡差距

由于贫富差距、城乡差距,有些学生可能会产生强烈的自卑感,甚至出现各种各样的心理和行为问题。

4. 嫉妒心理

很多进入大学的学生,是一路充满了夸赞和羡慕的佼佼者。但进入大学后,众多优秀的学生集中在这里,自己以前的优势发挥不出来,从而产生嫉妒的心理。

5. 独立意识

进入大学,学生需要增强独立意识,并逐渐开始独立的生活,但有些学生无法脱离以往依赖的家人和老师,出现适应困难。

小贴士

如何尽快适应大学生活

1. 认识适应期的存在,尽快熟悉环境

在进入大学的初期,不要过分急躁、焦虑,先尽可能地熟悉环境。首先,了解学校环境,校内的校纪校规,各类机构的功能和位置,宿舍、教室、食堂的分布,学校周边环境、交通等。其次,了解所学专业情况、院系设置、课程安排、负责的辅导员,可寻求帮助的机构、部门等。我们对周围环境尽可能熟悉后,就能减少焦躁和紧张,缩短适应时间,减轻适应期的压力。

2. 建立社会支持系统,帮助自己尽快适应

首先尝试着和同宿舍同学建立良好的关系,接下来与其他宿舍同学、同班同学多接触交往,多与他人交谈,寻找共同话题,从而促进彼此关系。也可以找找老乡、参加社团活动等,高年级的老乡可能对你更有帮助。多和老师交谈,让老师尽快熟悉你,这样会在以后的生活中给自己创造更多机遇。

3. 改变以往的认知习惯,建立适应环境的新系统

尽快建立新的学习计划和奋斗目标,实现从中学生到大学生的角色转变。"考上大学"已成为现实,新的目标又未确立,在一种前所未有的轻松感过后,你可能感到茫然、空虚,进入了一个"动力真空带"或"理想间隙期",出现松懈的情绪。因此制订新的学习计划和奋斗目标,对你自己是非常重要的。

进入大学以后,由于专业设置和个人发展目标的不同,使原来的学习名次上的竞争逐渐淡化,逐步形成了"大学习"观念上的综合评价体系。所以,要努力提高自己的综合学习能力。

做一做

当新生遭遇"大学冷漠症"

研究发现,能否高质量地度过大学生活在很大程度上取决于新生第一年的经历。假如第一年适应不良,可能导致新生学业兴趣淡漠、学习参与度降低、学习成绩不佳、人际关系出现障碍、精神和健康状态不佳,甚至中断学业。不少学生克服重重困难进入大学校门,却因为不适应高校生活而终结了自己的大学梦。

大一新生小西是个标准的乖乖女,与男生的交往很少,每天和班上男生说的话不超过10句,在公开场合发言或者和男生讲话时也声如蚊蚋,头埋得低低的。下了课就回宿舍,也不参加社团活动。她说,有时想和男生多交流,却不知道说什么,大学的同学关系比高中复杂。高中的同学只是学习关系,大学还有舍友、系友,出了问题也只能靠自己。

同学们,你觉得是什么影响了他们对大学生活的良好适应呢?

小故事，大道理

温水煮青蛙

将一只活蹦乱跳的青蛙投进热水锅里,青蛙会立即跳出来;如果把青蛙放在凉水锅里,下面用火慢慢加热,青蛙竟然一动不动,舒舒服服地浮在水里,直到它感觉到烫,想跳出来时,却已无力逃生。这个实验耐人寻味。为什么那只青蛙一接触到热水就能摆脱厄运,而在慢慢加热的冷水锅中就不能幸免于难呢?

根本原因,还在于其对所处环境的变化觉察不到,满足于舒服的眼前环境,对未来的恶劣环境预料不足,以致逐渐丧失了抵御外界恶劣环境的能力。

心理探秘

莫虚度，要作为

进入一个新的环境，出现不熟悉、不满意、不安全的感觉，是十分正常的。只要能积极行动，有所作为，为自己或别人做些与新环境有关的事情，就会逐渐了解和熟悉环境，别人也会从你的行动中了解并接纳你。同时，积极表现自我还可以摆脱由于对环境不适应而产生的孤独、苦闷等负面情绪，感受到充实和愉快。在新环境中积极作为，取得成绩，增强自信，是预防和消除适应困难的积极有效的办法。

当人产生了某种需要时，个体原有的问题解决模式不能使自己的需要得到满足，这种阻碍可能来自客观环境、个人能力的欠缺或个体需要的内在矛盾。面对这种新环境的适应困难，个体就会产生不同程度的紧张和焦虑。为了解决这种紧张和焦虑，个体就要积极行动起来，尝试寻求新的解决问题的方式。在一次次的尝试与反复、积极的作为中，个体找到了成功的方式，缓解了心理的紧张，满足了个体的需要。在这个积极作为的过程中，个体学会了适应，自我得到了发展。

名言警句

- 既来之，则安之。 ——《论语》
- 物竞天择，适者生存。 ——乔治·达尔文
- 智者顺时而谋，愚者逆理而动。 ——朱浮

请你分析

【案例描述】

刘同学，女，17岁。她以优异的成绩考入外地某大学，进入大学1个月以来，情绪低落，心情郁闷、伤感，心里迷茫，吃饭没胃口，晚上很难入睡。以前的知心朋友、照顾自己生活的父母不在身边，感觉很孤单。有事了，也没人可以商量，有话没人可以倾诉；很多生活上的事情都要自己做，吃饭要排队，衣服要自己洗，感觉麻烦事很多。宿舍里的同学作息时间也不一样，有的晚上12点还亮着台

灯,影响其他人休息。上完课后很少能见到老师,老师布置的开放性作业很多,要做完很累,老师也不检查。班里大部分同学成绩都很好,而且在班级里表现得活跃能干,自己已经很努力了,但还是很难排到班上前几名;自己性格内向,总觉得自己处处不如人,又沮丧又自卑。不想和同学多交流,喜欢一个人独来独往,待在学校感觉很难受,有时候都有退学的念头。

【案例分析】

刘同学的状况正是"大学新生适应不良"的典型表现。上大学后,一个新的环境、新的群体使她产生了较强的失落感,原因是从一个以前熟悉温暖的环境进入一个几乎完全陌生的环境,生活、学习、人际交往及原有的性格都受到冲击和挑战,需要重新去调整适应。对刘同学来说这是一场应激,对新环境的不熟悉、不习惯已经对刘同学的心理产生了巨大的压力,再加上学习成绩不再那么出众,以致就全盘否定自己了,陷入了情绪困扰的旋涡中。究其根源主要表现在 5 个方面。

(1)生活自理问题。刘同学高中时住家里,生活琐事都是爸爸妈妈操心,独立生活能力欠缺,现在必须自己料理衣食住行、理财购物等。一切都要从头学起,自然会感到手足无措,觉得自己无能。

(2)和同学关系问题。刘同学离开了温暖的爸爸妈妈,离开了以前的好朋友,又因为自卑,不和新的同学交往,没有建立新的友谊,缺乏人际支持,新旧对比,心里备觉孤单。

(3)学习问题。刘同学高中时觉得每天完成老师布置的作业比较轻松,心里也踏实,现在到了大学,老师的教学方式不同了,不再是灌输式,这使刘同学一时无所适从,进而怀疑自己的学习能力。

(4)性格问题。刘同学性格内向,对于新环境的探索、适应需要较长的时间,而刘同学在心里却把自己和活泼外向的同学相比较,认为自己的能力不行,进而否定自己的性格特点。

(5)自我意识问题。刘同学因为学习方面在新的群体里不再有优越感,心理产生很大的落差,一时找不到自我良好感,产生自卑心理。

【建议】

(1)从改变心态开始,让自己从一个生活、情绪被动接受者变成一个主动管理者,学会自己对自己的生活、情绪负责任。学会敞开心扉主动和同学交往,自己为自己找到新的朋友,解决孤独感。

(2)改变认知,调整理念。客观看待自己的能力和性格,不盲目比较,也不盲目自卑。性格没有优劣之分,人生追求不断成长,力争优秀而非优越。

(3)重建自信。克服依赖心理,学习自理生活,发现自己的长处。学会合理安排作息时间,制定适合自己的目标,自主学习,以达到自我管理的目的。

大学阶段,是一个人从少年到青年的过渡时期,需要从以前生活依赖父母、情感依赖朋友、学习依赖老师的状态,过渡到自主管理、自我负责的独立状态。

心理 测试

大学生心理适应能力测量

自从走进校园后,我们就在不断经历着新老师、新同学、新知识等带来的变化。面对这些变化,你的心理适应性如何? 不妨一测。

选择 A、B、C、D、E 的含义:A——很符合自己的情况;B——比较符合自己的情况;C——很难回答;D——比较不符合自己的情况;E——很不符合自己的情况。

(1)如果周围再安静一点且没人监考,那么我的考试成绩一定会更好。

　□A　　　□B　　　□C　　　□D　　　□E

(2)每到一个新的环境,我与周围的人很容易接近,并能与他们相处融洽。

　□A　　　□B　　　□C　　　□D　　　□E

(3)到外地去时,我容易出现失眠,并且常常感到身体不舒服。

　□A　　　□B　　　□C　　　□D　　　□E

(4)我最喜欢学习新知识或新学科,因为能给我一种新鲜感,激发我的兴趣,
　　而且我总能很快找到适合自己的学习方法。

　□A　　　□B　　　□C　　　□D　　　□E

(5)已经记得很熟的课文,面对全班同学背诵或默写时我总会出错。

　□A　　　□B　　　□C　　　□D　　　□E

(6)我很喜欢参加社交活动,每次活动我都能结识很多新朋友。

　□A　　　□B　　　□C　　　□D　　　□E

(7)我比其他人更希望夏天能凉快一些而冬天能暖和一些。

　□A　　　□B　　　□C　　　□D　　　□E

(8)课堂上即使很吵闹,我也能集中精力学习,学习效果不会下降。

　□A　　　□B　　　□C　　　□D　　　□E

(9)参加重要的大型考试,我的脉搏总会比平时跳得更快。

□A □B □C □D □E

(10)学习任务很繁重时,我可以精力充沛地学习一个通宵。

□A □B □C □D □E

(11)除了熟悉的朋友外,其他客人来我家做客时我一般都会回避。

□A □B □C □D □E

(12)到一个新的地方,饮食、气候变化很大,我一般能很快习惯。

□A □B □C □D □E

(13)到一个新班级,我很难较快地与班上的同学建立良好的关系。

□A □B □C □D □E

(14)无论在课堂上还是在会场上发言,我都能镇定自若。

□A □B □C □D □E

(15)如果有老师站在我旁边,我学习做事总感觉有些不自在。

□A □B □C □D □E

(16)在大多数情况下,我会接受大家的看法而放弃个人的意见。

□A □B □C □D □E

(17)在众人特别是在陌生人面前,我都会感觉有点不知所措。

□A □B □C □D □E

(18)在任何情况下,我做事都会很细心,从不会很慌张。

□A □B □C □D □E

(19)和别人争论时,我常语无伦次争不过人家,但事后总能想到反驳的办法。

□A □B □C □D □E

(20)我每次遇到大考时,考试的成绩就会比平时要好一些。

□A □B □C □D □E

【评分标准】

凡奇数题目(1)、(3)、(5)······,从 A~E 的 5 种回答依次记 1 分、2 分、3 分、4 分、5 分。凡偶数题目(2)、(4)、(6)······,从 A~E 的 5 种回答依次记 5 分、4 分、3 分、2 分、1 分。

【评分说明】

81~100 分:适应性很强,能很快适应新的学习环境,因此无论到一个什么样的环境里,总能应对自如。

61～80分:适应性较强,能够比较轻松地适应学习和生活环境的变化,遇到新问题能够比较从容地应对,不至于惊慌失措。

41～60分:适应性一般,但进入一个新的环境,经过一段时间的努力,基本上能够适应。

31～40分:适应性较差,依赖于较好的学习和生活条件,习惯于现在的生活环境,稍有改变就会觉得不适应,一旦遇到困难,容易怨天尤人。

20～30分:适应性很差,在各种新的环境中,即使经过相当长时间的努力,也不一定能够适应。常常感到与周围环境格格不入,与人交往总觉得手足无措。

心理 *小训练*

头脑风暴

(1)针对大学生活,你认为哪些方面能够提高生活能力?

(2)结合实际谈谈你在大学生活中有过哪些不适应?有什么感受?你是如何调整自己的,效果如何?

(3)试结合自己身边的事例来说明"以万变应万变"的道理。

第四章

自我意识

心理 知识

一、认识自我意识

自我意识是指一个人对自己的认识,即个体对自己的身心状况与特征,自己与他人、与周围世界的关系的意识。它是人格结构的核心部分,是人的意识的本质特征,是一种多维度、多层次的心理系统。简单地说,自我意识就是自己对自己的认识。

二、自我意识的分类

(一)从内容上分:生理自我、社会自我、心理自我

生理自我是指一个人对自己生理状况的意识,包括占有感、支配感、爱护感和认同感等,这些意识是一个人在与他人交往中通过学习而逐渐形成的。生理自我使一个人把自我和非我区别开来,即将自己从客观事物中区别出来,意识到自己不是别人,自己的生存是寄托在自己的躯体上的。生理自我是自我意识的最初形态。

例如:对体重、身高、身材、容貌等体像和性别方面的认识,对身体的痛苦、饥饿、疲倦等的感觉。

社会自我是指个人对自己社会性的意识,包括个人对自己在社会关系中各种角色、地位、权利、义务等的意识。社会自我是随着社会化进程,在个体逐渐学习角色并实践角色的过程中出现的。

例如:自己在朋友、同学、家庭、社会中所处的地位,自己与他人的关系等。

心理自我是指个人对自己心理方面的意识,包括自己的感知、记忆、思维、智力、性格、气质、动机、需要、态度、信念、理想、价值观和行为等。个人对自己的生理的、社会的、心理的种种意识是密切联系在一起的,并且是互相影响的。心理自我是与社会自我同时形成和发展起来的,这也构成了每个人独特的自我的形式和内容。

例如:对自己能力、知识、情绪、气质、性格、理想、信念、兴趣、爱好等的认识。

因此,自我意识就是个体对自己的身心状况和对自身与别人及与周围世界关系的认识。

（二）从形式上分：自我认识、自我体验、自我调控

自我认识是自我意识中的认知成分，包括自我感觉、自我观察、自我观念、自我分析和自我评价。

自我体验是自我意识的情感成分，包括自尊、自信、自卑、自我效能感。

自我调控是自我意识的意志成分，包括自我监督、自我控制、自我完善等。

它们之间的关系见表 4 - 1。

表 4 - 1　自我认识、自我体验和自我调控之间的关系

内容分类	自我认识	自我体验	自我调控
生理自我	对自己身体、外貌、衣着、风度、所有物等的认知	英俊、漂亮、有吸引力、迷人、自我悦纳	追求身体的外表、物质欲望的满足，维持家庭的利益等
社会自我	对自己的名望、地位、角色、性别、义务、责任、力量的认知	自尊、自信、自爱、自豪、自卑、自怜、自恋	追求名誉地位，与他人竞争，争取得到他人的好感等
心理自我	对自己的智力、性格、气质、兴趣、能力、记忆、思维等特点的认知	有能力、聪明、优雅、敏感、迟钝、感情丰富、细腻	追求信仰，注意行为符合社会规范，要求智慧与能力的发展

（三）从自我观念上分：现实自我、投射自我、理想自我

现实自我：也称为现实我，是个人从自己的立场出发对现实中的我的认识。（客观存在）

投射自我：是个人想象他人对自己的认识，如想象他人心目中自己的形象、想象他人对自己的评价及由此产生的自我感。因此，投射自我又称为镜中自我。现实自我与投射自我不一定是相同的，两者之间可能会有距离。当这个距离加大时，个体就会觉得自己不为别人所理解，因而容易产生隔阂，甚至发生冲突。（主观映像）

现实自我与投射自我一致，个体产生加快自我发展的倾向；反之，个体会感到别人不理解自己，或试图改变现实自我。

理想自我：也称为理想我，是个人对将来自我的构想，如个人将来的生活目标、抱负、成就及自己想成为一个什么样的人等。理想我是个人追求的目标，不一定与现实自我一致。但理想我对个人的认识、情绪和行为影响很大，是个人活动的动力和参照系。（主观映像）

理想自我建立在现实自我的基础上，符合社会期望：自我意识获得快速发展。

三者有矛盾：引起个体内心混乱，甚至产生严重的心理问题。

请不要用"理想的我"来贬损"真实的我"。真实的我也许不是十全十美，但却自有强大的魅力在其中。

三、自我意识的发展

自我意识的发展一般会经历4个阶段：萌芽、形成、发展、完善。具体内容如图4-1所示。

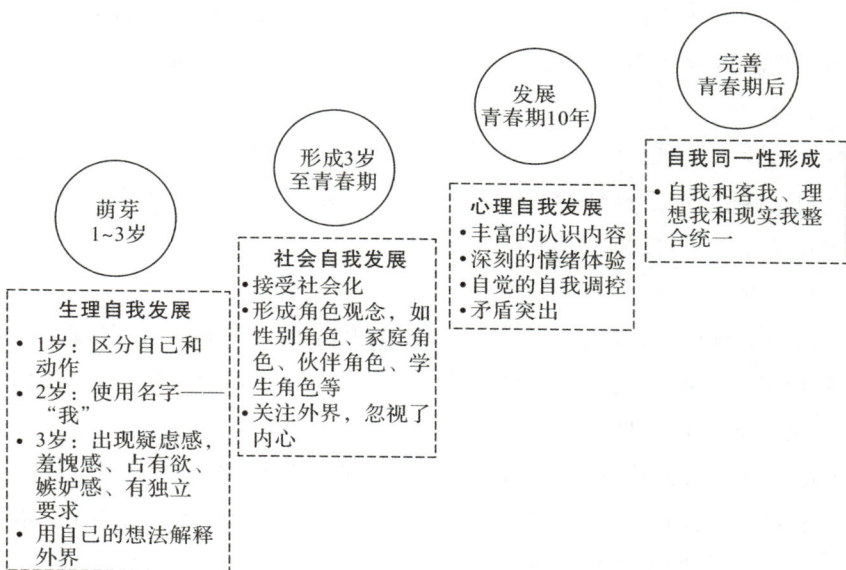

图4-1　自我意识的发展阶段

四、自我意识的信息来源

（一）他人的反馈

根据他人的评价、反馈形成对自我认识的信息。

（二）反射性评价——"镜中我"

库利指出："人与人之间相互可以作为镜子，都能折射出他面前的人的形象。"

（三）依据自己的行为判断

依据自己的行为、行为获得的结果，以及自己以前的经验形成关于自我的信息。

（四）社会比较

通过各样的社会比较来确认自我意识。

五、自我意识的作用

（一）推动作用

一个人的自我意识对他的感觉、思维、情感和行为具有重大的推动作用，特别是对一个人的自尊心、自信心及自我形象的转变有着巨大影响。

1. 自尊心

自尊心是维护自我尊严的一种自我情感体验。自尊心是自我意识的重要成分，它表现为要求尊重自己的人格，尊重自己的荣誉，不向别人卑躬屈膝，也不容许别人歧视和侮辱自己。

2. 自信心

自信心是对自己力量的充分估计，对自己完全的接纳和认可，是理想自我和现实自我的整合统一，是自我意识的重要成分。居里夫人有句名言："我们应该有恒心，尤其是自信力！"

美籍物理学家钟致榕教授在回顾他中学时代的经历时，说明了自信心对一个人成长的重要作用。他说，中学时代，社会风气很坏，学生考试作弊，不求上进。为此，一位有作为的老师决定从 300 个人中挑选出 60 人组成"荣誉班"。学生被告知，他们是因为有发展前途才被挑上的。因此，学生很高兴，对前途充满了信心，学习努力，严于律己。结果奇迹出现了，若干年后，这个班的学生大多数都成了有成就的人。后来钟致榕先生见到了他的老师，才知道 60 名学生是老师当时随意抽签决定的，并未经过专门的挑选。这一事实十分发人深思：由于"荣誉班"的学生被告知他们"很有发展前途"才被挑选出来，这就使他们产生了强烈的自信心，激起了他们自尊、自爱和自强的心理效应，最后使他们成才。

3. 自我形象

自我形象是自己头脑中看待自己的方式。它是人的内心里关于"自己是个怎样的人""应该成为怎样的人"的指针。自我意识影响着自我形象，是自我形象建立的基础。

(二)自控功能

在必要的情况下,自我意识能够控制自己的行为和态度。

(三)内省和归因作用

因自我意识的存在,个体成长中会不断自省,并对所得到的信息进行归因,对自己进行监督和自我教育,促进自我成长。

六、大学生自我意识发展的常见问题

在当前多元文化的冲击和社会环境的影响下,大学生自我意识发展过程中容易出现以下问题。

(一)自我认识的偏差:自我中心与从众心理

(1)自我关注过多:过度关注自己在他人眼中的形象,非常在意他人对自己的评价;过度自省,关注内部自我;过度关注外在形象和修饰。

(2)看重"人言"从而"丧失自我"并导致"盲目从众"(学习、消费、恋爱、入党、择业等):易受他人暗示,缺乏主见,人云亦云,内心又不赞同,感到痛苦;自主性缺乏,不愿为自我的行为负责任,表现为心理自我、社会自我的成熟明显滞后于生理自我的情况;缺乏客观的自我评价,自我控制能力不足。

(二)自我体验的偏差:孤独、自负与自卑心理

(1)孤独:自我封闭,感到不被他人理解。

(2)自负:高估自己的魅力和能力,易固执己见和偏执,观察问题易简单化,行动目标过高,对困难估计不足。

(3)自卑:自我否定、自我怀疑、胆怯、逃避、退缩、缺乏主见。

(三)自我控制的偏差:自暴自弃与过分依赖、逆反行为

困难、挫折造成信心缺乏,并且自我否定;过分的独立意向,形成逆反。

七、大学生自我意识发展的特点

(一)深刻性

大学生在描绘自我形象时,使用分析性的描述。这种分析一般能深入剖析个人的内心世界、情绪体验、思想动机、意志特征与理想愿望,展示自我意识的深

刻性,如用"大海里的一滴水"等来描述自己。

(二)概括性

大学生对自我形象的评价已从外部的、具体的、偶然的特征,发展到用概括性的词语或方式来描述自己经常出现的综合心理特征,如用"富有个性""洒脱不羁"等来形容自我。这说明大学生自我形象的概括水平有了明显的提高。

(三)社会性

大学生自我评价的能力与之前相比明显提高,能较全面、客观和主动地从政治思想、动机、理想、品德方面,从与他人的比较中观察自己、分析自己,这表明大学生自我意识的社会性更强。

小贴士

塑造大学生健康自我意识的途径与方法

1. 客观认识自我,勇于正视自我——完善自我意识的基础

(1)通过与他人比较看清自己的优势和不足。

(2)通过与自己比较看清自己是进步还是退步。

(3)通过分析他人对自己的评价和反馈认识自己。

(4)通过自己的行为和成果来认识和评价自己并客观地归因。

(5)通过自我反思(特别是自我批评)总结提高。

2. 积极悦纳自我——建立真实的自信心

(1)接纳自己是有缺点的人。

(2)相信自己的存在是有意义的。

(3)进行积极心理暗示。

(4)积极展示自己,在小事中积累成功的经验。

3. 自我接纳和自我不接纳的表现

(1)自我接纳的表现:①充满信心和毅力;②行为表现一向都自然而诚恳;③了解自己的能力,也知道自己的目标;④对自己的个性及人生引以为豪。

(2)自我不接纳的表现:①为了讨好别人,掩饰自己的感情;②同时从事多种活动,但没有一件完成;③内心不安时外表仍若无其事或惊慌失措;④常敷衍了事,无法专注。

做一做

20个"我是谁"

1.在下面写出20句"我是怎样的人",要求尽量选择一些能反映个人风格的语句,避免出现类似"我是一个男生"这样的句子。

(1)我是一个＿＿＿＿＿＿＿＿＿＿＿＿＿＿＿＿＿＿＿＿＿＿＿＿

(2)我是一个＿＿＿＿＿＿＿＿＿＿＿＿＿＿＿＿＿＿＿＿＿＿＿＿

(3)我是一个＿＿＿＿＿＿＿＿＿＿＿＿＿＿＿＿＿＿＿＿＿＿＿＿

(4)我是一个＿＿＿＿＿＿＿＿＿＿＿＿＿＿＿＿＿＿＿＿＿＿＿＿

(5)我是一个＿＿＿＿＿＿＿＿＿＿＿＿＿＿＿＿＿＿＿＿＿＿＿＿

(6)我是一个＿＿＿＿＿＿＿＿＿＿＿＿＿＿＿＿＿＿＿＿＿＿＿＿

(7)我是一个＿＿＿＿＿＿＿＿＿＿＿＿＿＿＿＿＿＿＿＿＿＿＿＿

(8)我是一个＿＿＿＿＿＿＿＿＿＿＿＿＿＿＿＿＿＿＿＿＿＿＿＿

(9)我是一个＿＿＿＿＿＿＿＿＿＿＿＿＿＿＿＿＿＿＿＿＿＿＿＿

(10)我是一个＿＿＿＿＿＿＿＿＿＿＿＿＿＿＿＿＿＿＿＿＿＿＿

(11)我是一个＿＿＿＿＿＿＿＿＿＿＿＿＿＿＿＿＿＿＿＿＿＿＿

(12)我是一个＿＿＿＿＿＿＿＿＿＿＿＿＿＿＿＿＿＿＿＿＿＿＿

(13)我是一个＿＿＿＿＿＿＿＿＿＿＿＿＿＿＿＿＿＿＿＿＿＿＿

(14)我是一个＿＿＿＿＿＿＿＿＿＿＿＿＿＿＿＿＿＿＿＿＿＿＿

(15)我是一个＿＿＿＿＿＿＿＿＿＿＿＿＿＿＿＿＿＿＿＿＿＿＿

(16)我是一个＿＿＿＿＿＿＿＿＿＿＿＿＿＿＿＿＿＿＿＿＿＿＿

(17)我是一个＿＿＿＿＿＿＿＿＿＿＿＿＿＿＿＿＿＿＿＿＿＿＿

(18)我是一个＿＿＿＿＿＿＿＿＿＿＿＿＿＿＿＿＿＿＿＿＿＿＿

(19)我是一个＿＿＿＿＿＿＿＿＿＿＿＿＿＿＿＿＿＿＿＿＿＿＿

(20)我是一个＿＿＿＿＿＿＿＿＿＿＿＿＿＿＿＿＿＿＿＿＿＿＿

2.将陈述的20项内容作下列归类。

(1)身体状况(属于你的体貌特征,如年龄、身高、体型等)

编号:＿＿＿＿＿＿＿＿＿＿＿＿＿＿＿＿＿＿

(2)情绪状况(你常持有的情绪情感,如乐观开朗、烦恼沮丧等)

编号:＿＿＿＿＿＿＿＿＿＿＿＿＿＿＿＿＿＿

(3)才智状况(你的智力、能力情况,如聪明、灵活、迟钝、机灵等)

编号：_____

（4）社会关系状况（与他人的关系，如何与别人相处并应对人际关系中的进与退，对他人常持有的态度和原则，如乐于助人、爱交朋友、坦诚的、孤独的等）

编号：_____

3.评估一下你对自己的陈述是积极的还是消极的。在你列出的每句话的后面加上加号（＋）或减号（－），加号表示"这句话表达了你对自己肯定、满意的态度"，减号的意义则相反，表示"这句话表达了你对自己不满意、否定的态度"。看看你的减号与加号的数量各是多少。如果加号的数量大于减号，说明你的自我接纳状况良好；相反，你的减号将近一半甚至超过一半，就表明你不能很好地接纳自己，你的自尊程度较低，这时你需要内省一番，寻找问题的根源。

小故事，大道理

小蜗牛的故事

小蜗牛问妈妈："为什么我们从生下来，就要背负这个又硬又重的壳呢？"妈妈说："因为我们的身体没有骨骼的支撑，只能爬但又爬不快，所以需要这个壳的保护。"小蜗牛又问："毛毛虫姐姐没有骨头，也爬不快，为什么她却不用背这个又硬又重的壳呢？"妈妈说："因为毛毛虫姐姐能变成蝴蝶，天空会保护她啊！"小蜗牛继续问道："可是蚯蚓弟弟也没骨头，照样爬不快，也不会变成蝴蝶，他怎么不背这个又硬又重的壳呢？"妈妈说："因为蚯蚓弟弟会钻土，大地会保护他啊。"小蜗牛哭了起来："我们好可怜，天空不保护我们，大地也不保护我们。"蜗牛妈妈安慰他说："所以我们有壳啊！我们不靠天，也不靠地，我们靠自己。"

这个故事说明了什么道理？我们生活中有什么例子，能说明了解自己的重要性？

心理 探秘

乔哈里窗

乔哈里窗，又名周哈里窗，是由美国心理学家乔瑟夫和哈里提出的关于自我认知的窗口理论。根据这个理论，人的内心世界被分为4个区域（图4-2）：公开区、盲目区、隐秘区、未知区。

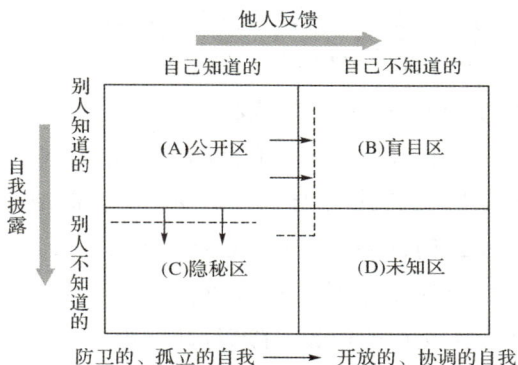

图 4-2 窗口理论

1.公开区

左上角那一扇窗称为"公开区",属于自由活动领域。这是自己清楚别人也知道的部分,所谓"当事者清旁观者也清",比如我们的性别、外貌等。"公开区"的大小取决于自我心灵开放的程度、个性张扬的力度、人际交往的广度、他人的关注度、开放信息的利害度等。"公开区"是自我最基本的信息,也是了解自我、评价自我的基本依据。一个人的公开区越大,自我意识越健全,在与人的沟通中更开放、更自信。

2.盲目区

右上角那一扇窗称为"盲目区",属于盲目领域。这是自己不知道而别人却知道的部分,所谓"当事者迷旁观者清"。可以是一些很突出的心理特征,比如有人轻易承诺却转眼间忘得干干净净;也可以是不经意的一些小动作或行为习惯,比如一个得意的或者不耐烦的神态和情绪流露,本人不觉察,除非别人告诉你。盲目点可以是一个人的优点或缺点。因为事先不知、不觉,所以当别人告诉自己时,或惊讶,或怀疑,或辩解,特别是听到与自己的初衷或想法不相符合的情况时。"盲目区"的大小与自我观察、自我反省的能力有关,通常内省特质比较强的人,盲目点比较少,"盲目区"比较小。而熟悉并指出"盲目区"的他者,往往也是关爱你的人、欣赏你的人、信任你的人(虽然也可能是最挑剔你的人)。所以,我们要学会用心聆听,重视他人的回馈,不固执,不过早下结论;学会感恩,使他们帮助自己拨开迷雾见晴天。

3.隐秘区

左下角那一扇窗称为"隐秘区",属于逃避或隐藏领域。这是自己知道而别人不知道的部分,与"盲目区"正好相反。就是我们常说的隐私、个人秘密,留在心底,不愿意或不能让别人知道的事实或心理。适度地内敛和自我隐藏,给自我保留一个私密的心灵空间,避免外界的干扰,是正常的心理需要。没有任何隐私的人,就像住在透明的房间里,缺乏自在感与安全感。但是隐藏区太多,开放区就太少,如同筑起一座封闭的心灵城堡,无法与外界进行真实有效的交流与融合,既压抑了自我,也令周围的人感到压抑,容易导致误解和曲解,造成他评和自评的巨大反差,成为人际交往的迷雾与障碍,甚至错失机会。勇于探索自我者,不能只停留在"开放区"的层面,还应敢于直面"隐秘区"的秘密和实质。

4.未知区

右下角那一扇窗称为"未知区",属于处女领域。这是自己和别人都不知道的部分,有待挖掘和发现。通常是指一些潜在能力或特性,比如一个人经过训练或学习后,可能获得的知识与技能,或者在特定的机会里展示出来的才干。对未知自我的探索和开发,能更全面而深入地认识自我、激励自我、发展自我、超越自我。学着尝试一些全新的领域,挖掘潜力,会收获惊喜。勇于自我探索者,要善于开发"未知区"。

名言警句

• 青年初期最有价值的心理成果就是发现了自己的内部世界,对于青年来说,这种发现与哥白尼当时的革命同等重要。

——科恩

• 生命的唯一意义在于活出真我,并完成那充满各种潜能的明天的我。

——R.L.史蒂文生

请你分析

我是怎样一个人

【案例描述】

李同学,女,22岁,大学三年级。她来自农村,容貌秀丽,体态匀称,谈吐清晰。3年来,她一直都努力学习,成绩优秀,另外也积极参加社团工作,锻炼自己的各种社会能力,从一名普通会员做到校学生会主席,和同学们都相处得不错。在同学眼里,她是个积极、努力、开朗、自信、能力很强的人。可是私下里李同学因为自己来自农村,家里很穷,衣着朴素,感觉自己外表一般,内心自卑、胆小、懦弱。面临找工作时,李同学突然迷茫了,不知道自己到底是个怎样的人。

【案例分析】

李同学的迷茫在大学生自我意识心理中具有普遍性,这是由于自我意识分化而出现了矛盾和冲突。大学生对现实自我的不满,产生了"我是什么样的人(现实自我)"和"我希望自己是什么样的人(理想自我)"之间的矛盾,这让李同学焦虑不安。李同学心里有两个自己,一个自卑,一个自信;一个卑微,一个强大;一个胆小懦弱,一个积极开朗。正因为自卑,就要求自己自信;越是感觉自己卑微,越希望自己变得强大起来。理想自我是对现实自我提出的要求,要求越高,内心就会越虚弱,现实自我就变得越不确定。

【建议】

客观评价自己,全面接纳自己,允许自己有各种感觉的存在。对于李同学来说,容貌秀丽、体态匀称是她的生理自我;学习努力、成绩优秀是个好学生,工作积极、能力很强是个好的社团干部,这些是李同学的社会自我;有时候自己感觉到不自信,有时候又感觉很自信,有时候会害怕,有时候感觉自己心里轻松、快乐、无阴霾,这些是李同学的心理自我的感觉部分。生理自我、社会自我、心理自我这三部分都是李同学。李同学无须夸大自己,也不必贬低自己,只要通过不断成长就可完善自己。

心理测试

自我评定量表

请根据自己的实际情况,做"是""不知道"或"否"的回答。看看你的性格是内向还是外向。

(1)在大庭广众面前不好意思。

(2)对人一见如故。

(3)愿意一个人独处。

(4)好表现自己。

(5)与陌生人难打交道。

(6)开会时喜欢坐在被人注意的地方。

(7)遇到不愉快的事情,能抑制感情,不露声色。

(8)在众人面前能爽快地回答问题。

(9)不喜欢社交活动。

(10)经常愿意和朋友在一起。

(11)自己的想法不轻易告诉别人。

(12)只要认为是好的东西立即就买。

(13)爱刨根问底。

(14)容易接受别人的意见。

(15)凡事很有主见。

(16)喜欢高谈阔论。

(17)休息时宁可一个人独坐也不愿同别人聊天。

(18)决定问题爽快。

(19)遇到难题非弄懂不可。

(20)常常未等别人把话讲完,就觉得自己已经懂了。

(21)不善和别人辩论。

(22)遇到挫折不容易丧气。

(23)时常因为自己的无能而沮丧。

(24)碰到高兴的事极易喜形于色。

(25)常常对自己面临的选择犹豫不决。

(26)不大注意别人的事。

(27)好把自己同别人比较。

(28)好憧憬未来。

(29)容易羡慕别人的成绩。

(30)相信自己不比别人差。

(31)在意别人对自己的看法。

(32)不大注意自己的外表。

(33)发现异常现象,容易想入非非。

(34)即使有亏心事也很快会遗忘。

(35)总是把家里收拾得干干净净。

(36)自己放的东西常常不知道放在哪里。

(37)做事很细心。

(38)对于别人的请求乐于帮助。

(39)十分注意自己的信誉。

(40)热情来得快,去得也快。

(41)信奉"不干则已,干则必成"。

(42)做事情更注意速度而不是质量。

(43)一本书可以反复看几遍。

(44)不习惯长时间看书。

(45)办事大多有计划。

(46)兴趣广泛且多变。

(47)学习时不容易受外界的干扰。

(48)开会时喜欢同人交头接耳。

(49)作业大都整洁、干净。

(50)答应别人的事经常会忘记。

(51)一旦对人有看法就不容易改变。

(52)容易和别人交朋友。

(53)不喜欢体育运动。

(54)对电视节目中的球赛尤有兴趣。

(55)买东西前总要估量一番。

(56)不惧怕从来没有做过的事。

(57)遇到不愉快的事情,会生气很长时间。

(58)自己做错了事,容易承认和改正。

(59)常常担心自己会遭遇失败。

(60)容易原谅别人。

【评定方法】

上述试题中,凡是单数题,回答"是"记 0 分,"不知道"记 1 分,"否"记 2 分;凡是双数题,回答"是"记 2 分,"不知道"记 1 分,"否"记 0 分。把得分相加得到总分,总分含义如下。

90 分以上:典型外向。

81～90 分:较外向。

71～80 分:稍外向。

61～70 分:混合型(略偏外向)。

51～60分:混合型(略偏内向)。

41～50分:稍内向。

40分及以下:较内向。

心理小训练

小训练一:我的优点树

指导语:请设想一下,你正沿着一条路走,突然发现前方有一棵很特别的树。这是一棵具有象征意义的树,与你有关,它上面挂满了标志着你特别的能力和优点的果实。仔细地观察它,它是怎么样的?枝干、树根如何?然后画下来。鼓励使用彩色的笔,不同的果实可以选用不同的颜色。

(1)同学们自己完成"我的优点树"。

(2)我们绝对需要自我肯定。我们要相信,每个人身上都蕴藏着一个巨大的宝藏,它里面藏着我们的优势和潜能。但是我们仍需要问自己:这些优势是否得到了充分的发展?它们到底对我产生了哪些重要影响呢?

小训练二:接纳并改变自己的缺点

指导语:列出几项你认为不可改变的缺点,并谈论你得出这种结论的原因。

缺点:_____

原因:_____

缺点:_____

原因:_____

缺点:_____

原因:_____

对你刚才所写出的缺点做改换句式练习,规则:将现在时改为过去完成时。例句:我就是这样任性。改为:我曾经是这样的任性。

(1)_____

(2)_____

(3)_____

第五章

健全人格

心理知识

一、认识人格

人格是指一个人与社会环境相互作用表现出的一种独特的行为模式、思维模式和情绪反应的特征,也是一个人区别于他人的特征之一。人格包括两部分:性格与气质。性格是人稳定个性的心理特征,表现在人对现实的态度和相应的行为方式上。性格从本质上表现了人的特征,而气质就好像是给人格打上了一种色彩、一个标记,性格可分为人类天生的共同人性与个体在后天环境与学习影响下所形成的独特个性。气质是指人的心理活动和行为模式方面的特点,赋予性格以光泽。

"人格"一词源自古希腊语 persona。persona 最初指古希腊戏剧演员在舞台演出时所戴的面具,与我们京剧中的脸谱类似。后来该词用于指演员本人,一个具有特殊性质的人。现代心理学沿用 persona 的含义,转义为人格。其中包含了两层意思:一是指一个人在人生舞台上所表现的种种言行,人遵从社会文化习俗的要求而作出的反应,即人格的"外壳",就像舞台上根据角色的要求而戴的面具,反映出一个人的外在表现;二是指一个人由于某种原因不愿展现的人格成分,即面具后的真实自我,是人格的内在特征。

(一)气质

气质是人格的基础之一,是人格结构中比较稳定的并与遗传素质密切相关的成分。

在日常生活中,我们常说某人稳重、文静、慢条斯理、爽快、泼辣,就是指人的气质表现。气质这种心理活动的特征,主要表现在心理活动的强度、速度、稳定性、灵活性及心理倾向性和指向性上,如感知觉的敏锐度、思维的灵活性、情绪的反应性等,使得个体的心理活动具有了一种独特的色彩。

现代心理学沿用了古希腊医生希波克拉底和古罗马医生盖伦的说法,将气质分为 4 种类型,即胆汁质、多血质、黏液质和抑郁质,其各自的特点如下。

1.胆汁质

这种气质最突出的特点是具有强烈的兴奋性,因而在行为上表现出不平衡性。这种气质的人脾气暴躁、易发怒、性格直率、精力旺盛。他们能够以极大的热忱投身于事业、埋头于工作,能够克服在通往既定目标道路上的重重困难。但是,一旦精疲力竭,他们往往对自己失去信心,情绪低落。

2.多血质

这种气质的人的突出特点是具有显著的热忱和工作效能。他们对自己的事业有着浓厚的兴趣,并能保持相当长的一段时间。这种人有很高的灵活性,容易适应生活环境的变化,善于交际,在新的环境里也不会感到拘束。他们精神愉快,朝气蓬勃,但是一旦事业不顺利,或需要付出艰苦努力时,热情就会大减,情绪很容易波动。这种气质的人大都机智敏锐,能较快地接受新事物,在从事多变和多样化的工作时,成绩显著。

3.黏液质

这种气质的人安静、平衡,始终是平稳、坚定和顽强的。这种气质的人能够较好地克制自己的冲动,能严格地遵守既定的生活规律和工作制度。他们态度持重,交际适度。他们的不足之处是稳重有余而灵活不足。但这种个性也有积极的一面,可以使人保持从容不迫和严肃认真的品格。针对这种气质的人,安排其从事有条理、冷静和持久性的工作为好。

4.抑郁质

这种气质的人突出的特点是具有高度的敏感性,因而也最容易受到挫折。他们比较孤僻,在困难面前优柔寡断,在面临危险情势时会感到极度的恐惧。这种气质的人常常因为微不足道的缘由而动感情。他们很好相处,能胜任别人的委托,能克服困难,具有坚定性。

单一气质的人很少见,多数人是两种气质类型乃至多种气质类型的混合体。

(二)性格

性格是人格结构中表现最明显同时也是最重要的心理特征。性格是个体对现实比较稳定的态度及与之相应的习惯化了的行为方式。性格的个体差异是很大的,有人深沉、内敛和多虑,有人热情、开朗和活泼。性格有多种多样的特征,这些特征的组合形成了复杂的结构。这些特征主要由以下 4 个方面组成。

1.性格的态度特征

如同情或冷漠、正直或虚伪、勤奋或懒惰、认真或马虎、自信或自卑、开拓创新或墨守成规等。

2.性格的意志特征

如目的性或盲目性、纪律性或散漫性、独立性或易受暗示性、自制或任性、果断或犹豫、持之以恒或虎头蛇尾等。

3.性格的情绪特征

如热情或低沉、乐观或悲观等。

4.性格的理智特征

如主动观察或被动观察、偏好分析或偏好综合、富有想象或想象被阻抑、富于创造性或好钻牛角尖等。

性格并不是各个特征的简单堆积，而是各个特征之间的有机结合，它们既相互联系，又彼此制约，使性格结构具有能动性。人们可以依据某人的某个些性格特征来推测其他方面的特征，如急躁多与冲动、粗心、容易激动等特征有关。一个人的性格会随个人的角色转变、环境和情境的变化及自我要求的不同而呈现出不同的特征，表现出丰富性和复杂性。例如，一个懒散的学生在父母面前表现懒散的一面较多，而在整洁有序的寝室内这一面可能表现得较少。

二、人格的特点

(一)独特性

人格的独特性是在遗传、成熟、环境、教育等先天和后天环境的交互作用下形成的。

(二)稳定性

人格的稳定性是指那些经常表现出来的特点，是一贯的行为方式的总和。

(三)统合性

人格的有机结构具有内在一致性，受自我意识的调控。当一个人的人格结构各方面彼此和谐一致时，人们就会呈现出健康的人格特征。

(四)功能性

人格是一个人生活快乐与否的根源。人格决定了一个人的生活方式。

(五)本土性

人格作为个体的心理特征，是人与环境相互作用的产物。成长环境的复杂多样性，使得人格既具有共性，也具有个体差异性。

三、著名的"弗洛伊德人格结构理论"

在诸多人格理论中，有一些理论将人格划分为不同的层次或部分，这些理论都可称为人格结构理论。其中最具影响力的是"弗洛伊德人格结构理论"。在弗洛伊德的人格结构理论中有 3 个成分:本我、自我、超我。

（1）本我是原始的无意识的先天本能或欲望,是基本的驱力源,包括性与攻击等。本我以非理性的方式工作,遵循"快乐原则"——不受现实和道德的约束,只为满足其原始欲望。

（2）自我是从本我中逐渐分化出来的,在人格中代表现实性一面,其主要作用是调节本我与超我两者的矛盾。遵循"现实原则"——以合理的方式来满足本我的要求。

（3）超我是人格结构的最高层次,是由于个体在生活中接受社会文化和道德规范的教养而逐步形成的,是社会化的结果。超我有 2 个重要成分:良心和自我理想。超我遵循"道德原则",它具有 3 个作用:抑制本我的冲动、对自我进行监控、追求完善的境界。

弗洛伊德的人格结构是基于心理病理学的假设,在他看来,当本我、自我、超我三者协调时,人格就表现出一种健康状态;当三者失调时,就可能引发心理疾病。

比如,当一个人空着肚子,走到烧饼店门口时,闻到香喷喷的气味,难免口水直流,内心里有一个欲望与想法,想伸手去拿几个烧饼来吃;可是,同时也会想,假如因偷拿烧饼被人抓到而受到惩罚是划不来的,随便拿人家的东西吃,是有失名声的事情,所以就不会去做了。

四、人格形成的影响因素

（一）生物遗传因素

心理学家通过对双生子的研究结果表明:遗传是人格不可缺少的影响因素,但遗传因素对人格的作用程度因人格特征的不同而不同。通常在智力、气质这些与生物因素相关性较大的特征上,遗传因素较为重要;而在价值观、信念、性格等与社会因素关系紧密的特征上,后天环境因素更重要。人格发展过程是遗传与环境交互作用的结果,遗传因素影响人格形成的难易及发展方向。

（二）家庭环境因素

家庭对人格的形成和发展具有重要和深远的影响。家庭是儿童的最初环境,社会和时代的要求往往是通过家庭在儿童心灵上打下烙印的。许多精神分析学家认为,一个人从出生到五六岁,是人格形成的主要阶段,这时一个人的人格类型已基本形成。在这个阶段,绝大多数儿童在家庭中生活,在父母的养育下长大。因此,父母的教养态度对于一个人人格的形成和今后的发展起着重要的作用。俗话说:"有其父必有其子",不无一定的道理。父母按照自己的意愿和方式教育孩子,使他们逐渐形成了某些人格特征。由此可见,家庭对人格的形成起到了至关重要的作用,父母在养育孩子的过程中,表现出的人格特征,并有意无意地影响和塑造着孩子的人格,形成家庭中的"社会遗传性"。

(三)学校教育因素

学校是一种有目的、有计划地向学生施加影响的教育场所。教师对学生人格的形成具有指导、定向作用,教师的人格特征、行为模式与思维方式对学生产生巨大的影响。每个教师都有自己独特的风格,这种风格为学生设定了一个"气氛区",在教师的不同气氛区中,学生表现出不同的行为表现。瑞士著名教育家裴斯泰洛奇在一项教育研究中发现,在性情冷酷、刻板、专横的老师所管辖的班集体中,学生的欺骗行为增多;在友好、民主的教师气氛区中,学生的欺骗行为减少。心理学家勒温等人也研究了不同管教风格的教师对学生人格的影响。他们发现在专制型、放任型和民主型的管理风格下,学生表现出不同的人格特点。教师的公平公正性对学生有着至关重要的影响,学生极为看重教师对他们是否公正、公平,教师的不公正表现会导致学生的学业成绩和道德品质的降低。班集体是学校的基本组织结构,班集体的特点、要求、舆论和评价对于学生人格的形成具有"抑恶扬善"的作用。

(四)社会文化因素

人一出生,便置身于社会文化之中并受社会文化的熏陶与影响,文化对人格的影响伴随着人的一生。社会文化具有塑造人格的功能,这反映在不同文化的民族有其固有的民族性格、不同的地域有着不同的文化传统、不同的文化发展时期有着不同的文化认同上。例如,米德等人研究了新几内亚的民族的人格特征,结果表明:来自同一祖先的不同民族各具特色,鲜明地体现了社会文化对个体的影响力。居住在山丘地带的阿拉比修族,崇尚男女平等的生活原则,成员之间互相友爱、团结协作,没有恃强凌弱,也没有争强好胜,表现出一派亲和景象。居住在河川地带的孟都古姆族,生活以狩猎为主,男女间有权力与地位之争,对孩子处罚严厉。这个民族的成员表现出攻击性强、冷酷无情、嫉妒心强、妄自尊大、争强好胜等人格特征。这些都反映出了社会文化因素对人格形成的影响。

(五)自我调控因素

上述各因素体现的是人格形成的外因,而外因是通过内因起作用的。人格的自我调控系统就是人格形成的内部因素。人格调控系统是以自我意识为核心的。自我意识是人对自身及对自己同客观世界的关系的意识,具有自我认识、自我体验、自我调控3个子系统。自我调控系统的主要作用是对人格的各个成分进行调控,保证人格的完整、统一、和谐。

遗传决定了人格形成的可能性,环境决定了人格形成的现实性。

五、健康人格的标准

(一)和谐的人际关系

人际关系最能体现一个人人格健康的程度。人格健康的人乐于与他人交往,并能与他人建立良好的关系;与人相处时,尊敬、信任等正面态度多于嫉妒、怀疑等消极态度。健康的人常常以诚恳、公平、谦虚、宽容的态度尊重他人,同时也受到他人的尊重与接纳。

(二)良好的社会适应能力

社会适应能力反映了人与社会的协调程度。人格健康的人能够和社会保持良好、密切的接触,以一种开放的态度,主动关心社会、了解社会;在认识社会的同时,使自己的思想、行为跟上时代的发展,与社会的要求相符合,能快速适应新的环境。

(三)正确的自我意识

自我意识是个体对自己和自己与他人、与周围世界关系的认识。具有健康人格的人对自己有恰如其分的评价,充满自信、扬长避短,在日常生活中能有效地调节自己的行为与环境保持平衡。

(四)乐观向上的生活态度

积极的人生态度是人类在社会实践中获得的本质力量的表现。乐观的人常常能看到生活的光明面,对前途充满希望和信心,对自己所从事的工作或学习抱有浓厚的兴趣且积极主动,并在其中展现自身的智慧和能力。即使在遇到困难和挫折时,也能不畏艰险,勇于拼搏。

(五)良好的情绪调控能力

情绪标志着人格的成熟程度。人格健康的人情绪反应适度,具有调节和控制情绪的能力,经常保持愉快、满意、开朗的心境,并富有幽默感。当消极情绪出现时能合情合理地宣泄、排解、转移和升华。

小贴士

正确认识自己的性格

一般来说,大多数人的性格是偏向于某一类型,或者处于两级之间。事实上,任何人的性格都有好的一面,也有不好的一面,所以每个人都应以积极的态度对待自己的性格,对自己的性格进行优化。性格的类型是指一类人身上所共有的某些性格特征的独特组合,不同的性格理论对性格类型有不同的划分。

(1)瑞士心理学家荣格按照个体的心理活动的倾向,将人的性格分为外倾和内倾两种类型。外倾型的人注重外在世界,对周围的一切事物都很感兴趣,容易适应环境的变化;内倾型的人重视主观世界,常沉浸在自我欣赏和陶醉中,较难适应环境的变化。

(2)英国心理学家培因和法国心理学家李波根据优势人体机能把人的性格分为理智型、情绪型、意志型3类。理智型常以理智衡量一切,能够深思熟虑地处理问题;情绪型的言行容易受情绪控制,不能冷静思考;意志型目标明确,积极主动。

(3)德国心理学家斯普兰格依据人类社会文化生活的6种形态,将人格划分为6种类型:经济型、理论型、审美型、权力型、社会型、宗教型。经济型重实效,理论型重理性,审美型富于想象,权力型支配性强,社会型乐于奉献社会,宗教型重信仰。

做一做

培养健全人格,做更好的自己

无论我们是否拥有强大的心灵,我们都可以不断努力来完善自己的人格,从而获得更加美好的生活。"种下行为,收获习惯;种下习惯,收获性格;种下性格,收获命运。"正直的人格是生活中的一点一滴积累起来的,只要我们踏踏实实做好每一件事,终有一天会成功。

1.认识自我,优化人格整合

首先,我们要认识自己,包括优点和缺点。无论是寂寞地独处,还是在喧闹的人群中,我们都能看到真正的自我,只要留心,我们会慢慢了解自己,也了解自己的潜能和局限,进而明确自己的目标和即将为之付出的努力,而不会因高估或低估自己而痛苦。我们的人格存在美好的一面,也有阴暗的角落,因此我们要注意优胜劣汰,也就是要不断加强我们优秀的一面。

2.积极参加实践活动,从小事做起

实践是人格发展的必由之路。无论是知识的获取、能力的形成,还是意志的磨炼都离不开实践。一个人的勤奋、坚韧、乐观、细致等人格特征都是长期磨炼的结果。大学生应积极参加各种有益身心健康的实践活动,如近年来校园内兴起的青年志愿者活动对于大学生人格的发展与塑造就很有意义。一个人的一言一行往往是其人格的外化,反过来一个人日常言行的积淀成为习惯就是人格。优化人格整合要从眼前的小事做起,无数良好的小事可"积沙成塔",最终构建出优良的人格大厦。

3.建立良好的人际关系,融入集体

塑造健全人格,必须建立良好的人际关系,尊重社会习俗,关心他人的需要、真诚地赞美别人,不做无建设性地批评,多与他人沟通,保持自尊和独立。

4.锻炼身体,强健体魄

人格发展的过程是体质、心理因素与智力因素协同作用、相互促进的过程,健康的体质是人格健全发展的物质基础。

5.培养有益兴趣,陶冶情操

针对自己的爱好和性格特点,有针对性地培养兴趣,有利于陶冶情操。

6.防止过犹不及

凡事都有"度",人格发展和表现的"度"是十分重要的。在人格塑造过程中应把握辩证法,掌握好"度",否则就会过犹不及,适得其反。具体来说,应该是自信而不自负、自谦而不自卑、勇敢而不鲁莽、果断而不冒失、稳重而不犹豫、谨慎而不怯懦、豪放而不粗俗、好强而不逞强、活泼而不轻浮、机敏而不多疑、忠厚而不愚昧、干练而不世故。

7.寻求帮助

寻求学校专业心理老师的帮助,及时解决自己的心理问题,请求心理老师运用专业知识来帮助自己培养健全人格,从而建立健康的心灵空间。

以上只是一些建议,我们认为人格塑造是一个长远的过程,"心诚则灵",只要我们意识到培养健康人格的重要性,而且用心去感受,用心去做,多多提高自己的人文素养,就一定能找到适合自己的途径,踏踏实实地去做,终有一天能找到自己,为自己塑造一个健全的人格,构建一颗纯真的心灵,最终拥有的幸福。

小故事，大道理

美女与女巫

人格心理学的教授给学生讲了一个故事。

国王亚瑟被俘，本应该处死，但对方的国王见他年轻乐观，十分欣赏，便要求亚瑟回答一个十分难的问题，答出来就可以获得自由。

这个问题是"女人真正想要的是什么？"

亚瑟开始向身边的每个人征求答案：公主、牧师、智者……结果没有一个人能给他满意的回答。

有人告诉亚瑟，郊外的阴森城堡里住着一个老女巫，据说她无所不知，但收费高昂，且要求离奇。期限马上就要到了，亚瑟别无选择，只好去找女巫，女巫答应回答他的问题，但条件是要和亚瑟最高贵的圆桌武士之一，也是他最亲近的朋友加温结婚。

亚瑟惊骇极了，他看看女巫，驼背、丑陋不堪，只有一颗牙齿，身上散发着臭水沟般的难闻气味……而加温高大英俊、诚实善良，是最勇敢的武士。亚瑟说："不，我不能为了自由，强迫我的朋友娶你这样的女人！否则我一辈子都不会原谅自己。"加温知道了这个消息后，对亚瑟说："我愿意娶她，为了你和我们的国家。"于是婚礼被公之于世。女巫回答了这个问题："女人真正想要的，是主宰自己的命运。"

每个人都知道女巫说出了一条伟大的真理，于是亚瑟自由了。

婚礼上女巫用手抓东西吃、打嗝、说脏话，令所有的人都感到恶心，亚瑟也在极度痛苦中哭泣，加温却一如既往地谦和。

新婚之夜，加温不顾众人劝阻坚持走进新房，准备面对一切，然而一个从没见过面的绝世美女却躺在他的床上，对他说："我在一天的时间里，一半是丑陋的女巫，一半是倾城的美女，加温，你想我白天或夜晚分别是哪一面呢？"

这是个残酷的问题，如果你是加温，你会怎样选择呢？

当时人格心理学的教授话音一落，同学们先静默，继而开始热烈讨论，答案更是五花八门，不过归纳起来不外乎两种：白天是女巫，夜晚是美女，因为老婆是自己的，不必爱慕虚荣；另一种选白天是美女，因为可以得到别人羡慕的眼光，而对于夜晚来说，美丑都无所谓。

听了大家的回答，教授没有发表意见，只说这故事有结果的，加温作出了选择，于是大家纷纷要求老师说出结果。

加温回答道:"既然你说女人真正想要的是主宰自己的命运,那么就由你自己决定吧!"女巫热泪盈眶地说:"我选择白天夜晚都是美丽的女人,因为我爱你!"

所有人都沉默了,因为没有一个人作出加温的选择。我们有时候是不是很自私?以自己的喜好去主宰别人的生活,却没有想过别人是不是愿意。而当你尊重别人、理解别人时,得到的往往会更多。

心理探秘

网上心理测试和算命先生真的那么准吗?

"各位,朋友发来一个测试,我试过了,非常准,你们要不要试一下?"办公室里不知是谁喊了一嗓子。

"我测!""我测!"大家纷纷凑过来。"真准啊!""太像了!"人群里不时发出这样的感慨。

曾经有心理学家用一段笼统的、几乎适用于任何人的话让大学生判断是否适合自己,结果,绝大多数大学生认为这段话将自己刻画得细致入微、准确至极。那其实是一顶套在谁头上都合适的帽子。

哪些人受暗示性强呢?可以通过一个简单的测试检查出来。

让一个人水平伸出双手,掌心朝上,闭上双眼。告诉他(她)现在他(她)的左手上系了一个氢气球,并且不断向上飘;他(她)的右手上绑了一块大石头,向下坠。3分钟以后,看他(她)双手之间的差距,距离越大,则受暗示性越强。

人们常常认为一种笼统的、一般性的人格描述准确揭示了自己的特点,这种倾向称为"巴纳姆效应"。一位名叫肖曼·巴纳姆的著名杂技师在评价自己的表演时说,他之所以很受欢迎是因为节目中包含了每个人都喜欢的成分,所以他使得"每一分钟都有人上当受骗"。

有位心理学家给一群人做完"明尼苏达多项人格检查表"后,拿出2份结果让参加者判断哪一份是自己的结果。事实上,一份是参加者自己的结果,另一份是多数人的回答平均起来的结果。参加者竟然认为后者更准确地表达了自己的人格特征。

"巴纳姆效应"在生活中十分普遍。比如,算命,很多人算过命后都认为算命先生说得"很准"。其实,那些求助算命的人本身就有容易受暗示的特点。当人的情绪处于低落、失意的时候,对生活失去了控制感和安全感,这样,心理的依赖性也大大增强,受暗示性就比平时更强了。加上算命先生善于揣摩人的心理活动,稍微能够理解求助者的感受,求助者立刻会感到一种精神安慰。算命先生接下来再说一段一般的、无关痛痒的话便会使求助者深信不疑。

名言警句

文化的最后成果是人格。

——卡尔·荣格

请你分析

【案例描述】

菲菲,女,大二学生,在班里任班长。她个性活泼开朗,快人快语;热心为同学服务,对老师交办的工作也认真完成。可是菲菲发现,班里的同学慢慢地不愿意理她了,有"敬而远之"的意思,她感觉很委屈、很苦恼。菲菲说:"系里的老师让我给同学办事,我上课迟了一会儿,任课老师对我有意见,又不是我非要去的;我们班宿舍评优,都是怪王娜的床铺不整齐,没评上,我说她两句,她还不开心。还有,系里有个英语比赛,我看小丽英语不错,就给她报名了,结果得了奖。我见到她时报了个喜,然后给她说,你看你那么内向胆小,还不敢报名,看我给你报对了吧!要不然你还不敢去参赛。"结果小丽嘴上说着"谢谢",可是脸红红的,明显不是真心感谢。"这些人怎么都这样?"

【案例分析】

菲菲感觉自己是好心,都是为班级、为同学好,可是得不到同学、老师的理解,心里委屈。菲菲没有关注过自己周围同学、老师的心理感受,没想过同学也有自尊心,不想被人贬低,尤其是当着大家的面,那样会让人感觉很尴尬、很丢脸。没想过老师也需要被尊重,需要了解情况。如果自己不预先告知,取得老师的理解和允许,老师会误会,也会觉得不被尊重。首先,菲菲做事的时候没有想到自己应该承担属于自己的那部分责任,而是一味地埋怨别人。这样菲菲在老师和同学的眼里就是个个性张扬、以自我为中心、不明事理、不担责任的人,同学、朋友都渐渐"敬而远之"了,菲菲还不明白其中的原因,才会陷入苦恼中。

【建议】

菲菲同学应该真正地从内心去考虑、尊重他人的心理感受,培养自己的共情力,增强自己的同理心。做事情时,超越自我中心,以问题为中心,负起自己的责任。这样就可以慢慢让自己的心智模式变得成熟,人格逐渐变得健全起来。

心理 测试

菲尔人格测试

这个测试是美国的菲尔博士在一个节目里做的,称为菲尔人格测试,时下被很多大公司的人事部门用来测查员工的性格。请选择适合你的选项,再利用"评分标准"的表格计算你的得分。

(1)你何时感觉最好   (   )

    A. 早晨　　　　　　　　B. 下午及傍晚　　　　　　　C. 夜里

(2)你走路时是   (   )

    A. 大步地快走　　　　　　　　　B. 小步地快走

    C. 不快,仰着头　　　　　　　　　D. 不快,低着头

    E. 很慢

(3)和人说话时,你会   (   )

    A. 手臂交叠站着　　　　　　　　B. 双手紧握着

    C. 一只手或两手放在臀部　　　　D. 碰着或推着与你说话的人

    E. 玩着你的耳朵,摸着你的下巴或用手整理头发

(4)坐着休息时,你的   (   )

    A. 两膝盖并拢　　　　　　　　　B. 两腿交叉

    C. 两腿伸直　　　　　　　　　　D. 一腿蜷在身下

(5)碰到你感到好笑的事时,你的反应是   (   )

    A. 一个欣赏的大笑　　　　　　　B. 笑着,但不大声

    C. 轻声地咯咯笑　　　　　　　　D. 羞怯地微笑

(6)当你进入一个派对或社交场合时,你会   (   )

    A. 很大声地入场以引起注意　　　B. 安静地入场,找你认识的人

    C. 非常安静地入场,尽量保持不被注意

(7)当你非常专心地工作时,有人打断你,你会   (   )

A. 欢迎他　　　　　　　　　　B. 感到非常恼怒

C. 在上述两极端之间

(8) 下列颜色中，你最喜欢哪一种颜色　　　　　　　　（　　）

　　A. 红色或橘红色　　　　　B. 黑色

　　C. 黄色或浅蓝色　　　　　D. 绿色

　　E. 深蓝色或紫色　　　　　F. 白色

　　G. 棕色或灰色

(9) 临入睡的前几分钟，你在床上的姿势是　　　　　　（　　）

　　A. 仰躺，伸直　　　　　　B. 俯躺，伸直

　　C. 侧躺，微蜷　　　　　　D. 头枕在一手臂上

　　E. 被子盖过头

(10) 你经常梦到自己在　　　　　　　　　　　　　　　（　　）

　　A. 落下　　　　　　　　　B. 打架或挣扎

　　C. 找东西或找人　　　　　D. 飞或漂浮

　　E. 你平常不做梦　　　　　F. 你的梦都是愉快的

评分标准：表 5-1 为每题各选项所对应的分值。

表 5-1　每题各选项对应分值

题号	A	B	C	D	E	F	G
(1)	2	4	6				
(2)	6	4	7	2	1		
(3)	4	2	5	7	6		
(4)	4	6	2	1			
(5)	6	4	3	5			
(6)	6	4	2				
(7)	6	2	4				
(8)	6	7	5	4	3	2	1
(9)	7	6	4	2			
(10)	4	2	3	5	6	1	

20 分及以下：内向的悲观者。你是一个害羞的、神经质的、优柔寡断的人，

永远要别人为你做决定。你是一个杞人忧天者,有些人认为你令人乏味,只有那些深知你的人才知道你不是这样的。

21~30分:缺乏信心的挑剔者。你勤勉、刻苦、挑剔,是一个谨慎小心的人。如果你做出任何冲动或无准备的事,朋友们都会大吃一惊。

31~40分:以牙还牙的自我保护者。你是一个明智、谨慎、注重实效的人,也是一个伶俐、有天赋、有才干且谦虚的人。你不容易很快和人成为朋友,却是一个对朋友非常忠诚,同时要求朋友对你也要忠诚的人。要动摇你对朋友的信任很难,同样,一旦这种信任被破坏,也就很难恢复。

41~50分:平衡的中道者。你是一个有活力、有魅力、讲究实际,而且永远有趣的人。你经常是大家注意力的焦点,但你是一个足够"平衡"的人,不至于因此而昏了头。你亲切、和蔼、体贴、宽容,是一个永远会使人高兴且乐于助人的人。

51~60分:吸引人的冒险家。你是一个兴奋、活泼、易冲动的人,是一个天生的领袖,能够迅速作出决定,虽然你的决定不总是对的。你是一个愿意尝试机会、欣赏冒险的人,周围的人都喜欢跟你在一起。

61分及以上:傲慢的孤独者。你是自负的自我中心主义者,是一个有极端支配欲、统治欲的人。别人可能钦佩你,但不会永远相信你。

心理 小训练

4人看戏

心理学家曾巧妙设计了"看戏迟到"的特定问题情境,通过观察4种基本气质类型的观众在面临同一情境时的行为表现,以说明气质对心理活动的影响。

胆汁质的人会面红耳赤地与检票员争吵,甚至企图推开检票员冲过检票口,径直跑到自己的座位上去,并且还会埋怨说,戏院钟表走得太快了。

多血质的人明白检票员是不会放他进去的,所以他不会与检票员发生争吵,而是悄悄跑到楼上另寻一个适当的地方来看戏剧表演。

黏液质的人看到检票员不让他从检票口进去,便想反正第一场戏可能不太精彩,还是暂且到小卖部待一会儿,看看报纸,吃点零食,待幕间休息再进去。

抑郁质的人对此情境会抱怨自己老是不走运,偶尔来一次戏院,就这样倒霉,接着就垂头丧气地回家了,发誓再也不来看戏。

试想一下,如果你遇到这种情境,会怎么做呢?

第六章

学习心理

‹ ⊙ › 心理 知识

一、学习的定义

广义的学习是指人的倾向或能力的变化,这种变化能够保持且不能单纯归因于生长过程。狭义的学习是指教育情境中的学习,是人类独有的。在教育情境中的学习与日常情境中的学习不完全相同。教育是有目的、有计划的,可以说,教育是按照教育目标改变学生心理和行为的过程。因此,教育情境中的学习可以定义为:凭借经验产生的、按照教育目标要求的比较持久的能力或倾向的变化。可见,教育中的学习,即狭义的学习主要指向内隐的行为变化。

二、大学生学习的特点

(一)学习目标的引导力更重要

大学之前,学习目标是非常明确的,就是考上理想的大学。进入大学后,这个目标已经失去了意义,而目标缺失的情况会随着年级不同而不同。大一学生较为普遍地存在目标失落问题,这种失落主要是阶段目标、具体目标不清楚,最为突出的是第一学期的学习目标不清楚、不明确。主要表现为:不清楚大学究竟该干什么,每个学期、每个月、每天该干些什么,这种失落感一般持续半年到两年。大二时期经过对专业基础课及部分专业课的学习,开始思考自己的专业发展。进入大三基本完成了目标重建,主要表现为专业发展方向的明确和专业目标的确立。

(二)学习方式方法自主性更强

大学学习主要体现在自觉性和能动性两方面。学习的独立性、自觉性增强;对学习内容的选择性较大;课堂学习、课外学习及校外学习相结合,实践性学习增多;通过网络等各种载体的多手段学习日渐普遍,学习方法多样化。

(三)学习内容体现多元化和专业化

大学的学习内容专业化程度较高,职业定向性较强。需要更广泛的阅读和思考,需要从社会实践中学习。注重能力的培养也注重情感态度的学习。不仅需要掌握书本的知识,还需要一定的创造、创新能力。

三、大学生常见学习心理问题

(一)学习缺乏动机,目标缺失

不少学生进入大学后,失去了以往考大学的目标,同时也失去了学习的兴趣,也不知为什么而学习,每天只是机械地完成学习任务,不愿上课,对学校活动也不主动,感到空虚、无聊。有的同学虽然对学习有兴趣,但因为缺乏明确的目标,什么都想学,什么都想学好,但精力和时间有限,从而感到疲惫失落,逐渐失去学习的动力和兴趣。

(二)不适应学习方式,缺乏自信

进入大学后,同学们会发现大学的教学速度快、课堂内容多、知识难度大,并且学习需要自主安排,部分同学感到难以适应新的学习环境和方式,学习压力大,感觉自己每天都在努力学习,但仍是没有达到目标,逐渐对学习失去了信心,感到焦虑、烦恼、茫然。

(三)对专业没兴趣

很多同学在进入大学之前,对于自己的兴趣、专长及将要考取的专业都缺乏了解,报考时比较盲目。有的同学因为调剂、滑档等原因,进入大学后才发现自己不喜欢所学的专业,从而产生了厌学、烦躁、抗拒等情绪,学习效率低下。

(四)考试焦虑

有的同学非常看重成绩,从而导致部分同学临近考试或想象考试时会表现得过分焦虑,并感到担忧、恐惧、紧张、烦躁,同时还会出现注意力不集中、记忆力下降、头疼、食欲下降、失眠等问题。

(五)学习方法不得当,学习困难

有的同学学习非常努力刻苦,每天起早贪黑,除了学习,其他事情较少关注和参与。但由于学习方法不得当,学习强度过大,学习时间过长,没有做到劳逸结合,导致身心疲惫,学习效率低下。

(六)时间管理不当

大学的时间管理给予学生更多的自主性,很多大学生在这样的生活中,很难合理安排自己的时间。有的大学生参与社团过多,忙于事务,影响学习;有的大学生沉迷于玩乐,忽略平时学习的积累,考试前"恶补";有的大学生则是学习非常勤奋,但由于不同难度的学科时间安排不合理、睡眠时间不足等造成学习效率低下。

四、改善学习方法

(一)确立学习目标

确立明确合理的学习目标可以分为以下几步。

(1)首先充分了解自己,包括自己的兴趣、特长、优势、劣势及现状。

(2)了解自己的追求、自己的理想或者自己的需要。

(3)根据以上的了解,制定长期目标、中期目标及近期目标,可以制定多个目标。

(4)根据制定的目标,选择目前最优先目标。

(5)根据以下原则确定目标是否合理。

具体清晰性原则:合理的目标是清楚具体的,不是模糊不清的目标。

可评估性原则:目标的实现是可以通过一些方式来评判的。

可实现性原则:合理的目标是实际的,是通过努力可以实现的目标。

有时限性原则:在一定时间内可以实现的目标。

(6)如果无法确定自己的需要,对自己没有清晰的认识,制定不了自己希望的目标,可以先以学校的学习为目标,如每学期需要修完的科目、完成专业的课程等。

(二)培养学习兴趣

很多学生进入大学后,发现所学专业并非自己喜欢的专业,如果没有办法转到自己感兴趣的专业,可以通过一些方法来培养学习的兴趣。

(1)了解专业,如专业都需要哪些基础课程,将来专业都会涉及哪些职业,将会有什么样的发展。

(2)了解自己为何不感兴趣。

(3)多和老师或师长就专业的发展及自我状况等方面进行交流,获得理解和支持,并且学习一些方法。

(4)根据所了解的情况进行调整。

(三)掌握学习方法

(1)大学的学习,学习方法非常重要,这些方法可能在同学们以后进入社会的学习中也发挥着重要作用。①自我强化:多进行自我鼓励和自我奖赏,培养学习自信心。②有意识地寻找学习榜样,加以模仿。③发现他人长处,查漏补缺。④客观认识自己,接纳自我,给予自己成长的希望。

(2)掌握科学的学习方法,提高学习效率。①通过与老师、师长及其他同学交流,学习优秀的学习方法。②阅读相关学习方法的书籍,建立自我有效的学习方法。

(3)科学用脑。科学家通过研究发现,如果每天学习 7 小时,并有 1 小时左右的锻炼时间,其效果好过连续学习 8 小时。

(4)学会思考。大学的学习,需要学生对所学知识进行思考,这样的思考有助于将所学的知识加以鉴别、分析和立体加工,增加思维的广度、深度和灵活度,继而增加对知识多角度、多层次的掌握。

(5)有效的时间管理。在大学生中常出现的时间管理的困扰有:面面俱到、过分注重细节的完美主义、拖拉、懒惰、犹豫不决等。有效的时间管理,首先是建立明确的目标,也可以通过一些技巧来有效管理时间。

方法一:分清轻重缓急。分清事情的轻重缓急,一般认为是按照事情的紧急程度来判断。越是紧迫的事,其重要性越高;越不紧迫的事,其重要性越低。而有效的时间管理,是指处理事情按其优先次序来进行,而优先次序的判断依据是事情的"重要程度"。优先次序如下:①紧急、重要的工作,如马上来临的考试。②不紧急、重要的工作,主要是与生活的观念有关,包括长期的规划、问题的发掘与预防、参加培训、提出问题处理的建议等。③紧急、不重要的工作,这类事情往往让我们有"这件事情很重要"的错觉。④不紧急、不重要的工作,往往是我们可以得到休息、容易被我们忽略的事情。

方法二:ABC 排序。①列出你要做的事情的清单。②在最重要的活动上写上 A(必须做的)。③在一般重要的活动上写上 B(需要做的)。④在不重要的活动上写上 C(不值得做的)。⑤考虑到你的时间有限,而且不同条目的紧迫程度也不一样,所以你可以对条目再做进一步的细分:A-1,A-2,A-3,A-4……⑥你需要考虑把大部分时间花在 A 级活动上。

方法三:克服拖延的习惯。帕金森认为:"工作时间愈充裕,工作进度就愈缓慢。"即"工作总是要拖到最后一刻才完成"。帕金森定律在时间管理上的启示是:为了要避免拖延的现象,最好的方法就是将完成工作的期限提前,使时间紧缩,提高时间的使用效率。

方法四:学会说"不"。我们的时间是有限的,但很多时候,我们将时间浪费在一些不重要,但又无法拒绝的事情上,所以很多时候需要学会拒绝,学会说"不",既包括对他人的一些要求,也包括对自我的一些不良习惯。

小贴士

学习作为人们生活中必不可少的部分，一直在默默发挥其作用，它对个人发展的影响远远超过生理成熟对个人发展的影响。学习可以改变命运，知识可以成就未来。作为当代大学生，一定要意识到学习的重要性，理解学习的实质。

做一做

小训练：头脑风暴——中学学习和大学学习有什么不同？

活动方式：

(1)先利用课余时间向2～4名学长、学姐或者老师了解相关情况。

(2)全班分成5～6人的小组若干。

(3)小组讨论并且回答上述问题，将本组的答案记录下来。

(4)全班集中，抽签决定各组的发言顺序。

(5)小组代表依次发言，内容不能重复。不能说出新内容的小组退出，其他组继续，剩下最后一组时活动结束。在黑板上记住各组的发言内容。

小故事，大道理

罗森塔尔效应

美国心理学家罗森塔尔等人于1968年做过一个著名实验。他们到一所小学，在一至六年级各选3个班的儿童进行"预测未来发展的测验"，然后实验者将认为有"优异发展可能"的学生名单通知教师。其实，这个名单并不是根据测验结果确定的，而是随机抽取的。它是以"权威性的谎言"暗示教师，从而调动了教师对名单上的学生的某种期待心理。8个月后，再次智能测验的结果发现，名单上的学生的成绩普遍提高，教师也给了他们良好的品行评语。这个实验取得了奇迹般的效果，人们把这种通过教师对学生心理的潜移默化的影响，从而使学生取得教师所期望的进步的现象，称为罗森塔尔效应，习惯上也称为皮格马利翁效应(皮格马利翁是古希腊神话中塞浦路斯国王，他对一尊少女塑像产生爱慕之情，他的热情最终使这尊雕像变为一个真人，两人相爱结合)。

教育实践也表明：如果教师喜爱某些学生，对他们会抱有较高期望，经过一段时间,学生感受到教师的关怀、爱护和鼓励,常常以积极态度对待老师、对待学习及对待自己的行为,学生更加自尊、自信、自爱、自强,诱发出一种积极向上的激情,这些学生常常会取得老师所期望的进步。相反,那些受到老师忽视、歧视的学生,久而久之会从老师的言谈、举止、表情中感受到教师的"偏心",也会以消极的态度对待老师、对待自己的学习,不理会或拒绝听从老师的要求。

心理探秘

鸟笼效应

挂一个漂亮的鸟笼在房间里最显眼的地方,过不了几天,主人一定会作出下面选择:把鸟笼扔掉,或者买一只鸟回来放在鸟笼里。这就是鸟笼效应。过程很简单,设想你是这房间的主人,只要有人走进房间,看到鸟笼,就会忍不住问你:"鸟呢?是不是死了?"当你回答:"我从来都没有养过鸟。"人们会问:"那么,你要一个鸟笼干什么?"最后你不得不二选一,因为这比无休止的解释要容易得多。

鸟笼效应的原因很简单:人们绝大部分的时候是采取惯性思维,可见在生活和工作中培养逻辑思维是多么重要。

名言警句

• 未来的文盲不再是不识字的人,而是没有学会怎样学习的人。

——埃加·富尔

• 我们能推测出知识会越来越快地陈旧过时,今天人们认为"正确"的东西,明天也将成为"错误"的东西……大学生们必须学会摆脱过时的概念,并且知道什么时候如何去代替这些过时的概念。总之,他们必须学会学习。

——阿尔温·托夫勒

请你分析

【案例描述】

小俊是个以高分考入大学的理科生,进入大学后学的是文科方面的专业,他学习仍然很努力,可是一年来考试成绩并不理想。小俊说:"我这一年来把所有时间都用在学习上,可还是觉得时间不够用,有很多书要看,精读的已经很费时了,泛读的书吧,我就泛泛地看了一下,可感觉没看到什么,不读吧,心里放不下,仔细地读吧,又没时间。在以前的朋友和我父母眼里我一直都是个好学生,在大学我必须得是个优秀的人。现在这种状态,我心里很着急,晚上睡觉心里都不踏实,很容易惊醒。有些同学在网上粘贴文章,我很不屑,我只写自己心里有的东西,可是我的作业分竟然没有他们高。"

【案例分析】

小俊学习效果不理想主要有以下两点原因。

(1)学习动机过强反而使学习效果大大下降。在小俊脑子里有个僵化的观念,即他"必须是个优秀的人",这个"必须"的想法是个非常苛刻的东西,具有非常大的心理强迫性,压得小俊喘不过气来,产生了焦虑情绪,以致晚上睡眠不好。具体表现在学习过程中,会经常不自觉地就着急了。"有很多书要看",泛读时,读了却没看到什么,不读不放心。学习费时效果差。

(2)学习方法不得当,学习心态较封闭。小俊还处在中学学习的习惯中,希望精读每本书,事实上很难做到,也不必要。小俊同学没学会泛读,排斥从网络渠道获取资料信息,只愿从书本获取,这样的封闭心态使小俊失去了开阔视野、提升思考力的机会。

【建议】

进入大学后,学习方法和中学不一样,大学学习要以理解为主,可多渠道广泛阅读相关书籍,从多角度看问题,制订学习和读书计划,适量练习,多思考,提高自主学习能力,从学习中找到乐趣,提高学习的内在原动力。

在心理方面,小俊同学需要放下"必须"的念头,把"我必须"改成"我希望",而且不再只从学习成绩这一个维度上评价自己是否优秀,劳逸结合,多和同学交往,适当进行体育运动,这样可减轻焦虑,学习的动机水平适中,提高学习效率,迈向真正优秀的道路。

心理 测试

大学生学习创造性测试

以下是关于大学生学习创新的自我测试。考查创造力,可以使用一些专门的创造力测验。不过,任何一种创造力测验都只具有相对的测验价值。考查大学生的创新能力,除测验外,还要考查大学生其他方面的情况,然后进行综合分析。

"威廉斯创造力倾向测量表"是一个帮助你了解自己创造力的练习。在下列句子中,如果你发现某些句子描述的情形很适合你,请你在"完全符合"的方框内画"√";若有些仅是在部分时候适合于你,则在"部分符合"的方框内画"√";如果有些句子对你来说根本是不可能的,则在"完全不符合"的方框内画"√"。

(1)在学校里,我喜欢试着对事物或问题进行猜测,即使猜得不对,也无所谓。

☐完全符合　　　　☐部分符合　　　　☐完全不符合

(2)我喜欢仔细观察我没有看过的东西,以了解详细的情况。

☐完全符合　　　　☐部分符合　　　　☐完全不符合

(3)我喜欢听变化多端和富有想象力的故事。

☐完全符合　　　　☐部分符合　　　　☐完全不符合

(4)画图时,我喜欢临摹别人的作品。

☐完全符合　　　　☐部分符合　　　　☐完全不符合

(5)我喜欢利用旧报纸、旧日历及旧罐头等废物来做各种好玩的东西。

☐完全符合　　　　☐部分符合　　　　☐完全不符合

(6)我喜欢幻想一些我想知道或想做的事。

☐完全符合　　　　☐部分符合　　　　☐完全不符合

(7)如果事情不能一次完成,我会继续尝试,直到成功为止。

☐完全符合　　　　☐部分符合　　　　☐完全不符合

(8)做功课时,我喜欢参考不同的资料,以便得到多方面的了解。

☐完全符合　　　　☐部分符合　　　　☐完全不符合

(9)我喜欢用相同的方法做事情,不喜欢去找其他新的方法。

☐完全符合　　　　☐部分符合　　　　☐完全不符合

(10)我喜欢探究事情的真假。

☐完全符合　　　　☐部分符合　　　　☐完全不符合

(11)我喜欢做许多新鲜的事。

☐完全符合　　　　☐部分符合　　　　☐完全不符合

(12)我不喜欢交新朋友。

☐完全符合　　　　☐部分符合　　　　☐完全不符合

(13)我喜欢想一些不会在我身上发生的事情。

　　□完全符合　　　　□部分符合　　　　□完全不符合

(14)我喜欢想象有一天能成为艺术家、音乐家或诗人。

　　□完全符合　　　　□部分符合　　　　□完全不符合

(15)我会因为一些令人兴奋的念头而忘记了其他的事。

　　□完全符合　　　　□部分符合　　　　□完全不符合

(16)我宁愿生活在太空站,也不喜欢住在地球上。

　　□完全符合　　　　□部分符合　　　　□完全不符合

(17)我认为所有的问题都有固定的答案。

　　□完全符合　　　　□部分符合　　　　□完全不符合

(18)我喜欢与众不同的事情。

　　□完全符合　　　　□部分符合　　　　□完全不符合

(19)我常想知道别人正在想什么。

　　□完全符合　　　　□部分符合　　　　□完全不符合

(20)我喜欢故事或电视节目所描写的事。

　　□完全符合　　　　□部分符合　　　　□完全不符合

(21)我喜欢和朋友一起,和他们分享我的想法。

　　□完全符合　　　　□部分符合　　　　□完全不符合

(22)如果一本故事书的最后一页被撕掉了,我就自己编造一个故事,把结局补上去。

　　□完全符合　　　　□部分符合　　　　□完全不符合

(23)我长大后,想做一些别人从没想过的事情。

　　□完全符合　　　　□部分符合　　　　□完全不符合

(24)尝试新的游戏和活动,是一件有趣的事。

　　□完全符合　　　　□部分符合　　　　□完全不符合

(25)我不喜欢太多的规则限制。

　　□完全符合　　　　□部分符合　　　　□完全不符合

(26)我喜欢解决问题,即使没有正确的答案也没关系。

　　□完全符合　　　　□部分符合　　　　□完全不符合

(27)有许多事情我都很想亲自去尝试。

　　□完全符合　　　　□部分符合　　　　□完全不符合

(28)我喜欢唱没有人知道的新歌。

☐ 完全符合   ☐ 部分符合   ☐ 完全不符合

(29)我不喜欢在班上同学面前发表意见。

☐ 完全符合   ☐ 部分符合   ☐ 完全不符合

(30)当我读小说或看电视时,我喜欢把自己想成故事中的人物。

☐ 完全符合   ☐ 部分符合   ☐ 完全不符合

(31)我喜欢幻想2000年之前人类生活的情形。

☐ 完全符合   ☐ 部分符合   ☐ 完全不符合

(32)我常想自己编一首新歌。

☐ 完全符合   ☐ 部分符合   ☐ 完全不符合

(33)我喜欢翻箱倒柜,看看有什么东西在里面。

☐ 完全符合   ☐ 部分符合   ☐ 完全不符合

(34)画图时,我很喜欢改变各种东西的颜色和形状。

☐ 完全符合   ☐ 部分符合   ☐ 完全不符合

(35)我不敢肯定我对事情的看法都是对的。

☐ 完全符合   ☐ 部分符合   ☐ 完全不符合

(36)对于一件事情,先猜猜看,然后再看是不是猜对了。

☐ 完全符合   ☐ 部分符合   ☐ 完全不符合

(37)玩猜谜类的游戏很有趣,因为我想要知道结果如何。

☐ 完全符合   ☐ 部分符合   ☐ 完全不符合

(38)我对机器有兴趣,也很想知道它里面是什么样子及它是怎样转动的。

☐ 完全符合   ☐ 部分符合   ☐ 完全不符合

(39)我喜欢可以拆开的玩具。

☐ 完全符合   ☐ 部分符合   ☐ 完全不符合

(40)我喜欢想一些新点子,即使用不着也无所谓。

☐ 完全符合   ☐ 部分符合   ☐ 完全不符合

(41)为将来可能发生的问题找答案,是一件令人兴奋的事。

☐ 完全符合   ☐ 部分符合   ☐ 完全不符合

(42)一篇好的文章应该包含许多不同的意见或观点。

☐ 完全符合   ☐ 部分符合   ☐ 完全不符合

(43)我喜欢尝试新的事情,目的只是为了想知道会有什么结果。

☐ 完全符合   ☐ 部分符合   ☐ 完全不符合

(44)玩游戏时,我通常是有兴趣参加,而不在乎输赢。

□完全符合　　　　□部分符合　　　　□完全不符合

(45)我喜欢想一些别人常常谈过的事情。

□完全符合　　　　□部分符合　　　　□完全不符合

(46)当我看到一张陌生人的照片时,我喜欢去猜测他是怎样的一个人。

□完全符合　　　　□部分符合　　　　□完全不符合

(47)我喜欢翻阅书籍杂志,但只想知道它的内容是什么。

□完全符合　　　　□部分符合　　　　□完全不符合

(48)我不喜欢探寻事情发生的各种原因。

□完全符合　　　　□部分符合　　　　□完全不符合

(49)我喜欢问一些别人没有想到的问题。

□完全符合　　　　□部分符合　　　　□完全不符合

(50)无论在家里或在学校,我总是喜欢做许多有趣的事。

□完全符合　　　　□部分符合　　　　□完全不符合

【测试结果】

本测试共 50 题,包括冒险性、好奇心、想象力、挑战性 4 类题型。测验后可得 4 项分数,加上总分,可得 5 项分数。

冒险性题目有(1)、(5)、(21)、(24)、(25)、(28)、(29)、(35)、(36)、(43)、(44),共 11 道。其中(29)、(35)为反面题目。得分顺序分别为:正面题目,完全符合 3 分,部分符合 2 分,完全不符合 1 分;反面题目,完全符合 1 分,部分符合 2 分,完全不符合 3 分。

好奇心题目有(2)、(8)、(11)、(12)、(19)、(27)、(33)、(34)、(37)、(38)、(39)、(47)、(48)、(49),共 14 道。其中(12)、(48)为反面题目,其余为正面题目。计分方法同上。

想象力题目有(6)、(13)、(14)、(16)、(20)、(22)、(23)、(30)、(31)、(32)、(40)、(45)、(46),共 13 道。其中(45)为反面题目,其余为正面题目。计分方法同上。

挑战性题目有(3)、(4)、(7)、(9)、(10)、(15)、(17)、(18)、(26)、(41)、(42)、(50),共 12 道,其中(4)、(9)、(17)为反面题目,其余为正面题目。计分方法同上。

得分越高,说明创造性越强。

心理 小训练

填一填表 6-1,请你想一想:如何规划好大学的学习生活?

表 6-1　大学与中学的学习生活对比表

项目	中学	大学
住宿情况		
班级人数		
授课方式		
学习课程		
学习困惑		
解决办法		

第七章

人际交往

⟨○⟩ **心理** *知识*

一、认识人际交往

（一）人际交往的概念

人际交往包含两个方面的含义。从动态的角度说，人际交往是指人与人之间的信息沟通与物品交换。当我们用语言、文字或肢体动作、表情等表达我们的意见、情感或态度时，我们就在进行信息传递。从静态的角度来看，人际交往指人与人在交往的过程中已经形成的关系，即人际关系，这种关系是人与人之间相对稳定的情感纽带，所反映的是人与人之间的心理关系和心理距离，反映了人们寻求满足社会需要的心理状态。它主要表现在人与人之间交往过程中关系的亲密性、融洽性、协调性等心理方面联系的程度。

人们只有通过人际交往才能建立各种不同的人际关系，人际关系的好坏反映着人们心理距离的大小，它是从人际交往过程中反映出来的。人际关系的亲疏、友善与敌对取决于人们的心理需要获得满足的程度。如果交往双方的社会心理需要都能获得满足，那么人们之间就能保持一种亲近的、信赖的、友好的关系。如果因某种原因一方对另一方表示不友好、不尊重，使另一方产生焦虑和不安，就会增大彼此间的心理距离，使原来的亲密关系变成疏远关系，甚至有可能发展为敌对关系。

（二）人际交往的建立与发展过程

人际关系从建立到发展一般经历 5 个阶段。

（1）阶段 1：零接触阶段。在此阶段，准备交往的双方均没有意识到对方的存在，双方完全无关，双方关系处于零接触状态。

（2）阶段 2：单向接触或双向接触阶段。在此交往阶段，交往双方开始单方面，或者双方彼此注意，但此时还没有言语交流。

（3）阶段 3：表层接触阶段。交往双方通过直接谈话进行表面的接触，开始真正的情感关联，但无情感卷入，是双方情感关系发展的起始点，标志着一种新的人际关系的诞生。

（4）阶段 4、阶段 5：轻度卷入、中度卷入和深度卷入阶段。

随着交谈的深入，交往双方共同的心理领域增多，情感的融合程度逐渐增高,在深度卷入的情况下,共同心理领域有可能大于相异的心理领域,但需要注意的是人与人之间都不可能在心理上完全取得一致。

(三)人际交往中的共同心理领域

共同心理领域是相互认同、接受和信任的基础。双方实质关系的开始和深入,是随着双方沟通的不断深入和扩展,并发现和确认双方共同心理领域的过程中实现的。共同的心理领域越多,双方之间认可、接受和信任的程度就越高,可能建立的情感联系也越广泛、深刻和稳固。

(四)人际交往中的亲密度

人际交往中的亲密度,就是自我表露的范围与深度。对陌生人、熟人和亲密朋友,自我表露的广度和深度明显不同。随着对一个人的接纳性和信任感越来越高,人们会越来越多地表露自我,同时也要求别人越来越多地表露他们自己。但无论对什么人,也无论关系多么亲密,人们在心理上都会有不愿意暴露的领域。

二、大学生人际交往的特点

大学生人际交往呈现出前所未有的开放式交往趋势,表现出以下的特点。

(一)交往范围扩大,异性交往活跃

交往对象由以前的亲戚、朋友交往转向更广泛的社会群体。同学交往不局限于同班同学,逐渐发展到同级、同院系甚至是同校的可认识的同学;不仅包括同性交往,异性交往也是交往的重要方式。同时,大学生非常看重群体生活,参加各种团体,并且群体影响较大,常常出现从众现象。

(二)交往频率提高,交往手段多元化

大学生交往由偶尔的相聚发展到日常的聊天、社团活动、体育活动、娱乐及其他一些集体活动。网络和电子产品的发展为大学生的交往提供了更加广阔的交往空间,交往手段的多元化使大学生的人际交往变得更方便、更快捷、更频繁。

(三)交往目的多样化,交往动机复杂化

随着社会的发展变化,有时大学生交朋友并不纯粹是由于情感和志同道合,交往动机变得复杂,开始注重与自身利益相关的务实性,呈现出情感型交往与功利型交往并重的趋势。

(四)交往中平等意识增强

大学生随着自我意识的发展,独立和自尊的要求日益增强,产生了强烈的成人意识,所以大学生更多地选择与同辈交往,渴望在新的环境中获得同辈的接受、认可、尊敬和关怀,在乎同辈的评价,对交往的平等性要求越来越高。

(五)交往中感情色彩浓厚,内心矛盾冲突多

进入大学,大学生将对学习的重点部分转移到人际交往中,对人际交往充满渴求,不仅仅希望能结交同龄的、志同道合的朋友,更渴求能够结交帮助自己、引导自己的前辈。大学生对于情感交往真诚,又充满理想化,对交往的对象要求较高,也容易产生失望,所以人际交往中的挫折感较强。

三、大学生人际交往中常见的认知偏差

(一)对自我认知的偏差

大学阶段正是自我意识成长的阶段,大学生开始对自我有了更多的探索,但由于自我意识不够成熟,很多大学生缺乏对于自我的客观认知和评判,无法判断自己合适的位置。

(二)对他人认知的偏差

1.首因效应

首因效应就是我们生活中常说的第一印象,是指个体与陌生人第一次接触后所形成的印象。心理学研究表明,第一印象会影响甚至决定着今后的交往关系,在社会知觉中起着重要作用。第一印象如果表现友好,我们会认为此人值得信任;反之如果不友好,就会产生不值得信任的印象,并会表现出敌意。

2.晕轮效应

晕轮效应,又称为光环效应,是指在对人的某些品质、特征形成了清晰鲜明的印象后掩盖了其他品质特征的知觉。实际上就是个人主观的推断和泛化。由于光环效应的存在,一个人的优点或者缺点特别容易被夸大或者遮挡,这样很容易片面地认识他人,并且容易导致交往中对于他人形象的歪曲,不正确的评价,也会对他人产生过高或过低的期望。

3."自己人"效应

在人际交往中,许多学生以和自己关系的亲疏为依据来评判他人,失去客观判断的立场。对于和自己关系好的人,明显夸大其优点,甚至缺点也会被评价为

优点;而对于关系不好的人,则会夸大对方的缺点,甚至将优点也评价为缺点。

4.刻板效应

刻板效应,又称为定型效应,是指人们用刻印在自己头脑中的关于某人、某一类人的固定印象,以此固定印象作为判断和评价人依据的心理现象。刻板印象常常是一种偏见,人们不仅对接触过的人会产生刻板印象,还会根据一些不是十分真实的间接资料对未接触过的人产生刻板印象。由于刻板印象建立在对某类成员个性品质抽象概括认识的基础上,反映了这类成员的共性,有一定的合理性和可信度,所以它可以简化人们的认知过程,有助于对人迅速做出判断,增强人们在沟通中的适应性。但它也容易阻碍人们对于某类成员新特性的认识,使人认识僵化、保守,一旦形成不正确的刻板印象,用这种定型去衡量一切,就会造成认知上的偏差。

5.投射效应

在认知过程中,大学生形成对他人的印象总是假设他人与自己有相同的倾向特征。例如,对他人有敌意的同学总感到别人对自己也有敌意,戒备心强的人总认为别人也戒备心强。受这种效应影响的人往往比较敏感,常以自己的观点来评判别人,从而带来交往上的困难。

四、大学生人际交往中常见的心理障碍

(一)羞怯与社交恐惧

处于青春期的大学生,对于自己的形象极为敏感,他们希望自己以满意的形象投入交往,特别是希望在异性的心目中留下一个好形象。因此,这种对交往的过高期望值,使他们在交往中过分紧张,重者还会出现一些症状,如心跳加快、呼吸短促、身体抖动等,在心理学上称为社交恐惧症。患有社交恐惧症的大学生常常陷入焦虑、痛苦、自卑之中,严重影响了他们的身心健康和日常交往。

(1)表现:表情羞涩、脸色绯红、神情不自然、行为拘谨、动作忸怩、被动交流、说话声音颤抖、手足无措、语无伦次,不能充分表达自己的思想感情。严重者不敢见人,拒绝与任何人交往,自我孤立,抑郁消沉。

(2)原因:缺乏自信,患得患失。理想自我过高,追求完美印象;自我意识敏感,人际交往挫折。

(3)调节:放下包袱,树立自信;循序渐进,主动交往。

(二)孤独感

孤独感在青年期有其心理上的独特性,随着心理的逐渐成熟,他们越来越发现自我与众不同的特点,产生了与他人交往、了解别人内心世界并被其他同龄人接受的需要。但同时又希望交往中他人接受自己的独特,欣赏自己的与众不同。如果这种交往的需要得不到满足,便容易感到空虚,产生孤独感,进而发展为自我封闭、不再愿意交往。

(1)表现:学习生活中独来独往,缺乏交往的愿望和兴趣,有意远离集体,自我封闭,孤芳自赏。

(2)原因:家庭环境优越,长期被父母娇生惯养,养尊处优,或是在成长过程中受到过很大挫折,心理压力大。

(3)调节:积极与人交往。

(三)自卑感

自卑感是交往的一大障碍,自卑感容易使人孤立离群。自卑的人会认为自己能力差,认为自己这也不行那也不行,形成一种消极的自我暗示,从而发生自我认识、自我评价上的偏差,导致自卑者感到不如别人而丧失信心。

(1)表现:觉得自己低人一等,感到惭愧、畏缩甚至灰心,缺乏独立主见,为人孤独,不愿与人交往。

(2)原因:深层的心理体验是自己看不起自己,自我评价过低,理想自我与现实自我冲突。

(3)调节:提高自我认识水平、客观评价自我,修正理想自我,接纳自己的缺点,积极自我暗示,学会自我鼓励与肯定,扩大自我的"开放区域",进行实践锻炼。

(四)嫉妒感

嫉妒感是在交往活动中,因才能、名誉、成就或机遇等不如他人,而产生的羞愧、怨恨、愤怒等复杂的情感体验。

(1)表现:对他人的长处、成就、荣誉、名望十分不满,抱有不友好、憎恨情绪,冷嘲热讽,恶意诽谤;对别人的不幸幸灾乐祸;严重者仇视他人,厌恶他人,产生敌对情绪,甚至有报复和攻击行为。

(2)原因:自我中心,唯我独尊,争强好胜,虚荣,不自信。

(3)调节:加强修养,培养达观的人生态度。自我充实,转移注意,培养真实的自信心。

(五)猜疑心

猜疑心是在交往中由主观推测而产生的对他人不信任的复杂情感体验。有这种心理的人对别人总是有不信任的态度,认为人人都是自私的、虚伪的,他们总是以一种怀疑的眼光看人,对人存有戒心,总怀疑别人在议论自己、算计自己,自己又不肯讲真话,戴着假面具与人交往。

(1)表现:对他人的言行过分警觉、敏感、多疑,总以为别人看不起自己、议论自己。把无中生有的事强加于人,甚至有时把别人的好心曲解为恶意,严重者发展为癔病或被害妄想。做事谨小慎微,生怕引起别人的不满。经常感到伤感、焦虑。

(2)原因:心理防御过度、不信任他人,不自信,自我投射,挫折经历。

(3)调节:培养理智,切忌感情用事。善于沟通,澄清真相。纠正认知偏差。培养自信,放平心态,不过分在意别人的评价。

五、大学生人际交往的策略和技巧

(一)正确认识自己

一个人自卑、缺乏自信、自傲甚至孤芳自赏往往与不能正确认识自己有紧密关系。毫无疑问,在社会生活中,我们要经常把自己与他人进行比较,检查自己的言行是否妥当。但在与他人进行比较时,应注意标准,既不能以己之长去比他人之短,更不能以己之短去比他人之长。另外,也不能以偏概全,自己某些方面不如人就认为自己什么都不行,自己某方面突出就认为自己什么都好。大学生在交往中,要善于发现自己的优点和长处,肯定自己的成绩,懂得欣赏自己;"尺有所短,寸有所长",大学生在交往中同样也要善于看到自己的短处和不足,明确自己的差距,学会剖析自己。

(二)主动大胆地与人交往

大学生的人际交往是交往双方积极互动的过程,一方主动而另一方被动势必造成交往难以正常进行或不能持久,主动大胆地与人交往有利于消除自卑、性格内向所带来的交往障碍。

(三)对人以诚相待

以诚待人、宽以待人是交往成功的关键。人之相交贵在知心,而要做到知心,交往双方就必须以诚相待,不能以猜疑、嫉妒的眼光去看待对方。只有真诚才能打动人,也只有真诚才会让人以真诚相报。

（四）掌握必要的交往技巧

语言是人与人之间相互沟通的基本工具,人际交往在大多数场合主要借助语言来实现。交谈是一门大有学问的艺术,所以谈话者一定要有所准备,交谈之前先要了解清楚交谈的对象、交谈的环境及交谈的内容。

交往是双向的,讲与听也是一次交谈中必不可少的两个方面。"听"的方式不同,也会影响交谈的效果。最好的方式是能站在对方的立场上,投入到对方的情感中,集中精力了解对方谈话的内容,同时还应当通过适当的提问、点头、注视等方法来表明自己对其谈话的兴趣,由此来提高交谈的效果。

小贴士

著名的"六度空间理论"

1967 年,哈佛大学的心理学教授米尔格兰姆想要描绘一个连接人与社区的人际联系网。通过一次连锁信实验,结果发现了"六度分隔"现象,这就是著名的"六度空间理论"(Six Degrees of Separation)。

实验过程:米尔格兰姆从内布拉斯加州和堪萨斯州招募到一批志愿者,随机选择出其中的 300 多名,请他们邮寄一个信函。信函的最终目标是米尔格兰姆指定的一名住在波士顿的股票经纪人。由于几乎可以肯定信函不会直接寄到目标,米尔格兰姆就让志愿者把信函发送给他们认为最有可能与目标建立联系的亲友,并要求每一个转寄信函的人都回发一个信件给米尔格兰姆本人。出人意料的是,有 60 多封信最终到达了目标股票经纪人手中,并且这些信函经过的中间人的数目平均只有 5 个。也就是说,陌生人之间建立联系的最远距离是 6 个人。

后来有几位社会学家又通过邮件重新做了这项实验,找了不同国家的 6 万志愿者发邮件给随机指定的三个人。最后所有目标全部收到信件,中间只经过了 5～7 人。

做一做

学会解决人际冲突

1. 对事不对人

在发生冲突或争执时,将焦点集中于事情本身,客观分析冲突的起因与双方的对错,不将冲突扩大化。人际冲突的起因大部分是一些生活琐事,而且双方都要承担一定的责任,也很难分清谁对谁错,所以如果将冲突的起因归于某人,双方只会相互攻击从而激化冲突。

2. 给情绪降温,做合理的让步

在发生人际冲突时,双方都处于一种应激状态下,在这种情绪状态下,很容易说出彼此中伤的话而造成无法挽回的局面。此时,做适度的让步不失为一种明智的选择,让步并不代表忍气吞声,把握好度也是一种智慧。

3. 当时当地解决冲突

发生人际冲突时,直面问题,坦诚以待,立即处理,而不要暗自较劲,更没有必要记仇。在当时如果双方直面冲突,彼此说出自己的真实感受,一般都可顺利地解决冲突。

一个人能够做的比已经做的和相信自己能够做的要多得多。

小故事,大道理

天堂与地狱的区别

有一个人想知道天堂与地狱的区别,于是他去求教上帝,上帝先带他去了地狱,他看到所有人都是面黄肌瘦,但面前都是美食,每个人手里都拿着一双长长的筷子,很多人都在努力往自己嘴里送食物,但因为筷子太长了,自己永远都送不进嘴里。

随后,上帝又带他去了天堂,结果天堂里的人红光满面,欢声笑语,其实他们拿着与地狱里一样的筷子。虽然自己送不到自己嘴里,但是两个人可以相互喂食,这样都可以吃到食物。

帮助别人,有时就是在帮助自己。

心理探秘

什么样的人容易被人喜欢

每个人都希望自己能成为被人喜欢的人,但如何被人喜欢是很多人苦恼的事情,经过心理学家的研究,具有以下特征的人容易被人喜欢。

1.熟悉的人

熟悉会增加人们对积极和中性对象的喜欢程度,这被称为熟悉效应。不仅意识到的熟悉会增加人们对事物的喜爱,甚至没有有意注意对象的重复出现,也可使我们产生积极的体验。所以在人际交往中,经常与人见面打招呼的人容易被喜欢。

居住距离近,也容易互相喜欢,形成友谊,这是因为近距离增加了熟悉程度,并且人们能从居住接近的人身上以相对较少的代价获得社会性报酬。但同时如果和我们住在一起或者一起工作的人是我们不喜欢的,会引起我们心理上的焦虑。

2.有才能的人

大多数人在人际交往中喜欢有能力、聪明的人,人们会认为和有才能的人交往,可获得更多东西。

才能与喜欢的关系:在一定程度内成正比关系。

犯错误效应:小小的错误会使有才能的人的吸引力再增加一层。

3.美丽的人

亚里士多德曾说过:"美丽比一封介绍信更具有推荐力。"

美丽的人容易让人喜欢,这是因为人的刻板印象:漂亮的就是好的。

因为美丽而容易让人喜欢,是一种辐射效应,即有吸引力的人被认为拥有与外表毫不相干的优秀品质,如健康、智力等。

但实际上在人际交往中,把外貌作为判断他人的依据,得出的结论往往是不准确的。

4.个性品质

个性品质对人际吸引的影响很大,而且这种吸引比较稳定和持久。详见表7-1。

表7-1　不同的个性品质

个性品质	具体内容
高度喜欢的品质	真诚　诚实　理解　忠诚　真实　可信　聪慧　可依赖　有头脑　体贴　可靠　热情　善良
中性的品质	固执　刻板　大胆　谨慎　追求完美　易激动　文静　好冲动　好斗　腼腆　不明朗　易动情　羞怯
高度讨厌的品质	古怪　不友好　敌意　饶舌　自私　狭隘　粗鲁　自负　贪婪　不真诚　不善良　不可信　恶毒

5. 相似规则

（1）人们喜欢与自己相似的人，相似能引起喜欢，喜欢又能引起相似，比如年轻人和年轻人之间比较容易彼此吸引，而老年人和老年人之间也容易彼此吸引。

（2）人们喜欢与自己意见相同或相近的人。

（3）人们通常喜欢那些在观点、行为和态度上与自己相同的人，喜欢那些给自己带来酬偿的人，讨厌那些给自己带来惩罚的人。

6. 互补规则

互补性是指双方在交往时所产生的互相满足的心理状态。当交往双方的需要和满足途径正好成为互补关系时，双方会产生强烈的吸引力。

对短期的恋爱关系来说，熟悉、外貌及价值观念的相似，是形成人际吸引的主要因素；而对于长期恋爱关系来说，互补是发展密切关系的一个非常重要的因素。

名言警句

• 有朋自远方来，不亦乐乎。

——《论语》

• 独学而无友，则孤陋而寡闻。

——《礼记》

• 天时不如地利，地利不如人和。

——《孟子》

• 一个人的成功，只有百分之十五是由于他的专业技术，而百分之八十五则要靠人际关系和他的做人处世能力。

——卡耐基

请你分析

【案例描述】

苗同学，女，大学三年级，学习勤奋，成绩优秀，性格比较内向。最近课程少，闲暇的时间多了，苗同学渐渐发现自己身边没有好朋友，其他同学都是三三两两，有说有笑，这让她感觉更孤单。苗同学不明白周围的同学为什么都不爱理她，内心变得自卑起来，越是这样就越不愿和同学打交道了。她现在感觉生活中没什么快乐可言,也不想学习了,没有安全感,一个人在宿舍不仅备感孤寂,还经常有种莫名的恐惧感。访谈中,苗同学说:"有同学上课不认真听讲,要我的笔记看,我不想给她们,我觉得我不求人,别人也不应该麻烦我,一个人应该独立自主才对,另外,我也不想她们超过我。我不会、也不愿意和其他同学聊天,她们言谈中的好些观点我不认同,我要是说出自己的想法和观点,又害怕得罪她们,其实我是从心里不喜欢她们。"

【案例分析】

大学生的自我稳定感和自我良好感,大多建立在学习胜任和人际胜任感两个方面。在学习忙碌的时候,学习成绩优良可以支持苗同学的自我良好感,但闲暇时间多了后,苗同学感觉自己不受欢迎,甚至感觉不到自己的存在,所以会产生孤独、寂寞甚至恐惧感。

从苗同学的自述中可以看到,苗同学把"独立自主"理解偏颇了,把"独立"变成"孤立"了,没有理解相互帮助和独立自主并不矛盾;过度关注了竞争,以致把同学变成了假想敌。在人际互动方面,苗同学处于一个内心封闭的状态,没人了解她,她也不了解别人,有种"你不好,我也不好"的心态,所以和同学互动、相处就存在很大的困难。

【建议】

重视人际情感支持,真正理解并尊重不同的观点,学会善意、无攻击性地表达自己,学会和人正常互动,体会交流、互动的乐趣。向同学敞开心扉,从内心怀着"你好,我也好"的积极、良好的心态,怀着对人真正的兴趣,与人交往,体会给予他人帮助和接受他人帮助的快乐,这样就可以改善人际关系,获得情感支持,赢得友谊。

心理测试

请你根据自己的实际情况,如实回答下面 20 个问题,如果下列题目符合你所想的或你所做的,请画"＋",相反则画"－",然后对照后面的分数进行统计,再看测试结果,你就会知道自己今后应该努力的方向了。

(1)当你和朋友分别时,朋友会感到依依不舍吗?　　　　　　　(　　)

(2)当你有病在家休息时,是否有朋友在你的身旁谈天说地?　　(　　)

(3)你很少为一点小事与别人争吵吗?　　　　　　　　　　　　(　　)

(4)你是否觉得有很多人都给你留下了美好的印象,从而使你喜欢他们?

　　　　　　　　　　　　　　　　　　　　　　　　　　　　(　　)

(5)你朋友感到有趣的事,你也感到有趣吗?　　　　　　　　　　（　　）

(6)你愿意做你朋友喜欢做的事吗?　　　　　　　　　　　　　（　　）

(7)经常有朋友来约你聊天吗?　　　　　　　　　　　　　　　（　　）

(8)朋友是否常常请你组织安排或主持舞会、野外郊游等集体活动?（　　）

(9)你是否喜欢参加或被别人邀请参加各种社交聚会? 这些聚会预先在你眼前出现的时候,你会感到愉快吗?　　　　　　　　　　　（　　）

(10)是不是常常有人欣赏并夸奖你的仪表、才能和品德?　　　　（　　）

(11)数年不见的朋友,你会立刻记起他(她)的名字吗?　　　　（　　）

(12)与各类型脾气和个性的人打交道你能否很快地适应?　　　（　　）

(13)当你遇上一个陌生人的时候,你认为他(她)喜欢你的可能性大,还是不喜欢你的可能性大?　　　　　　　　　　　　　　　　　　　（　　）

(14)你能否相当容易地去找你需要找的人?　　　　　　　　　（　　）

(15)你是否愿意与他人共度周末假日?　　　　　　　　　　　（　　）

(16)你是否能在短时期内与你所遇的各种人熟悉、热络起来?　（　　）

(17)你觉得你所遇到的人,是否大多数都容易接近?　　　　　（　　）

(18)他人是否很少指责、批评甚至恶语对你,而且会很快地原谅、理解你的过失和错误?　　　　　　　　　　　　　　　　　　　　　（　　）

(19)你是否容易与异性接近?　　　　　　　　　　　　　　　（　　）

(20)你的朋友是否容易受你的影响,接受你提出的意见和建议?　（　　）

【评分说明】

"＋"得 5 分,"－"得 0 分;然后累计你的总分。

得分	分析
71分及以上	我非常受大家欢迎
61～70分	我比较受大家欢迎
51～60分	我在别人眼中印象不错
41～50分	我在别人眼中印象一般
40分及以下	我尚未得到别人理解

第八章

情绪管理

◀◎▶ 心理 *知识*

一、认识情绪

（一）情绪的定义

情绪是人受到客观情景刺激时，经过是否符合自己主观需要和愿望的判断而产生的行为变化、生理变化和对事物态度的主观体验。情绪可以分为 3 个方面：内省的情绪体验、外在的情绪表现、情绪的生理变化。

（1）内省的情绪体验，就是人对情绪状态的自我感受，是人脑对客观环境和客观现实的重要反映形式。

（2）外在的情绪表现，就是我们所说的表情，具体指面部表情、语言表情和身体姿态。

（3）情绪的生理变化，指当情绪产生时，人体的各个系统器官都会发生生理变化和物理反应。

（二）人的情绪状态

（1）心境是指比较微弱、持久地影响人整个精神活动的情绪状态，具有弥散性的特点。"忧者见之而忧，喜者见之而喜"就是心境的表现。心境有消极和积极之分。

（2）激情是一种强烈的、短暂的、有爆发性的情绪状态，如狂喜、愤怒、绝望等都属于这种情绪状态。在激情状态下，人的理解力、自制力等都有可能降低。激情也有积极和消极之分。

（3）应激是在出乎意料的紧迫情况下所引起的高度紧张的情绪状态，在人们遇到突如其来的紧急事故（如地震、火灾等）时就会出现应激状态。

（三）情绪的作用

（1）情绪影响着我们的健康。一般来讲，正向情绪能直接作用于神经系统，提高大脑及整个神经系统的活力，使体内各器官的活动协调一致，并且能增强机体活力，从而提高免疫力。相反地，不良的情绪即负向情绪影响着人的身心健康。一方面，不良情绪会使人的整个心理活动失去平衡；另一方面，会造成生理机制的紊乱，进而导致各种躯体疾病。

（2）情绪影响着我们的生活。正向情绪不仅有利于人的身心健康，而且有利于人的潜能开发，提高工作效率和生活质量，并且往往可以提升我们做事的主动性，增强工作和学习的兴趣，激发积极与人交往的愿望。相反，如果情绪低落、心境不佳，大脑皮层的高级心智活动（如推理、辨别等能力），将受到抑制，使记忆力减退、认识范围缩小、自制力低下，从而大大降低了学习和工作的效率，也降低了生活质量。

（3）情绪好比"保安系统"，当身心受到威胁时就发出"警报"信号。

（四）情绪和情感的关系

情绪和情感是主体对客观世界的一种特殊的反映形式。一般来说，可以把区别于认识活动，并同人的特定需要相联系的感情性反应统称为感情。所以，无论情绪或情感，均指同一过程和同一现象。不同的场合使用情绪情感，指的是同一过程、同一现象所侧重的不同方面。

情绪代表着感情性反应的过程。无论动物或人类，感情性反应的发生都是大脑的活动过程或个体特定反应模式的发生过程。从这个意义上说，情绪概念既可用于人类，也可用于动物。

情感经常被用来描述具有稳定而深刻的社会含义的高级感情。它所代表的感情内容，诸如对集体的荣誉感、对事业的热爱、对美的欣赏，不是指其语义内涵，而是指对这些事物的社会意义在感情上的体验。情绪包含着情感，受已形成情感的制约，是情感的外在表现。情感是在情绪的基础上产生的，进而发展成为情绪的深层核心，它通过情绪得以实现。新的情绪蓄积又促成情感的演变，两者相互依存、相互制约、相互发展。心理学对感情性反应的研究，侧重其发生、发展的过程和规律，因此较多使用情绪这一概念。

情绪和情感同属于感情性心理活动的范畴，是同一过程的两个方面。情感是对感情性过程的体验和感受，情绪是这一体验和感受状态的活动过程。从情绪和情感所具有的品性看，情绪一般不稳定，波动较大；而情感则较为稳定，持续较长时间，甚至可以伴随和影响人的一生。

二、大学生情绪健康的标准及常见情绪困扰

（一）大学生情绪健康的标准

情绪反应适当指情绪的发生来自某种适当的原因。情绪随客观事物而发生变化，引发情绪的因素消失之后，其情绪反应也应逐渐消失；情绪表现稳定，主导

心境愉快。

(二)大学生常见情绪困扰

1.情绪反应过度造成的情绪困扰

情绪反应过度常常表现为在普通的情境中,个人的情绪体验过于强烈,如易激怒,即容易发火动怒,对于一般的甚至轻微的刺激也产生强烈的愤怒情绪。易怒往往是由以下3种情况造成:一是易怒的性格因素所致;二是过去曾受过伤害,但当时愤怒的情绪未能得到合理表达,以后遇到类似情境,容易发怒;三是有些学生的不合理认知,认为发怒可以震慑别人,可以抵消责任,可以让他人屈服而满足自己的愿望等。

然而类似易激惹这样过度反应的情绪,往往造成人际交往中的困扰,也常让自己过后心绪不宁,并感后悔。

2.情绪反应不足造成的情绪困扰

情绪反应不足造成的情绪困扰,常常体验为冷漠、抑郁。抑郁一词其实有许多不同的意义,可以指一种情绪状态,也可以代表症状、综合征或是一种临床疾病。抑郁是每个人一生中或多或少都会有的,是最常体验到的负向情绪之一。抑郁来自人们面对困难或挫折,产生悲哀、孤独、虚无、远离人群等情绪时,却难以借助行动或思考获得排解与自然复原。许多研究指出,抑郁情绪和抑郁症是在一个连续向量的不同位置。

抑郁情绪表现为悲伤、沮丧、低落的感受;在行为方面,抑郁情绪表现为哭泣、动作缓慢、社交退缩、对日常活动失去兴趣,甚至出现自我伤害、自杀的行为;在认知方面,抑郁情绪表现为认为自己没有价值、不如他人、做得不对、缺乏能力、得不到帮助,对事情持悲观看法,对未来充满绝望,对环境则有不满、厌恶的想法;在生理方面,抑郁情绪表现为胃口不佳、睡眠困扰、疲倦、体重骤增或骤减等。

3.负性情绪持续过长或泛化引发的情绪困扰

负性情绪持续过长或泛化引发的情绪困扰,比如焦虑。焦虑是人处于应激状态时的正常反应,适度的焦虑可以唤起人的警觉、激发斗志、集中注意力,这些是有利的,而过度的焦虑或无焦虑则不利于人们能力的正常发挥。焦虑情绪以长期的神经质、多虑为主要特征,是一种紧张、担忧、焦虑混合交织的情绪体验,当人们在面临威胁或预料到某种不良后果时,便会产生这种体验。而只有不适当的高度焦虑才会影响大学生的学习和生活,对身心健康造成不利影响。

处于焦虑状态的人会因为一些日常琐事终日担心,会有莫名的不安感,脑海里尽是些解不开的愁思,过分警觉,心情放松不下来。被焦虑感困扰的大学生内心感到紧张、着急、惶恐害怕、心烦意乱,注意力难以集中,记忆力减弱,同时常常伴有头痛、心律不齐、失眠、食欲不振及胃肠不适等身体反应。

三、正确认识情绪

(1)情绪是生命不可分割的一部分,是对我们的保护,尤其是负向情绪。

下面列举一些负向情绪。

愤怒:保护我们的边界不被侵犯。

恐惧:帮助我们逃避危险或应对危险情境。

紧张:调动全身资源"准备战斗"。

焦虑:提醒我们还有事情没有处理。

悲伤:疗愈我们的创伤。

失落:提醒我们关注我们的情绪。

愤怒:给我们力量去改变一个不能接受的情况。

痛苦:指引我们去找寻一个摆脱的方向。

焦虑、紧张:事情很重要,需要我们额外的专注和照顾;提示我们现有的资料或能力不够。

困难:认为付出的代价比可收取的回报更大。

恐惧:不愿付出以为需要付出的代价。真正的勇气是虽然恐惧,但仍然会继续下去。

失望:明确是对外界失望还是对自己失望。

悲伤:从失去中获得力量,使我们更珍惜自己仍然拥有的。

惭愧内疚:认为已经完结的事情尚有没有完结的部分。

(2)情绪是诚实可靠和真实的,也是无法掩饰的。

(3)产生情绪不是问题:情绪只是告诉我们,人生中有些事情出现了,需要我们处理。

(4)情绪是教我们在事情中有所学习。

(5)情绪应该为我们服务,而不应成为我们的主人,我们不应被情绪所控制。

(6)情绪是经验记忆的必需部分。

(7)情绪就是我们的能力。

四、如何调整好情绪

(一)找到宣泄通道

不良情绪要进行宣泄,不要无限度地压抑自己的情绪反应,要疏导负性情绪。愤怒时,可以进行体育锻炼或练习书法;悲伤时,可以找知心朋友倾诉或大哭一场来释放能量。高声歌唱、打枕头、捶沙发都是情绪宣泄的通道。

(二)用诉说代替抱怨

大学生应将心中的压抑、担心、焦虑统统说出来,去说给那些愿意倾听,并且真心实意帮助自己的人。说出来后往往心情就好了一大半。只有吐露那些困扰自己的东西,感觉才会踏实。诉说,并不是一味地抱怨自己所受的伤害,诉说不需要责备,指明问题即可。这是一种情愿花费时间和精力,并为改变目前的状态所做出的努力。大学生可以打电话给亲人或朋友。"找个时间,你陪我聊一下这件事吧",这是一种诉说。"我烦透某某了,他……"这是一种批评。批评和抱怨无益于解决问题,而且朋友可能会因此而远离你这个情绪垃圾制造者。

(三)用行动带动情绪

实实在在地做些事情可以让人从自己或他人那里获得正面的反馈,改变不佳心情的状态。当心情不好时,人常对自己说:"我觉得情绪好差,没办法做任何事情,等我心情好一点,我再开始工作。""行为可以改变感受",这是心理学家研究的一大发现。研究表明,一些抑郁者有着非常低度的活动力,而且他们比非抑郁者更少从事令人愉悦的活动。那么,情绪低落时真的会比情绪高昂时更令人难以采取行动吗?假如必须坚持等到心情转好才开始做事,那么将浪费很多时间。当抑郁者懂得将更多令人开心的活动带入自己的生活时,他们的心情会变得更好。

(四)反向心理调节面对困境

我们常常情绪沮丧,怎么从不良情绪中摆脱出来呢?有一种方法就是从相反的方向思考问题。心理学上把这种运用心理调节的过程称为反向心理调节法。这种方法常常能使人战胜沮丧,从不良情绪中解脱出来。

(五)转移注意力

转移注意力就是从主观上努力把注意力从消极或不良的情绪状态转移到其他事物上去的一种方法。能对情绪产生强烈刺激的事情,通常都与自己的切身利益有着很大的关系,要将其快速遗忘常常是很困难的。因此,单靠消极的躲避于事无补,更有效的办法就是进行积极的转移。当情绪不好时,可通过转移注意力来平复自己的情绪,如外出散步、听听音乐、跳跳舞、打打球、找朋友聊天、读本轻松的书、看场电影等。总之,使自己的心思有所寄托,不要处于精神空虚、心理空旷的状态。这样,由不愉快的事情所引起的不良情绪体验,就会在不知不觉中烟消云散。

小贴士

黑色星期一

人的心境跟生物节律有密切关系。当体温处于一天中的较低值时,人往往感到情绪"低落";当体温处于一天中的高峰时,即使你一夜没睡觉,也可能有一个积极的心境。对于那些按照正常工作日上班或上学的人来说,星期一是他们心境的最低点,因此往往将星期一称为"黑色星期一"。与周末相比,人们在每周工作日的心境的确要差一些。人的心境表现出以 7 天为周期的起伏现象。对于大多数学生来说,情绪最低点在星期一或星期二,而最高点在星期五或星期六。换言之,心境的变化与一周的作息表有关。

做一做

可以使用下面的项目帮助自己整理情绪。

片段:_____

人物:_____

事情:_____

我的主要情绪:_____

我当时的感觉:_____

我实际的渴望或希望:_____

我内心的想法:_____

行为反映:_____

通过以上反思,我的新想法和方向是:_____

小故事，大道理

变 化

有位老太太生了两个女儿，大女儿嫁给了雨伞店老板，小女儿当上了洗衣作坊的女主管。于是老太太整天忧心忡忡，每逢遇上下雨天，她担心洗衣作坊的衣服晾不干；每逢遇上晴天，她又生怕雨伞店的雨伞卖不出去，天天为女儿担忧，日子过得十分忧郁。

后来，一位聪明人告诉她："老太太，您真是好福气！下雨天，您大女儿家生意兴隆；大晴天，您小女儿家顾客盈门。哪一天您都有好消息啊！"

现实生活中，很多人总是被事情的阴暗面困扰着，可是从来都没有换个角度去想一下。天还是老样子，只是脑筋变了一下，生活的色彩竟然焕然一新。

心理探秘

情绪 ABC 理论

A（activating events）指引起情绪的事件。

B（beliefs）指个人对该事件的看法、解释和评价，可称为信念。

C（consequences）指在特定情境下个人的情绪及行为表现。

情绪 ABC 理论是著名心理学家艾力斯提出的理论，此理论指出影响我们情绪及行为表现即 C，不是事情的本身即 A，而是我们对事情的"看法""想法""信念"，即 B。

通常人们会认为诱发事件 A 直接导致了人的情绪和行为结果 C，发生了什么事就引起了什么情绪体验。为什么同样的事情会出现两种不同的反应和表现呢？就是诱发事件 A 与情绪、行为结果 C 之间还有个对诱发事件 A 的看法、解释起作用的 B 在作怪。而影响着我们对事物看法的 B 常是一些不合理的信念。

8 种不合理信念：

（1）我应该受到周围每一个人的喜爱与赞扬。

（2）一个人必须非常能干、完美，而且在各方面都有成就，这样才是有价值的人。

（3）如果事情不是自己所想象、喜欢和期待的样子，那实在太可怕了。

（4）人的不快乐、不幸福都是由外在的因素所引起的，自己很难控制。

（5）逃避某些困难或自身的责任，要比去面对它们更容易。

（6）一个人必须依赖他人，而且必须有一个强者为靠山。

（7）一个人过去的经验和历史对他目前的一切极为重要，过去的影响是无法消除的。

（8）任何问题都应有正确或完整的答案，若找不到正确或完整的答案将是非常糟糕的。

8种合理信念：

（1）无论别人怎样看待自己的，自己都是有价值的。

（2）尽力去做事，失败是努力的失败，价值不会受损，过程有时候更重要。

（3）事情很少会像我们希望的那样发生，若能改变，竭力改变；若不能，就接受现实。

（4）情绪是由人的知觉、评价、态度产生的，是可以改变和控制的。

（5）不管面临的事情是好的还是不好的，都要正视它，勇于承担责任。

（6）我们要独立生活，但并不拒绝他人的帮助。

（7）过去的经历对现在的影响是有限的，我们可以通过努力改变现状。

（8）我们努力寻找解决问题的方法，但不要苛求完善的方法。

名言警句

• 喜怒哀乐之未发，谓之中；发而皆中节，谓之和。中也者，天下之大本也；和也者，天下之达道也。致中和，天地位焉，万物育焉。

——《中庸》

• 有了快乐的思想和行为，你就能感到快乐。

——戴尔·卡耐基

• 每一个人体内都有一种人所共知的、最有助于身体健康的力量——那就是良好情绪的力量。

——辛德勒

• 人受情绪的困扰，不是由于发生的事件，而是由于对事件的看法。

——阿尔伯特·艾利斯

• 每个人都会生气的，这并不难，但要能适时适所，以恰当的方式，对恰当的对象,恰如其分地生气,这就难上加难。

——亚里士多德

• 喜伤心、怒伤肝、忧伤肺、思伤脾、恐伤肾。

——《黄帝内经》

请你分析

【案例描述】

周同学,男,大二,因经常心情郁闷、烦躁前来咨询。

自述:"我们宿舍除我以外还有 4 个人,个个都有毛病。有一个北京哥们(A同学),在宿舍养条小狗,小狗搞得到处都是毛,晚上汪汪叫,吵得我休息不好,这哥们脾气还不好,我们还拿人家没办法,我也懒得和他一般见识。还有一哥们(B同学),可娇气了,他一天到晚吃各种药,大冬天的,宿舍的窗户他想开就开,想关就关,他老强调他有病,好像就该依着他似的,唉,谁叫他有病呢? 可是他有病我还有病呢! 还有一哥们(C同学),是大三留下来的,他总觉得他自己是老大,见识比我们多,总想领导我们,可是谁服他呢! 还有一个年龄小,我看他(D同学)可怜,经常照顾他,嘿,可是他还不知道好歹,我指出他哪儿不对的时候,他还一副不服气的样子。我参加了一个社团,被选上了副部长,可是辅导员老师说我不合适,我都不知道我怎么不合适。真郁闷! 郁闷和烦躁就像两个鬼影跟着我,如影随形,难受! 老师,你说我该怎么办呢?"

【案例分析】

郁闷和烦躁是两种复合情绪体验。郁闷这种情绪里包含了压抑、憋屈、无奈、无力感,其中隐藏着很深的愤怒、委屈、悲伤等情绪;烦躁这种情绪里包含着感觉受到了威胁,想改变却感觉心里不清楚、不明晰,没方向感,不知从何下手的感觉,又有急迫感,其中隐藏着一种较深的恐惧和焦虑情绪。

具体到周同学的心理事件中,从他的自述语气和描述方式中可以感觉到,周同学对 A 同学在宿舍养狗不赞同,心里有愤怒,但害怕与 A 有冲突,没有采取有效沟通和合理行动处理问题,最后用的是一种否认的防御性态度逃避了现实问题和心理矛盾,将心里的愤怒和恐惧压抑在心底深处,变成了憋屈。

周同学在心里很羡慕 B 同学可以得到大家的忍让和照顾,但是在潜意识里并不认为自己身体不好可以得到室友的理解和照顾,被关怀的内心渴望没得到满足,因为自己去处理自己心里的难受不怎么容易,所以用抱怨一下别人的方式缓解一下心里的不舒服。

关于 C 同学、D 同学及"副部长事件",在周同学心里都有个"主导愿望"没有得到满足的心理挫折感,这种隐隐的挫折感会让人产生隐隐的愤怒情绪。之所以说是"隐隐的",是因为周同学本人并未清楚意识到该情绪,就变成心里的躁动感。后经了解,周同学家里有爸爸、妈妈、姐姐和自己,在家里是姐姐的意见主导着家庭的决策,而周同学的意见和愿望一般都被忽略。长期被忽略会导致个体在精神上的"无存在感",周同学内心这种无存在感又在 C 同学、D 同学、"副部长事件"中被重新勾起,使得周同学在潜意识中感到一种莫名的、弥散性的威胁,因此产生了焦虑情绪。

周同学在和 C 同学的相处及"副部长事件"中,在心理上,都是在积极、努力地做找回自己的工作,是一种良好的成长表现。

【建议】

(1)一个直接的方法:首先,意识到情绪是人的精神活动产物,有其自然属性,必须得到人的尤其是自己的尊重、理解和完全接纳。然后,沿着情绪是个体精神活动指示器,深入自己的内心,去探求自己哪些愿望没有得到满足。最后,采用适合自己的有效方式,表达内心愿望,或采取适合自己的合理有效的行动,满足自己的内心愿望,从而缓解和释放负性情绪。

(2)一个暂时性的方法:周同学在自己感到烦躁和郁闷时,找一个自己可以信赖的人、朋友或亲人倾诉,语言表达可以释放或缓解情绪,还可以通过身体运动,如邀请好友爬山或体育锻炼等肢体运动释放由于情绪带来的身体紧张感,反过来身体放松了,情绪也会得到释放和缓解。找一个安静的地方写写自己的心情日志,也是一个较为有效缓解释放情绪的方法。

(3)一个永久性解决之道:周同学需要意识到自己内心深处一直有个"主导愿望"想要满足,但先需要放下这个愿望,抱着一颗平等心与人交往,理解自己也理解朋友的心情,在友谊中感受自己的重要性、独特性;学会询问和理解家人的心情和感受,也同时学会在家人面前清晰地表达自己内心的感受和意见,获得家人的理解和认同,和家人有个良好的沟通和互动,这些有助于周同学感受到自己的价值,提升自尊感。在此基础上,周同学在以后的生命旅途中就会有能力和勇气主导自己的生活了。

心理 测试

你的情绪是稳定的吗

(1) 我有能力克服各种困难。　　　　　　　　　　　　　　　　（　　）

　　A. 是的　　　　　　　　B. 不一定　　　　　　　　C. 不是的

(2) 猛兽即使是关在铁笼里，我见了也会惴惴不安。　　　　　　（　　）

　　A. 是的　　　　　　　　B. 不一定　　　　　　　　C. 不是的

(3) 如果我能到一个新环境，我要　　　　　　　　　　　　　　（　　）

　　A. 把生活安排得和以前不一样　　　　　　B. 不确定

　　C. 和以前相仿

(4) 整个一生中，我一直觉得我能达到所预期的目标。　　　　　（　　）

　　A. 是的　　　　　　　　B. 不一定　　　　　　　　C. 不是的

(5) 我在小学时敬佩的老师，到现在仍然令我敬佩。　　　　　　（　　）

　　A. 是的　　　　　　　　B. 不一定　　　　　　　　C. 不是的

(6) 不知为什么，有些人总是回避我或冷淡我。　　　　　　　　（　　）

　　A. 是的　　　　　　　　B. 不一定　　　　　　　　C. 不是的

(7) 我虽善意待人，却常常得不到好报。　　　　　　　　　　　（　　）

　　A. 是的　　　　　　　　B. 不一定　　　　　　　　C. 不是的

(8) 在大街上，我常常避开我所不愿意打招呼的人。　　　　　　（　　）

　　A. 极少如此　　　　　B. 偶尔如此　　　　　C. 有时如此

(9) 当我聚精会神地欣赏音乐时，如果有人在旁高谈阔论，我会感到恼怒。

　　　　　　　　　　　　　　　　　　　　　　　　　　　　　（　　）

　　A. 我仍能专心听音乐　　　　　　　　B. 介于 A 和 C 之间

　　C. 不能专心并感到恼怒

(10) 我不论到什么地方，都能清楚地辨别方向。　　　　　　　（　　）

　　A. 是的　　　　　　　　B. 不一定　　　　　　　　C. 不是的

(11) 我热爱我所学的知识。　　　　　　　　　　　　　　　　（　　）

　　A. 是的　　　　　　　　B. 不一定　　　　　　　　C. 不是的

(12) 生动的梦境常常干扰我的睡眠。　　　　　　　　　　　　（　　）

　　A. 经常如此　　　　　B. 偶尔如此　　　　　C. 从不如此

(13) 季节、气候的变化一般不影响我的情绪。　　　　　　　　（　　）

A.是的　　　　B.介于 A 和 C 之间

C.不是的

【计分标准】

(1)(4)(5)(8)(9)(10)(11)(13)题选 A、B、C 分别计 2 分、1 分、0 分,(2)(3)(6)(7)(12)题选 A、B、C 分别计 0 分、1 分、2 分。

【结果解释】

17～26 分:情绪稳定。

你的情绪稳定,性格成熟,能面对现实;通常能以沉着的态度应对现实中出现的各种问题;行动充满魅力,有勇气,有维护团结的精神。

13～16 分:情绪基本稳定。

你的情绪有变化,但不大,能沉着应对现实中出现的一般性问题。然而在大事面前,有时会急躁不安,不免受环境影响。

0～12 分:情绪激动。

你情绪较易激动,容易产生烦恼;不容易应对生活中遇到的各种阻挠和挫折;容易受环境支配而心神动摇;不能面对现实,常常急躁不安,身心疲乏,甚至失眠等。要注意控制和调节自己的心境,使自己的情绪保持稳定。

心理 小训练

朗读一下快乐宣言,感受一下你的情绪变化吧!

快乐宣言

(1)为了今天,我要让自己适应一切,而不是试着调整一切来适应我。

(2)为了今天,我要做一个讨人喜欢的人,外表要尽量得体,说话谦和,动作优雅,对任何事不挑毛病,也不干涉或教训别人。

(3)为了今天,我要爱护我的身体。

(4)为了今天,我要加强我的心理。

(5)为了今天,我要用三件事来锻炼我的灵魂:我要为别人做一件好事,但不要让大家知道;我还要做两件我并不想做的事,只为了锻炼。

(6)为了今天,我要定下一个计划。

(7)为了今天,我要试着只考虑怎么度过今天,而不把一生的问题都在这一天解决。

（8）为了今天，我要去欣赏美的一切，去相信我爱的那些人会爱我。

（9）为了今天，我要为自己预留安静的半小时，轻松一番，在这半小时里，我要尽量使自己的生命充满希望。

（10）为了今天，我要很快乐。

第九章

爱情心理与性心理

心理知识

一、认识爱情

爱情,不仅仅是青年人的事情,在生命的任何阶段,都可能产生爱情。但是,青春期的爱情格外迷人、激烈。青春是爱的鲜花盛开的季节,然而,当青春携着爱情走来,我们不免要问:爱情到底是什么?

爱情是什么,古往今来很难给它下个确切的定义,但无疑爱情是人类不可缺少的,是人类一直以来歌颂、赞美和追求的强烈的感情。我们一般讲的爱情专指男女之间基于共同的生活理想,在各自内心形成的相互倾慕,并渴望对方成为自己终身伴侣的一种强烈、纯真、专一的感情,其中包括性的欲望和温柔体贴的关心。

关于爱情的定义很多,而其中最被认可的是心理学家斯腾伯格提出的"爱情三角理论"(如图9-1所示)。

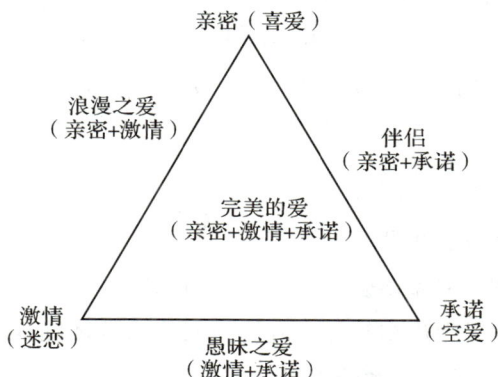

图9-1 爱情三角理论

此理论认为爱情由激情、亲密和承诺3个基本成分组成。

(1)激情是指爱情中的性欲成分,是情绪上的着迷。

(2)亲密是指在爱情关系中能够引起的温暖体验。

(3)承诺是指维持关系的决定期许或担保。

亲密是"温暖"的,激情是"热烈"的,而承诺是"冷静"的。

(一)第一要素:亲密

亲密,是两个人之间感觉亲近、温馨的一种体验。简单来说,就是能够给人带来温暖的一种感觉和体验。

亲密包含 10 个基本要素:

(1)渴望促进被爱者的幸福。

(2)跟被爱者在一起时感到幸福。

(3)当两个人在一起做事情时,都感到十分愉快,并留下美好记忆。

(4)尊重对方。

(5)跟被爱方互相理解。

(6)与被爱方分享自我和自己的占有物。

(7)从被爱方接受感情上的支持。

(8)给被爱方以感情上的支持。

(9)跟被爱方能够亲切沟通。

(10)珍重被爱方。

(二)第二要素:激情

激情是一种"强烈地渴望跟对方结合的状态"。通俗地说,激情就是见了对方,会有一种怦然心动的感觉,和对方相处,有一种兴奋的体验。性的需要,是引起激情的主导形式,而自尊、照顾、归属、支配、服从等也是唤醒激情体验的源泉。

(三)第三要素:承诺

承诺由两方面组成:短期的和长期的。

(1)短期方面就是要做出爱不爱一个人的决定。

(2)长期方面则是做出维护这一爱情关系的承诺,包括对爱情的忠诚和责任心,是一种患难与共、至死不渝的承诺。

两者不一定同时具备。比如决定爱一个人,但是不一定愿意承担责任,或者给出承诺;又或者决定一辈子只爱他(她),但不一定会说出口。

二、爱情的类型

根据爱情三角理论,爱情可以分为以下 7 种类型。

(1)喜欢式爱情。只有亲密,没有激情和承诺,如友谊。

（2）迷恋式爱情。只有激情，没有亲密和承诺，如初恋。

（3）空洞式爱情。只有承诺，缺乏亲密和激情，如纯粹为了结婚的爱情。

（4）浪漫式爱情。只有激情和亲密，没有承诺，这种"爱情"崇尚过程，不在乎结果。

（5）伴侣式爱情。只有亲密和承诺，没有激情。这里指的是平平稳稳的婚姻，只有权利，义务没有感觉。

（6）愚蠢式爱情。只有激情和承诺，没有亲密。往往一见钟情就是这样的爱情，尤其很多的闪婚，因为彼此生活后，各种琐事造成彼此的闪离，并导致彼此的伤害。

（7）完美式爱情。包含激情、承诺和亲密。只有在这一类型中，我们才能看到爱情的"庐山真面目"。因为彼此的吸引，并从友谊开始，彼此的了解，建立亲密的友谊关系，最终经过成熟的评估，给予确定的承诺，并一直保持彼此的吸引和亲密，最终的爱情才是完美的爱情，也是人一直追求的爱情。

三、爱情的基本要素

（1）相爱的双方。爱情是发生在相爱的双方之间的，并有一定的排他性。

（2）相对成熟的生理、心理条件。爱情的双方需要具备已经成熟的生理条件，即存在性的基础，并有一定成熟的心理条件。

（3）包含认知成分，而非低级情绪。能够客观地评估，有一定的认知能力，有一定的理性分析，不是凭借冲动。

（4）包含性欲、性感，而非纯粹的精神之爱。严格意义上讲，爱情是有性吸引在其中，"柏拉图式的爱情"不能称为爱情。

（5）奉献。爱情很重要的一个要素是利他的，是充分地彼此了解，并且了解对方的需要，并为对方服务，为对方奉献。

四、三种爱情

（1）有条件的爱。"我爱你，如果……"——需要赚取的爱。基础是"你做什么"。

（2）因为式的爱。"我爱你，因为……"——品质特点的爱。是"你有什么"。

（3）真爱。"我爱你！"——无条件的爱。基础是"你是谁"。

五、大学生恋爱中的心理挫折与情感危机

(一)单相思与爱情错觉

单相思是指在异性关系中的一方倾心于另一方,但是却得不到对方的回应的单方面"爱情"。在大学校园里这种情况并不少见。心理学家认为,很多成年人都饱尝过单相思的苦涩和尴尬。尽管单相思可能发生在所有年龄,但14~22岁为多发年龄段,这是因为在这个年龄段的青少年正处于青春期,特别喜欢沉迷于幻想中,但又不善于自我控制,再加上对性意识和性愿望的向往与需求不能够获得合理的处理渠道,便容易产生单相思。

爱情错觉是指异性之间的正常交往中,一方错误地把另外一方的正常行为理解为对自己有感觉,从而错误地认为爱情已经到来。爱情错觉有可能是单相思的一种形式。

(二)恋爱中的感情纠葛

感情纠葛是指在恋爱过程中因为某些主客观原因引起的,欲爱不能、欲罢不忍的一种强烈的内心矛盾和感情冲突。

(三)失恋

失恋在大学校园里是比较常见的一种挫折形式。失恋后的反应会因失恋者的人格、对爱情投入的多少、对挫折的承受能力大小、相应的社会支持系统是否完备等方面因素的不同而有所不同。

六、认识"性"

性,一个神秘而诱人的字眼儿,一个经常出现在人们的脑海中但又让人不愿坦然承认的字眼儿,一个带给人们各种不同感受的、敏感的字眼儿。它能使人联想到快乐、美好、享受、舒服或者是紧张、羞耻、尴尬、不安、厌恶等许多不同的感受,反映了不同的人对性的不同的认识。那么,性究竟是什么呢?

人类的性应从三维角度来理解,即从生物、心理、社会3个方面说明人类的性活动。

(一)生物因素

性行为是涉及性器官及人体其他系统协同活动的有序生理过程,受到神经内分泌系统特别是激素的影响,生物因素是人类性活动的基础。

性生理的发育成熟，是性心理和心理活动的生理基础。

性生理发育成熟的最基本标志：男性出现遗精或梦遗，女性出现月经来潮。健全的性生理是人类性行为的基础。

（二）心理因素

人类的性活动是涉及个体的动机、态度、情绪、人格及行为的综合体现。

现代研究表明，人类的性活动在很大程度上由心理因素决定，许多学者还指出，人类性活动的本质是心理现象。

（三）社会因素

人不能离开社会，同样人的性行为也受社会影响。家庭、宗教、人际关系、文化道德与法律等都会塑造、调整和影响人类的性活动。

七、性心理健康

性心理是指人们对"性"这种客观现实的认识（性知识与性观念）、情感（基于感情）和意志（适度的性控制）的综合反映。

性心理健康的标准如下。

（1）健康的性认知：没有性别角色的错位与性行为变态，有正常的性态度与性欲望，具备科学系统的性知识和由此建立科学的性观念。

（2）健康的性情感：具有正常的性爱感情和健全的性人格，并恰当地表达出来。

（3）健康的性适应能力：性活动与社会环境、文化形态形成一种和谐的关系。

八、大学生性心理发展的表现

生理上的成熟引起心理上的变化，青年大学生与同龄人一样，同样渴望爱情，渴望与异性的交往。他们的性意识的发展驱使其了解异性，去探寻性的奥妙，同时注意自己在异性眼中的形象，并在自己认为合适的"朋友"面前去表现自己，确立自己的地位，采取认为得体的方式向对方表白自己的爱慕之情，希望得到对方的认可，最后便是双方交往的成功或失败，体验着"爱情"的果实。

（一）向往追求异性

当大学生开始寻求性知识时也就开始对异性产生了心理期望。他们采取各种方式去接近异性，在异性面前去表现自己，尤其是对认为符合自己心目中形象的异性更是采取主动出击的方式，利用各种机会增加两人在一起的时间，并想尽办法投其所好,直到双方认可为止。当男女双方由彼此好感到建立恋爱关系,此时男女双方的人际交往关系也在发生着微妙的变化。双方开始脱离同性群体,排他性心理比较强,由于占有欲望的强烈,在心理上不希望也不允许第三方走进两个人的世界。但是当两个人的关系保持稳定之后,便又会重新回到同性群体当中,不过大部分时间仍是两个人的互动最多。

(二)对"性"的渴望

青年大学生交往过程中,由于性激素的作用,两个在热恋中的人轻语、亲昵都会引起性欲望和性冲动,最后会出现感情的闸门打开,理智受到冲淹,给男女双方带来无限的遗憾,甚至还会产生"爱情"烦恼,神圣而纯洁的爱情很可能会从此荡然无存。热恋不应是非理智的性冲动而应是一种纯洁愉快的幸福期待。过早地发生性行为,这种幸福的期待可能会早离你而去,爱情也许就不再会充满动人的魅力,失去那神圣的光环。

(三)对"性知识"的好奇

生理上的成熟、性意识的发展带来大学生对性知识兴趣的增加与渴望,这是每个青少年性心理的正常发展。具有高层次文化水准的当代大学生更应该了解和懂得两性的生理解剖上的特点,了解性心理的发生进展过程,并正确地对待性意识和恋爱。

九、增强和维护大学生性心理健康的主要对策

(一)正确的性爱观

(1)性不等于爱。爱的最高境界不是占有,而是尊重。

(2)不用性去获得爱。

(3)性不能保全爱。性是爱情的生理基础,然而却不是爱情的"保险栓",能够使爱情长久的是双方真诚的关爱、尊重、沟通、理解和共同成长,而不仅仅是性。

(4)处理好性爱与学业的关系。学业是大学生价值感的主要支柱,人一生学习的黄金时间就是年轻的时候,错失了这段时间,青春会显得空洞与苍白。尤其是当我们将爱情视为生命的唯一的时候,爱情就是一株温室里的花朵,娇弱美丽却经不起风吹雨淋。当爱情成为我们唯一的存在价值的时候,我们就会失去人格的独立和魅力,也很容易失去被爱的理由。因此,在校读书期间,女生要持重,

男生要自制,不能将时间都用于谈情说爱而放松了学习。

(二)正面了解性知识

(1)了解避孕常识。

(2)了解性传播疾病的预防知识。

(3)了解性健康的知识。如看一些有益于健康的性知识书籍;积极参加学校的性健康教育课程及活动。

(三)性行为边缘化、过程化

性行为对成年人来说是自然平常的事情,使人身心愉悦。然而无爱的性、没有准备的性、不打算承担后果的性和没有能力承担后果的性却常常适得其反,带来巨大的心理压力,这些负面的情绪会使性爱的快乐一扫而空。因而在未做好身心准备和物质准备时,最好不要选择此种性行为。眉目传情、一丝微笑等边缘性行为,是爱情的自然流露,有利于促进爱情的和谐。热恋时的拥抱、亲吻、爱抚等过程性行为不属于性交,但这些行为可以表达爱慕之情,得到一定程度的满足和精神性情感的交流。

小贴士

如何正确对待失恋

(1)自己先冷静,等情绪和缓之后,再寻求感情受挫的原因。如能补救则采用合宜方式补救,如不能补救,就检讨自己的缺失,努力改进,把此次挫败当成锻炼与培养自己的经验。不要将此次失败迁怒于对方,甚至伤害对方。

(2)寻找其他方面自己所感兴趣的事情来做,如看书、爬山、运动等,避免留给自己太多空闲的时间去钻牛角尖,以其他方面的成就来肯定自己的价值。

(3)感情失败并不代表其他方面也失败,坦然面对感情的创伤,并相信伤害一定会治愈的。

(4)宽恕他人,是解救自己痛苦的开始,所以应心胸开阔,能容人处且容人。

(5)不要因感情挫折,而对其他异性产生偏见;也不要为逃避痛苦或报复,即很快地再投入另一次恋爱中,如此而为,将可能使自己再受一次伤害,甚至牵连无辜的人。

(6)寻求专门的心理辅导,如果感觉自己无法处理,可寻求心理老师的帮助。

做一做

组装自己爱的能力

爱的能力是一种综合素质的融合,是在爱的过程中一系列能力的各组成部分。具体来讲,爱的能力应该至少包括以下5个方面。请你发挥自己的想象,用5句话填满这些空格。当然,如果你能写出更多的方面,那就更好了。

(1)爱的能力包括_____的能力。

(2)爱的能力包括_____的能力。

(3)爱的能力包括_____的能力。

(4)爱的能力包括_____的能力。

(5)爱的能力包括_____的能力。

小故事,大道理

豪猪的故事

豪猪生长在非洲,身上的毛硬而尖。天气寒冷的时候,它们就聚在一起互相靠身体取暖。但是当它们靠近时,身上的毛尖会刺痛对方使它们立刻分开,分开后因为寒冷它们又聚在一起,聚在一起因为痛又分开,这样反复数次,最后它们终于找到了彼此间的最佳距离——在最轻的疼痛下得到最大的温暖。

其实,爱情也像豪猪取暖一样,需要保持适当的距离。

心理探秘

责　任

一个人是否具备责任承担的能力与3个因素有关。

(1)看他的身心是否成熟。这是决定一个人是否能够支配和享受性权利的自然生理基础。

(2)看他的人格是否完善。完善的人格有3个方面的内涵:首先是自己已经形成了一套清楚而又成熟的道德价值观;其次是拥有按照自己所信仰的价值观生活的自律精神和意志力;最后是具有为自己的行为选择及其后果负责的勇气和能力,这是决定一个人是否能够支配和享受性权利的关键性因素。

(3)看他的经济是否自立。这3个方面标志着一个人责任承担的能力大小,而责任承担的能力大小正是衡量一个人成熟性与成长水平的一个最精确的尺度。所以在我们渴望拥有和行使自我性的权利之时,我们需要首先问一问自己:我具备了这种责任承担的能力吗?能否认识到这一点对于希望品尝性爱之滋味的大学生来讲尤为重要。

名言警句

• 关关雎鸠,在河之洲。窈窕淑女,君子好逑。参差荇菜,左右流之。窈窕淑女,寤寐求之。求之不得,寤寐思服。悠哉悠哉,辗转反侧。

——《诗经》

• 身无彩凤双飞翼,心有灵犀一点通。

——李商隐

• 爱情可能是恒久的,那是一份坚贞和执著,但也可能是脆弱的,那是当你存有太多幻想,而又不肯忍受现实的缺点的时候。能维持长远的感情,其中定有很多宽容与原谅。

——罗曼·罗兰

• 爱情如果不是生根于对社会共同的信心与事业的志趣上,那是浮萍的爱,极易随风飘。

——约翰·沃尔夫冈·冯·歌德

• 爱情的意义就在于帮助对方提高,同时也提高自己。唯有那因为爱而变得思想明澈,双手矫健的人才算爱着。

——尼古拉·加夫里诺维奇·车尔尼雪夫斯基

• 爱是使人向上,使人追求真善美,使人走向更高意义上的自我实现。爱与意志相互依存,彼此从属。

——罗洛·梅

请你分析

【案例描述】

张同学,男,大学二年级,外形秀气,性格偏内向。因为恋爱烦恼前来咨询。自述:在大一第二学期的时候,我班有个女生,性格比较活泼外向,是我喜欢的类型,我们比较谈得来,那时候我也有些寂寞,她人挺热情,也比较会关心人,我们聊得比较多,慢慢地大家觉得我俩是一对,我们自己也有点这样的感觉。刚开始我们相处不错,但最近我们经常闹不愉快。她经常因为别的女生和我说话生气、吃醋,说我花心,闹起来歇斯底里,吓得我轻易都不敢和女生说话了,就怕她发脾气。说实话,我也挺喜欢其他女生和我说话、开个玩笑啥的,我也不知道爱不爱她,但她要和我分手时,我很难过,又觉得还是挺喜欢她的。她想得比较多、比较远,挺现实的,她都想到以后结婚和房子的事了,我还没想那么远呢! 真不知道她到底爱不爱我,爱我的话,怎么那么现实呢? 我希望她爱的是我这个人,还有,怎么就……怎么就不能让我碰她,说要等结婚以后,不是说"爱是无私奉献的"吗? 可我女朋友说,爱是精神的吸引,不是身体的吸引。我问她爱我什么,她说不知道,可就是爱。我现在和她在一起很累,感觉很窒息,现在我们就业压力这么大,将来能不能在一起还不知道呢,我该怎么办呢?

【案例分析】

爱情中有 3 种成分:激情、亲密和承诺,爱情之所以千差万别,是因为这 3 个组成成分不一样,理想的爱情是激情、亲密、承诺三者的结合统一体。激情在恋爱初期占的成分最大,但衰退也是最快的,而维系长久的恋爱婚姻关系的是亲密与承诺。在爱情中,男女两性对亲密的需求是有些差异的,女性主要表现在精神上,男性多表现在身体亲密上。

张同学的恋爱中填补寂寞的心理成分较多,依恋多于爱恋。张同学也喜欢女友,他的爱情中亲密占主要成分。而张同学的女友的爱情中激情占很大成分,因为严重未获满足,以致对张同学非常没信心,张同学因为对未来的不确定,或者对未来缺乏信心,无法面对女友的"现实"问题,因而也没法在心里对女友有承诺即长远的考虑,女友就更不心安了。张同学的女友无法处理心里的这份紧张不安感,在张同学与别的女生接触时,无法自控地爆发了,张同学不知所措,无法抚慰女友,亲密需求受到严重挫折。

张同学目前的压力主要有两方面,一个是心里的寂寞,另一个是暂时看不到未来的希望。

【建议】

张同学应正视自己内心的寂寞感,正确对待性需求。正视女友的"现实"考虑,向女友敞开心扉,共同面对没有绝对确定的未来;把更多的精力放在学业上,充实内心;可开始考虑职业规划问题,为将来的就业尽力做好准备。

心理 测试

你的恋爱观

恋爱观就是对恋爱问题的看法。它表现为青年人对美的认知尺度、择偶的标准、恋爱的目的、使用的方式及对幸福伴侣的理解等。做一做下面的测验题,看看自己的恋爱观是否正确。每题只选一个答案。

(1)你认为恋爱作为人生一个极其重要的环节,其最终所达到的目的应当是

( )

    A. 找到一个情投意合的伴侣

    B. 成家过日子,抚育儿女

    C. 满足性的需求

    D. 只是觉得新鲜有趣,没有明确的想法

(2)(男女单独做)☆如果你是个小伙子,你对未来妻子的要求最主要的是

( )

    A. 善于理家干活,利落能干　　　B. 面貌漂亮,端庄大方

    C. 人品不错,能体贴帮助自己　　D. 只要爱,其他一切都无所谓

☆你如果是个姑娘,你在选择丈夫时首先考虑的是 ( )

    A. 潇洒大方,有男子风度　　　　B. 有钱有势,社会能力强

    C. 为人诚实正直,有进取心,待人和蔼可亲

    D. 只要他爱我,其他都不考虑

(3)你决定和对方确定恋爱关系时,所依据的心理是 ( )

    A. 彼此各有千秋,但大体相当　　B. 我比对方优越

    C. 对方比我优越　　　　　　　　D. 没想过

(4)对最佳恋爱时间的考虑是 ( )

    A. 自己已经成熟,懂得了人生的意义和爱情的内涵,并且确定了事业上的主攻方向

B.随着年龄增长,自有贤妻与佳婿光临,"月老"不会忘记每个人的

C.先下手为强,越早越主动

D.还没想过

(5)你希望自己是这样结识恋人的　　　　　　　　　　　　　　　　(　　)

　　A.青梅竹马,情深意长　　　　　B.一见钟情,难舍难分

　　C.在工作和学习中逐渐产生恋情　D.经熟人介绍

(6)你认为推进爱情的良策是　　　　　　　　　　　　　　　　　　(　　)

　　A.极力讨好取悦对方　　　　　　B.尽力使自己变得更完美

　　C.百依百顺,言听计从　　　　　D.无计可施

(7)人们通常认为:恋爱过程是个相互了解、相互适应和培养感情的过程。
　　既然如此,了解、适应就需要花时间。那么,你希望恋爱的时间是(　　)

　　A.越短越好,最好是"闪电式"　　B.时间依进展而定

　　C.时间要拖长些　　　　　　　　D.自己无主张,全听对方的

(8)谁都希望完整全面地了解对方,你觉得了解他(她)的最佳途径是(　　)

　　A.精心布置特殊场面,对恋人进行考验

　　B.坦诚恳切的交谈,细心观察

　　C.通过朋友打听

　　D.没想过

(9)你十分倾心的恋人,随着时间的推移,暴露出一些缺点和不足,这时你会

　　　　　　　　　　　　　　　　　　　　　　　　　　　　　　　(　　)

　　A.采用婉转的方式告诉并帮助对方

　　B.因出乎意料而伤脑筋

　　C.嫌弃对方,犹豫动摇

　　D.不知如何是好

(10)当你已初涉爱河之中,一位条件更好的异性对你表示爱慕时,于是你会

　　　　　　　　　　　　　　　　　　　　　　　　　　　　　　　(　　)

　　A.说明实情

　　B.对其冷淡,但维持友谊

　　C.向其谄媚并瞒着恋人和其来往

　　D.感到茫然无措

(11)当你对倾慕已久的异性发出爱的信息时,忽然发现她(他)另有所爱,你
　　会　　　　　　　　　　　　　　　　　　　　　　　　　　　　(　　)

　　A.静观待变,进退自如　　　　　B.参与角逐,继续穷追

C. 抽身止步, 成人之美　　　　D. 不知道

(12) 恋爱进程很少会一帆风顺, 而你对恋爱中出现的矛盾、波折的看法是

（　　）

A. 最好平顺些, 既然已经出现, 也是件好事, 双方正好借此考验和了解对方

B. 感到伤心难过, 认为这是不幸

C. 疑虑顿生, 就此提出分手

D. 束手无策

(13) 由于性情不和或其他原因, 你们的恋爱搁浅了, 对方提出分手, 这时你会

（　　）

A. 千方百计缠着对方　　　　B. 到处诋毁对方名誉

C. 说声再见, 各奔前程　　　　D. 不知所措

(14) 当你十分信赖的恋人背信弃义, 喜新厌旧, 甩掉你以后, 你会　（　　）

A. 权当自己眼瞎认错了人　　　　B. 你不仁, 我不义

C. 吸取教训, 重新开始　　　　D. 痛苦难以自拔

(15) 你爱情坎坷, 多次恋爱均告失败, 随着年龄增长进入"老大难"的行列, 你会

（　　）

A. 一如从前, 宁缺毋滥

B. 厌弃追求, 随便凑合一个

C. 检查一下择偶标准是否实际

D. 叹息命运不佳, 从此绝望

评分标准: 表 9 - 1 为每题各选项所对应的分值。

表 9 - 1　每题各选项对应分值

题号	选项分值（分）			
	A	B	C	D
(1)	3	2	1	1
(2)	2	1	3	1
(3)	3	2	1	0
(4)	3	2	1	0
(5)	2	1	3	1

续表

题号	选项分值（分）			
	A	B	C	D
（6）	1	3	2	0
（7）	1	3	2	0
（8）	1	3	2	0
（9）	3	2	1	0
（10）	3	2	1	0
（11）	2	1	3	0
（12）	3	2	1	0
（13）	2	1	3	0
（14）	2	1	3	0
（15）	2	1	3	0

35~45分：恋爱观科学正确。你是一个成熟的青年，你懂得爱什么和为什么爱，这是你走进爱情的最佳入场券。不要怕挫折和失败，它们是考验你的"纸老虎"，终将在你的高尚和热忱面前逃遁。尽管大胆地走向你梦中的恋人，你的婚姻注定美满幸福。

25~34分：恋爱观基本正确。你向往真挚而美好的爱情，然而屡屡失误，一时难以如愿。你不妨多看看成功了的朋友，将恋爱视为圣洁无比的追求，不断校正爱情之舟的航线，这样你离幸福就不远了。

15~24分：恋爱观有待端正。与那些情场上的佼佼者相比，你的恋爱观存在不少问题，甚至有不健康之处。它们使你辛勤播撒的爱情种子难以萌芽，更难结出甜蜜的果实。如果你已经贸然地进入恋爱，劝你及早退出。

7个及以上0分：恋爱观还未形成。你或许年龄太小，不谙世事；或许虽已年长，却天真幼稚。爱情对于你是一个迷惘恐怖的世界，你须防备圈套和袭击。故建议你读几本婚恋指导书籍，稍许成熟些，再涉爱河不迟。

心理 小训练

爱是什么

目的：通过活动让同学们思考自己的爱情观，同时通过同学们对爱的实质的讨论拓宽大家的思路，更全面地领悟爱的真谛，并能对自己的情感生活有所反思。

操作：请静静地思考一下"爱"是什么，并在白纸上写出5条你所认为的爱的实质，如：爱是需要、关怀……（请更多关注那些直觉的、第一印象的内容，而非理性思考的内容和感受），写完后每个同学在小组里向大家汇报自己的选择及感受。

讨论：

（1）你在活动中有何感受？

（2）对你而言，爱的实质是什么？它对你曾经或目前的恋爱有何影响？你的选择与你的爱情观相符合吗？

（3）其他人的爱情观对你有何影响？

第十章

职业生涯规划心理

◀ ◯ ▶ 心理 知识

一、职业生涯规划

职业生涯规划是对职业生涯乃至人生进行持续的、系统的计划过程,是个人发展与组织发展的结合,是在对个人和内外环境因素进行分析的基础上,确定一个人的事业发展目标,并选择实现这一事业目标的职业或岗位,编制相应的工作、教育和培训行动的计划,对每一步骤的时间、项目和措施作出合理的安排。职业生涯规划是每个大学生必须面对的问题,也是应当了解的基本常识。

二、大学生职业生涯规划心理的分析

(一)理想与现实之间的矛盾

大学生普遍留恋生活条件舒适的大城市,追求社会地位高、经济效益好的工作岗位,而不愿意到边远地区或者条件较差的地区去工作。他们并未真正思考自己的理想和现实之间的差距,也较少考虑所定目标是否有利于个人的发展,甚至不了解自己的性格、气质和能力适合于何种工作,因而出现理想与现实之间的矛盾。

(二)不能正确认识和面对日益激烈的就业竞争

当代大学生毕业时都已意识到要找到自己满意的工作,必须把自己放入人才市场与别人进行激烈竞争,然而面对竞争激烈的就业市场,他们往往顾虑重重,具体表现如下。

1.恐惧

有些学生由于在平时没有认真学习和积累经验,求职的知识、能力、心理准备不充分,在几次求职受挫后,产生恐惧心理,一提就业就心理紧张,甚至产生绝望心理。

2.急躁

有些大学生受到就业压力的影响,在求职时草率急躁,对用人单位不做详细了解,草草签约,一旦发现未能如愿,又后悔莫及。大学生的这种急躁心理,常常使他们烦躁不安,缺乏自制力。

3.自卑

有些大学生因自我意识发展不健全或性格内向或有某种生理缺陷而存在强烈的自卑心理,在择业时缺乏自信心,不敢大胆地推荐自己,不敢主动展示自己

的能力与个性。

4.孤傲

有些自身条件比较优越的大学生自视过高,在择业过程中看不上这单位,瞧不起那职业,"这山望着那山高",好高骛远。

(三)不能正确认识成功,存在侥幸投机心理

受社会风气的影响,许多大学生渴求走捷径成功,梦想比尔·盖茨式的成功,一夜暴富,一举成名,缺乏艰苦创业的心理准备,不愿从小事做起,不愿从基层做起,踏踏实实地去成就自己的一份事业。

(四)依赖心理重

在大学生择业过程中,一些大学生把择业希望寄托在自己父母、亲戚身上,寄希望于拉人情关系完成自己从学生到职业人的转变;也有一些大学生把希望寄托在学校身上,希望学校做好"全职保姆",表现出消极等待的心理,缺乏把握时机创造机会的主动性。

小贴士

大学生择业心态的调适办法

1.客观评价自我,树立正确的职业观

每一个大学生首先要认清自己,有一个适当的自我定位,客观评价自己,明白自己能干什么和不能干什么。其次要认清当前就业形势的严峻性,同时树立职业的社会意识和长远意识,在求职和择业的过程中,既有对自己正确的评价,也有对社会长远的认识和判断,从而准确定位自己的职业坐标,设计好自己的职业生涯。

2.客观认识竞争,保持良好心态

良好的心态在竞争激烈的社会中是不可缺少的,因为每个人都有自己的优点和缺点,同时作为社会的一分子,都有自己相应的位置和不同的分工,在求职择业中遇到挫折是正常的,切不可因此自卑,面对求职失败,应该认真反思,吸取经验教训,努力争取新的机会。

3.树立艰苦创业、立志成才意识

成功的事业有时会由于良好的机遇而变得一帆风顺,但是绝大多数必须付出艰苦努力。艰苦创业、自强不息、立志成才是大学生实现自我价值、实现理想抱负、获得幸福的良方。大学生只有不断努力、不断进取、不断付出才能获得丰厚的回报。只有从小事做起、从具体事做起、从基层做起才能最终取得辉煌的成就和业绩。

4. 做好就业技能准备,增强就业竞争实力

大学生一进校门就要自觉地把自己的专业与以后的就业联系起来,认真学习,刻苦钻研,建立合理的知识结构,掌握扎实的专业理论知识,培养自己的实践操作能力、科学思维能力、组织协调能力等。只有如此,才能在激烈的竞争中占据有利位置。

做一做

澄清自己的就业价值观

活动方法:在一张纸上写下5条自己认为在选择工作中最看重的方面,不需要排顺序。

活动指导语:我们已经确信,纸上的5个方面就是你在求职时最看重的方面。假如这5个方面不能同时得到满足,而必须让你不得不放弃其中的一条时,你将如何决定? 下面,就请你把相对最容易放弃的那一条划掉,(稍后一会)让我们再继续,请你再放弃一条……依次做下去,直至剩下一条。

小故事,大道理

辞 职

员工 A 对员工 B 说:"我要离开这个公司。我恨这个公司!"

员工 B 建议道:"我举双手赞成你报复。破公司一定要给它点颜色看看。不过你现在离开,还不是最好的时机。"

员工 A 问:为什么呢?

员工 B 说:"如果你现在走,公司的损失并不大。你应该趁着在公司的机会,拼命去为自己拉一些客户,成为公司独当一面的人物,然后带着这些客户突然离开公司,公司才会受到重大损失,非常被动。"

员工 A 觉得员工 B 说得非常在理。于是努力工作,事遂人愿,半年多的努力工作后,他有了许多的忠实客户。

再见面时员工 B 问员工 A:"现在是时机了,要跳赶快行动哦!"

员工 A 淡然笑道:"老总跟我长谈过,准备让我做总经理助理,我暂时没有离开的打算。"

其实这也正是员工 B 的初衷。

一个人的工作，永远只是为自己的。只有付出大于得到，让老板真正看到你的能力大于位置，老板才会给你更多的机会。

成功并不像你想象得那么难

"并不是因为事情难我们不敢做，而是因为我们不敢做事情才难的。"

1965 年，一位韩国学生到剑桥大学主修心理学。在喝下午茶的时候，他常到学校的咖啡厅或茶座听一些成功人士聊天。这些成功人士包括诺贝尔奖获得者、某一些领域的学术权威和一些创造了经济神话的人，这些人幽默风趣，举重若轻，把自己的成功都看得非常自然和顺理成章。时间长了，他发现，在国内时，他被一些成功人士欺骗了。那些人为了让正在创业的人知难而退，普遍把自己的创业艰辛夸大了，也就是说，他们在用自己的成功经历吓唬那些还没有取得成功的人。

作为心理系的学生，他认为很有必要对韩国成功人士的心态加以研究。1970 年，他把《成功并不像你想象得那么难》作为毕业论文，提交给现代经济心理学的创始人威尔·布雷登教授。布雷登教授读后，大为惊喜，他认为这是个新发现，这种现象虽然在东方甚至在世界各地普遍存在，但此前还没有一个人大胆地提出来并加以研究。惊喜之余，他写信给他的剑桥校友——当时正坐在韩国政坛第一把交椅上的人——朴正熙。他在信中说，"我不敢说这部著作对你有多大的帮助，但我敢肯定它比你的任何一个政令都能产生震动。"

后来这本书果然伴随着韩国的经济起飞了。这本书鼓舞了许多人，因为他们从一个新的角度告诉人们，成功与"劳其筋骨，饿其体肤""三更灯火五更鸡""头悬梁，锥刺股"没有必然联系。只要你对某一事业感兴趣，长久地坚持下去就会成功，因为上帝赋予你的时间和智慧够你圆满地做完一件事情。后来，这位学生也获得了成功，成了韩国泛业汽车公司的总裁。

生活中的许多事，只要想做，都能做到，该克服的困难，也都能克服，用不着钢铁般的意志，更用不着技巧或谋略。

心理探秘

幻想交流

请用 5 分钟的时间想象，设想现在的你就是 20 年以后的自己。主要围绕着工作和职业发展进行畅想,可以设想自己到了什么职位,做了哪些事情,是如何实现自己的理想和抱负的……必要的时候,可以记下来;也可以和其他同学一起讨论,在互相倾听的过程中,可以具体围绕着实现过程的可行性进行提问,使讲述更加合理与清晰。

名言警句

• 世界上最快乐的事,莫过于为理想而奋斗。

——苏格拉底

• 你的工作将会占据你人生大部分时间,因此获得成就感的唯一途径就是做你自己认为是伟大的工作,而成就一番伟业的唯一途径就是热爱你的事业。如果你还没有找到让自己热爱的事业,你要继续寻找,不要随遇而安。跟随自己的心,总有一天你会找到的。而且,工作和你之间的关系与其他任何一种伟大的关系一样,随着岁月流逝,它会变得越来越顺畅。所以,继续寻找,直到找到为止,不要半途而废。

——史蒂夫·乔布斯

请你分析

【案例描述】

樊同学,女,大学四年级,以全学院前几名的高考成绩考入该大学。大学4年来,她学习成绩优异,担任过学生会主席、多个社团的干部,有较强的沟通和组织能力。毕业前在几个月的各种应聘会中,樊同学也被不少单位相中,但她觉得国企没活力,害怕自己的能力发挥不出来;私企吧,小企业不稳定,薪水也不高;大企业吧,看不惯那些招聘的人事主管一副庙大不愁的样子。很多不如她的同学都找到了比较满意的工作,而樊同学却迟迟签不下合同,眼看每年应届生找工作的最佳时机快要过去了,樊同学很着急,又不想随便找份工作,最近老失眠、头疼。

【案例分析】

樊同学是个优秀的大学毕业生,之所以迟迟定不下工作,是因为她没有考虑清楚4个问题:①我是谁;②我想干什么;③我能干什么;④我应该干什么即环境支持或允许我干什么。总结一下是没做好自我评估和职业定位。

【建议】

樊同学对自己进行一次深刻的反思,把自己的优势、劣势一一列出来(自己的兴趣、特长、性格、专业水平、智商、情商、思维模式等),在职业定位中以自己的最佳才能、最优性格、最大兴趣、最有利的环境等作为依据,考虑性格与职业的匹配、兴趣与职业的匹配、特长与职业的匹配、专业与职业的匹配等,并正视、接受现实状况,不沉溺于自己的幻想中来选定适合自己的职业,实现职业目标。

心理测试

霍兰德的职业爱好问卷

仔细阅读下面 6 种类型特性的表述,并在每一项特性前用铅笔标记号。凡是看起来很像你自己的画"+",完全不像的画"—",其他的留空白。

现实型

□喜好户外、机械及体育类的活动及职业。

□喜欢从事和事物、动物有关的工作,而不喜欢和理念、资料有关的工作。

□往往具有机械师和运动员的能力。

□喜欢建筑、塑造、重新建构和修理东西。

□喜欢使用设备和机器。

□喜欢看到有形的结果。

□是个有毅力、勤勉的人。

□缺乏创造力和原创性。

□较喜欢用熟悉的方法做事并建立固定模式。

□以绝对的观点思考。

□不喜欢模棱两可。

□较不喜欢处理抽象、理论和哲学的议题。

□是个唯物论、传统和保守的人。

□没有很好的人际关系和语言沟通技巧。

□当焦点汇聚在自己身上时会很不自在。

□很难表达自己的情感。

□别人认为自己很害羞。

研究型

☐天生好奇且好问。

☐必须了解、解释和预测身边发生的事。

☐具有科学精神。

☐对于非科学、过度简化或超自然的解释，持悲观、批判的态度。

☐对于正在做的事能全神贯注、心无旁骛。

☐独立自主且喜欢单枪匹马做事。

☐不喜欢管人也不喜欢被管。

☐以理论和解析的观点看事情且勇于解决抽象、含糊的问题及状况。

☐具有创造力和原创性。

☐常难以接受传统的态度及价值观。

☐逃避受到外在规定束缚的高结构化情境。

☐处事按部就班、精确且有条理。

☐对于自己的智力很有信心。

☐在社交场合常觉得困窘。

☐缺乏领导能力和说服技巧。

☐在人际关系方面拘谨与形式化。

☐通常不做情感的表达。

☐可能让人觉得不太友善。

艺术型

☐是个有创造力、善表达、有原则性及有个性的人。

☐喜欢与众不同并努力做个卓绝出众的人。

☐喜欢以文字、音乐、媒体和身体（如表演和舞蹈）创造新事物来表达自己的
　人格。

☐希望得到众人的目光和赞赏，对于批评很敏感。

☐在衣着、言行举止上倾向于无拘无束、不循传统。

☐喜欢在无人监督的情况下工作。

☐处事较冲动。

☐非常重视美及审美的品位。

☐较情绪化且心思复杂。

☐喜欢抽象的工作及非结构化的情境。

□在高度秩序化和系统化的情境中很难表现出色。

□寻求别人的接纳和赞美。

□觉得亲密的人际关系有压力而避免之。

□主要透过艺术间接与别人交流以弥补疏离感。

□常自我省思。

社会型

□是个友善、热心、外向、合作的人。

□喜欢与人为伍。

□能了解及洞察别人的情感和问题。

□喜欢扮演帮助别人的角色,如教师、顾问和咨询者。

□善于表达自己并在人群中具有说服力。

□喜欢当焦点人物并乐于处在团体的中心位置。

□对于生活及与人相处都很敏感、理想化和谨慎。

□喜欢处理哲学问题,如人生、宗教及道德的本质和目的。

□不喜欢从事与机器或资料有关的工作,或是结构严密、反复不变的任务。

□和别人相处融洽并能自然地表达情感。

□待人处世很圆滑,别人都认为自己很仁慈、乐于助人和贴心。

企业型

□外向、自信、有说服力、乐观。

□喜欢组织、领导、管理及控制团体活动以达到个人或组织的目标。

□胸怀雄心壮志且喜欢肩负责任。

□相当重视地位、权力、金钱及物质财产。

□喜欢控制局面。

□在发起和监督活动时充满活力和热忱。

□喜欢影响别人。

□爱好冒险、有冲动、行事武断且言语具有说服力。

□乐于参与社交圈并喜欢与有名、有影响力的人往来。

□喜欢旅行和探险,并常有新奇、昂贵的嗜好。

□自认为很受人欢迎。

□不喜欢需要科学能力的活动及有系统、理论化的思考。

□避免从事需要注意细节及千篇一律的活动。

常规型

☐ 是个一板一眼、固执、脚踏实地的人。

☐ 喜欢做抄写、计算等遵行固定程序的活动。

☐ 是个可依赖、有效率且尽责的人。

☐ 希望拥有隶属于团体和组织的安全感且做个好成员。

☐ 具有身份地位的意识，但通常不渴望居于高层领导地位。

☐ 知道自己该做什么事时，会感到很自在。

☐ 倾向于保守和遵循传统。

☐ 遵循别人所期望的标准及他所认同的权威人士的领导。

☐ 喜欢在令人愉快的室内环境工作。

☐ 重视物质享受和财物。

☐ 有自制力并有节制地表达自己的情感。

☐ 避免紧张的人际关系，喜欢随性的人际关系。

☐ 在熟识的人群中才会自在。

☐ 喜欢有计划地行事，较不喜欢打破惯例。

【评分及说明】

当你读完 6 种类型时，请你在很像你自己的项目前画"＋"，非常不像你的项目前画"－"；然后根据"＋""－"及各类型的一般描述，选出一种最像你的类型。虽然可能没有一种可以完全准确地描述你，但总有一个比其他类型看起来更适合你的，最后从高到低排出适合你的 6 种类型，思考一下什么职业最适合你。

职业类型与其相应的职业对照如下。

现实型：木匠、农民、操作 X 线的技师、工程师、飞机机械师、鱼类和野生动物专家、自动化技师、机械工（车工、钳工等）、电工、无线电报务员、火车司机、长途公共汽车司机、机械制图员、修理师。

研究型：气象学者、生物学者、天文学家、药剂师、动物学者、化学家、科学报刊编辑、地质学者、植物学者、物理学者、数学家、实验员、科研人员、科技作者。

艺术型：室内装饰专家、图书管理专家、摄影师、音乐教师、作家、演员、记者、诗人、作曲家、编剧、雕刻家、漫画家。

社会型：社会学者、导游、福利机构工作者、咨询人员、社会工作者、社会科学教师、学校领导、精神病工作者、公共保健护士。

企业型：推销员、进货员、商品批发员、旅馆经理、饭店经理、广告宣传员、调度员、律师、政治家、零售商。

常规型：记账员、会计、银行出纳、法庭速记员、成本估算员、税务员、核算员、打字员、办公室职员、统计员、计算机操作员、秘书。

心理小训练

松下电器创始人松下幸之助年少时，家境贫寒，全靠他一人养家糊口。松下失业后，一家人的生活更是无法支撑。一次，他去一家电器公司求职，身材瘦小的松下来到公司人事部，请求给他安排一个最差、工资最低的活干。人事部主管见他个头瘦小又衣着不整，不便直说，就随便找个理由说："现在不缺人，过一个月再来看看吧！"人家本来是托词，没想到一个月后松下真的来了，那位人事部主管又推脱说现在有事，没时间接待他。过了几天，松下又来了。那位负责人有点不耐烦地说："你这种脏兮兮的样子，根本进不了我们公司。"松下回去后借钱买了套新衣服，穿戴整齐地又来了。这位主管一看，觉得不好说什么了，又开始为难松下："我们是搞电器的，从你的资料看，你对电器方面的知识了解得太少，不能录用。"两个月以后，松下又来了，他说："我已经下功夫学了不少电器方面的知识，您看哪个方面还有差距，我再一项一项来弥补。"这位人事部主管盯着松下看了半天，感慨地说："我干这项工作几十年了，头一次见到你这样来找工作的，真佩服你这种耐心和韧劲儿。"就这样，松下终于打动了主管，如愿以偿地进入这家公司。后来，他经过艰苦不懈地努力，终于成为享誉全球的"企业经营之神"。

读完上面的故事，请思考并讨论下面的问题。

（1）大学生应该做好哪些择业心理准备？

（2）试分析大学生就业难的问题。

（3）大学生择业心理问题的自我调适方法有哪些？

实践篇

第十一章

助人与自助

一、心理问题等级划分

心理问题从健康状态到心理疾病状态一般可分为 4 个等级：健康状态→不良状态→心理障碍→心理疾病。

(一)心理健康状态

心理健康状态与非健康状态的区分标准如下。

(1)本人不觉得痛苦，即在一个时间段内(如 1 周、1 个月、1 季或 1 年)快乐的感觉大于痛苦的感觉。

(2)他人感觉不到异常，即心理活动与周围环境相协调，不出现与周围环境格格不入的现象。

(3)社会功能良好，即能胜任家庭和社会角色，能在一般社会环境下充分发挥自身能力、能利用现有条件(或创造条件)实现自我价值。

(二)不良状态

不良状态又称第三状态，是介于健康状态与疾病状态之间的状态。不良状态是正常人群组中常见的一种亚健康状态，它是由于个人心理素质(如过于好胜、孤僻、敏感等)、生活事件(如工作压力大、晋升失败、被上司批评、婚恋挫折等)、身体不良状况(如长时间加班劳累、身体疾病)等因素所引起。不良状态具有以下特点。

(1)时间短暂。此状态持续时间较短，一般在 1 周以内能得到缓解。

(2)损害轻微。此状态对其社会功能影响比较小。处于此类状态的人一般都能完成日常工作、学习和生活，只是感觉到的愉快感小于痛苦感，"很累""没劲""不高兴""应付"是他们常说的词汇。

(3)能自我调整。此状态者大部分通过自我调整如休息、聊天、运动、钓鱼、旅游、娱乐等放松方式能使自己的心理状态得到改善。小部分人若长时间得不到缓解可能形成一种相对固定的状态，这小部分人应该去寻求心理老师的帮助，以尽快得到调整。

(三)心理障碍

心理障碍是因为个人及外界因素造成心理状态的某一方面(或几方面)发展的超前、停滞、延迟、退缩或偏离。心理障碍的特点如下所述。

(1)不协调性。其心理活动的外在表现与其生理年龄不相称或反应方式与常人不同。如：成人表现出幼稚状态（停滞、延迟、退缩）；儿童出现成人行为（不均衡的超前发展）；对外界刺激的反应方式异常（偏离）等。

（2）针对性。处于此类状态的人往往对障碍对象（如敏感的事、物及环境等）有强烈的心理反应（包括思维、信念及动作行为），而对非障碍对象可能表现很正常。

（3）损害较大。此状态对其社会功能影响较大。它可能使当事人不能按常人的标准完成某项（或某几项）社会功能。如：社交焦虑（又名社交恐惧）不能完成社交活动，锐器恐怖者不敢使用刀、剪，性心理障碍者难以与异性正常交往。

（4）需要得到专业人员的帮助。此状态者大部分不能通过自我调整和非专业人员的帮助来解决根本问题，必须寻求心理咨询老师的辅导。

（四）心理疾病

心理疾病是由于个人及外界因素引起个体强烈的心理反应（思维、情感、动作行为、意志）并伴有明显的躯体不适感，是大脑功能失调的外在表现。其显著特点如下。

（1）强烈的心理反应。可出现思维判断上的失误，思维敏捷性的下降，记忆力下降，头脑黏滞感、空白感，强烈自卑感及痛苦感，缺乏精力、情绪低落成忧郁，紧张焦虑，行为失常（如重复动作，动作减少，退缩行为等），意志减退等。

（2）明显的躯体不适感。由于中枢控制系统功能失调，可引起所控制人体各个系统功能的失调：如影响消化系统可出现食欲不振、腹部胀满、便秘或腹泻（或便秘—腹泻交替）等症状；影响心血管系统则可出现心慌、胸闷、头晕等症状；影响到内分泌系统可出现女性月经周期改变、男性性功能障碍等。

（3）损害大。此状态的人不能或仅能勉强完成其社会功能，缺乏轻松、愉快的体验，痛苦感极为强烈，"哪里都不舒服""活着不如死了好"是他们真实的内心体验。

（4）需要进行心理治疗。此状态的患者一般不能通过自身调整和非心理科专业医生的治疗而康复。

一份快乐，两个人分享，便成了两份快乐；一个痛苦，两个人承担，便成了半个痛苦。

二、常见心理问题

(一)神经衰弱

神经衰弱是指一种以脑和躯体功能衰弱为主的神经症,以精神易兴奋却又易疲劳为特征,表现为紧张、烦恼、易激惹等情感症状,以及肌肉紧张性疼痛和睡眠障碍等生理功能紊乱症状。这些症状不是继发于躯体或脑的疾病,也不是其他任何精神障碍的一部分。多缓慢起病,并可追溯导致长期精神紧张、疲劳的应激因素。偶有突然失眠或头痛起病,却无明显诱因。病程持续或时轻时重。

以下是神经衰弱实例:

某男,35岁,教师,因失眠、精神差、易疲劳来就诊。患者4年前因感到工作压力大而开始失眠,表现入睡困难,每晚要凌晨2:00～3:00方能入睡,睡后极易惊醒,轻微的响声都不能忍受,梦多。白天昏昏欲睡,不能坚持上完一节课,记忆力和学习效率下降,一看书便心烦意乱,印象不深,熟人的名字有时也叫不出。近3个月来头昏、头痛、眼花、情绪急躁,常因小事叹息不已。患者病前性格多疑敏感,不果断、易急躁、自信心低、情绪不稳。检查时患者对稍强的光线或一般噪声不能忍受,无其他障碍表现,认为自己的疾病非常顽固,难以治愈,甚为着急,主动诉述病情,求治心切。

根据前述诊断标准,可诊断为神经衰弱。

受学习工作压力、周围环境、人际关系的种种影响,神经衰弱已经成为一种现代人的常见病。比如昨晚没被你当回事的头痛、耳鸣或前天感觉喘不上气来的胸闷,都可能是神经衰弱症状,下面这则神经衰弱自测表可以帮你在10分钟内客观评估出自己的心理状态。

表11-1的测试内容中,符合的记1分,不符合的记0分。各题得分相加,统计总分。

表11-1 神经衰弱自测量表

测试内容	得分	
	符合	不符合
你的自我控制能力在减弱		
你很急躁,内心总是莫名烦躁不安		
你经常会腹胀、便秘		

续表

测试内容	得分	
	符合	不符合
你很容易激动,情绪很不稳定,波动很大		
你常因一些微不足道的事发怒		
你常会莫名地伤感、流泪		
你常与人争执,明知自己不对,但无法克制		
你很自私,什么事首先想到的都是自己		
稍有不如意的地方,你就会大为不满,甚至大发雷霆		
你常和家人、朋友、同学闹矛盾		
你回忆及联想的时候很多,常不想再想了,但还是控制不住		
你对轻微的呼声特别敏感,使你感到心慌,心跳加快		
你常觉得家长、朋友、同学不能理解你,以致与他们格格不入		
你在发怒和气愤之后总是疲惫不堪		
你的大脑变得似乎不能思考,反应很慢		
看书学习时间稍长就头痛、头昏眼花以致不能坚持		
你注意力难以集中,脑子里像一盘散沙		
你的记忆力很差,对记数字和姓名尤为困难		
看过的书你过目便忘,学习效率降低		
你常为学习效率不高而感到焦虑苦恼		
你常会感到恐惧,胆子变得很小		
你的食欲很差,饭量减少		
你没干什么事,却会觉得全身无力		
你常有头昏脑涨及头痛的感觉		
你常忘记很多事,但对烦恼之事却不易忘记		
你常会感到全身肌肉酸痛		
你入睡很困难,常常会失眠		
你睡觉爱做梦,很容易惊醒		
每次睡觉起床后,都觉得没休息好,精神很差,总是萎靡不振		
你的手脚多汗,且一般来说经常会发冷		
总得分		

测评结果与建议：

总得分	结果	建议
9分以下	心理负担较重,常感疲劳和焦虑	你的身体也许是因为休息时间不够而产生疲劳,你可适当改变生活作息时间,充分利用生物钟,这种疲劳和焦虑会很快消失的
10～19分	神经因为长期处于疲劳状态,导致全身无力、情绪不稳定	应引起注意,要调整情绪,生活要有规律,否则会使你的身体和心理受到损害,从而引起心理障碍
20～30分	已患上了严重的神经衰弱	应到医院或求助于心理医生,并配合医生进行治疗。不用担心这种病治不好,只要积极配合,是能够治愈的

注:以上量表仅提供参考,如有需要请寻求专业心理帮助。

(二)焦虑症

焦虑症是一种以焦虑情绪为主的神经症。大学生中常见的焦虑症以考试焦虑为主。

以下是焦虑性神经症实例：

某男生,20岁,某重点大学大二学生。他自幼学习上进,记忆力较强,深受老师的器重,每逢市里一些学科竞赛,学校都推荐他参加,这使得他的精神压力很大,而且他本人对于数学学科并无兴趣,但是老师仍然看重他,这使得他认为这是一种荣誉,是学校和老师器重自己,也不好违抗。该生考前一夜没睡,到了考场上脑子也很乱,原来复习过的知识都想不起来了,急得浑身出汗,心慌意乱,勉强交了试卷,考试失败,从此之后便出现了睡眠障碍。考上大学之后,第一学期的数学考试不及格,心理负担更重,当得知大一、大二两个学年都要学习数学之后,这给他带来了严重的心理负担,每次到考试前就紧张、焦虑,还伴有严重的睡眠障碍。

根据焦虑性神经症的诊断标准,该例是以考试焦虑为中心的心理障碍,伴有睡眠障碍。

表11-2为焦虑自评量表,有20个选项,请仔细阅读每一项,根据你近一星期的实际情况在适当的方格里画"√",每一条文字后有4个选项,A——没有或很少时间;B——小部分时间;C——相当多时间;D——绝大部分或全部时间。

表 11 - 2　焦虑自评量表

题号	测试内容	选项			
1	我觉得比平时容易紧张或着急	A	B	C	D
2	我无缘无故地感到害怕	A	B	C	D
3	我容易心里烦乱或感到惊恐	A	B	C	D
4	我觉得我可能将要发疯	A	B	C	D
5	我觉得一切都很好	A	B	C	D
6	我手脚发抖打战	A	B	C	D
7	我因为头疼、颈痛或背痛而苦恼	A	B	C	D
8	我觉得容易衰弱或疲乏	A	B	C	D
9	我觉得心平气和,并且容易安静坐着	A	B	C	D
10	我觉得心跳得很快	A	B	C	D
11	我因为一阵阵头晕而苦恼	A	B	C	D
12	我有晕倒发作,或觉得要晕倒似的	A	B	C	D
13	我吸气、呼气都感到很容易	A	B	C	D
14	我的手脚麻木和刺痛	A	B	C	D
15	我因为胃痛和消化不良而苦恼	A	B	C	D
16	我常常要小便	A	B	C	D
17	我的手脚常常是干燥温暖的	A	B	C	D
18	我脸红发热	A	B	C	D
19	我容易入睡并且一夜睡得很好	A	B	C	D
20	我做噩梦	A	B	C	D

注:以上量表仅提供参考,如有需要请寻求专业心理帮助。

计分:正向计分题 A、B、C、D 按 1、2、3、4 分计,反向计分题按 4、3、2、1 分计。反向计分题号为 5、9、13、17、19。

评定采用 1~4 制计分,评定时间为过去 1 周内。统计方法是把各题的得分相加为粗分,粗分乘以 1.25,四舍五入取整数即得到标准分。分值越小越好,临界值为 50 分,分值越高,焦虑倾向越明显。其中 50~59 分为轻度焦虑,60~69

分为中度焦虑,70 分以上为重度焦虑。

(三)强迫性神经症

强迫性神经症是指一种以强迫症状为主的神经症,其特点是有意识地自我强迫和反强迫并存,二者强烈冲突使人感到焦虑和痛苦,能体验到观念或冲动是来源于自我,虽极力抵抗,却无法控制。

以下是强迫性神经症的实例:

某男生,21 岁,大学三年级学生。两年前,该男生一次偶然的机会发现父亲手机里有和一个女人"谈情说爱"的内容。当时他感到很震惊和痛苦,有一种世界末日的感觉,因为自己对父亲非常崇敬,不敢相信这是真的。想到父母两人非常恩爱,又为受父亲欺骗的母亲感到十分痛苦。想揭穿父亲,但是又没有勇气。自己是个正直、善良的孩子,内向而认真,认为做坏事是要被惩罚的。于是每天晚上临睡前双眼注视着墙上的菩萨像,不准脑子里有杂念,如果有就重新注视菩萨像。关灯时,必须在关灯的一刹那在脑海中呈现全家人在一起时的幸福场景。如果不能,则要重新开启和关掉灯,有时反复做十几次。这种睡觉仪式通常要进行半小时甚至更长的时间,虽然知道世界上并没有菩萨,这样做也没有什么意义,很想用顽强的意志控制这种行为,但是控制不了。

经过诊断,该男生的病症为强迫性神经症。

表 11-3 为强迫性神经症自测表,可以帮你在 10 分钟内客观评估出自己的心理状态。

以下测试内容中,回答"是"的记 1 分,回答"否"的记 0 分。

表 11-3　强迫性神经症自测量表

题号	测试内容	得分	
		是	否
1	有时不得不毫无理由地重复相同的内容、句子或数字好几次		
2	觉得自己穿衣、脱衣、清洗物品、走路时要遵循特殊的顺序		
3	常常没有必要地检查门窗、煤气、钱物、文件、信件等		
4	不得不反复好几次做某些事情直到认为自己已经做好了为止		
5	对自己做的大多数事情都要产生怀疑		
6	一些不愉快的想法常违背我的意愿进入我的头脑,使我不能摆脱		
7	常常设想细小的差错或是自己粗心大意会引起灾难性的后果		

续表

题号	测试内容	得分	
		是	否
8	时常无原因地担心自己患了某种疾病		
9	时常无原因地计数		
11	在某些场合,很害怕失去控制,做出尴尬的事		
12	看到刀、匕首和其他尖锐物品时,会感到心烦意乱		
13	为要完全记住一些不重要的事情受到而困扰		
14	有时有毫无原因地想要破坏某些物品或伤害他人的冲动		
15	听到自杀、犯罪或生病的事,我会心烦意乱很长时间,很难不去想它		
	总得分		

测评结果及专家建议:

总得分	结果	建议
2分以下	没有强迫症	保持良好的生活习惯,乐观向上
3~5分	可能患上了轻微的强迫症	放松心情,注意休息,保持良好的精神状况
6~9分	有强迫症	建议及时去正规的医院做个检查,必要时采取措施干预
10分以上	患上了严重的强迫症	到专业的医院治疗,以改善病情

注:以上量表仅提供参考,如有需要请寻求专业心理帮助。

(四)抑郁症

抑郁症属于情感性疾病,是由生物、心理、社会因素引起,以持久的心境低落为主要症状的神经症,常伴有焦虑、躯体不适和睡眠障碍。具体表现如下。

(1)丧失兴趣,无愉快感。

(2)精力减退,有疲乏感。

(3)精神运动性迟滞或激越。

(4)自我评价过低,或自责,或有内疚感。

(5)联想困难,或自觉思考能力下降。

(6)反复出现想死的念头,或有自杀、自伤行为。

(7)睡眠障碍如失眠、早醒或睡眠过多。

(8)食欲降低，或体重明显减轻。

以下为抑郁性神经症的实例：

某女生，24岁，大学四年级毕业班学生。毕业在即，大家都在忙于找工作，班里不少同学都已经找到了心仪的工作，但是该女生投了多份简历，仍无音讯，经常唉声叹气，说自己就不应该上大学，上了大学还是找不到工作，饭量减少，消瘦，原来喜欢热闹，现在喜欢自己一个人待着，经常半夜两三点就醒来了。她觉得每天的生活没意思，自己活着也创造不出什么价值，活着倒不如死了。陷入这样的状态已经有1个多月了。

该案例为典型的抑郁性神经症，该女生处于严重抑郁情绪之中，需要专业的心理帮助。

人的一生中会出现很多次情绪低落的时候，情绪低落是人的正常情绪状态，但是这种情绪得不到缓解就会导致疾病。抑郁症就是一组以情绪低落为主的综合征。那么如何知道自己的情绪是否正常，不妨进行一下抑郁症自测。

对于自己是否患有抑郁症，心理学上有很多专业的量表来判定，表11-4是一个常用的抑郁自评量表——伯恩斯抑郁症清单。请在符合你情绪的项上打分："没有"为0分，"轻度"为1分，"中度"为2分，"严重"为3分。

表11-4　抑郁自评量表(伯恩斯抑郁症清单)

序号	内容	得分			
		没有	轻度	中度	严重
1	你是否一直感到伤心或悲哀				
2	你是否感到前景渺茫				
3	你是否觉得自己没有价值或自以为是一个失败者				
4	你是否觉得力不从心或自叹比不上别人				
5	你是否对任何事都自责				
6	你是否在做决定时犹豫不决				
7	这段时间你是否一直处于愤怒和不满状态				
8	你对事业、家庭、爱好或朋友是否丧失了兴趣				
9	你是否感到一蹶不振，做事情毫无动力				
10	你是否以为自己已衰老或失去魅力				

续表

序号	内容	得分			
		没有	轻度	中度	严重
11	你是否感到食欲不振或情不自禁地暴饮暴食				
12	你是否患有失眠症或整天感到体力不支、昏昏欲睡				
13	你是否丧失了对性的兴趣				
14	你是否经常担心自己的健康				
15	你是否认为生存没有价值，或生不如死				

注：以上量表仅提供参考，如有需要请寻求专业心理帮助。

测试后，请算出你的总分并评出你的抑郁程度。0～4分，没有抑郁症；5～10分，偶尔有抑郁情绪；11～20分，有轻度抑郁症；21～30分，有中度抑郁症；31～45分，有严重抑郁症。

中度和严重抑郁症要立即到专业心理机构进行诊治。

（五）精神分裂症

精神分裂症是一种严重的精神疾病，症状为思考方式混乱及情绪反应出现崩溃。常见病症包括幻觉、妄想及胡言乱语，严重者会有自毁及伤人的倾向，并出现社会或职业功能退化。通常于青壮年显现初期病症，其中约1.5％的人终身为此病所苦。

精神分裂症的重要症状之一是幻觉，即在客观现实中并不存在某种事物的情况下，本人却感知到它的存在。

最常见的幻觉为幻听，周围没有人说话，本人却听到有说话声。以言语性幻听多见，内容为评论性、争论性、命令性或思维鸣响（本人想到什么，就有一个声音讲出他所想的内容），是具有特征性意义的幻听，持续存在的言语性幻听也具有诊断价值。

以下为精神分裂症的实例：

林某，19岁，是某高校的大一学生。刚刚进入大学时，她是一个非常活泼的学生，学校有什么社团活动都积极参加，也喜欢去同班各个寝室串门，同学们都非常喜欢这个热情美丽的女孩。可是，不知道从什么时候开始，林某脸上的笑容变少了，活动也不参加了，也不会去别的寝室串门了，楼道里也听不到她爽朗的笑声了。甚至课也不去上了，专业课也是人在心不在的样子。寝室里的同伴因为她的好人缘都对她非常好,但她有时候会突然对别人发出"为什么骂我? 你想干什么?"之类的责问。同学们觉得不对劲了,开了一场卧谈会,她说,班上有人喜欢她,很多同学都嫉妒她,好多人都在背后骂她,甚至还怀疑食堂的阿姨对她有敌意,在饭菜里下毒。

林某的这些症状是典型的精神分裂症,所幸这只是早期型精神分裂症,所以主要症状表现是幻听和被害妄想症。经常听到同学或者别人在骂她、议论她属于幻听,而怀疑有人在饭菜里下毒则是有被害妄想症。这种症状的精神分裂症只要及时治疗便能很快痊愈。

出现精神分裂症的症状需要寻求专业心理帮助和治疗,以便得到及时治疗和干预。当我们发现周围的人有患精神病的可能时,应尽快通知学校的心理咨询老师或者学院主管老师,使其得到及时的判断和进行相应的处置。

三、自我调适

学习和掌握一些自我心理调节的方法是十分必要的,这有利于在受到挫折时有效地化解因挫折而产生的焦虑、紧张、郁闷等不良情绪,从而提高挫折承受力。人们可以选择适合自己的方法来调节挫折心理。

(一)暗示调节

心理学研究表明,暗示作用对人的心理活动和行为具有显著的影响,内部语言可以引起或抑制人的心理和行为。自我暗示即通过内部语言来提醒和安慰自己,如提醒自己"不要灰心""不要着急""一切都会过去的""事情并不像我想象的那么糟"等,以此来缓解心理压力,调整不良情绪。

(二)放松调节

学习身体放松的方法来调节挫折所引起的紧张不安感。放松调节是通过对身体各部分主要肌肉的系统放松练习,抑制伴随紧张而产生的血压升高、头痛、手脚冒汗、腹泻、失眠等生理反应,从而减轻心理上的压力和紧张焦虑情绪。

放松调节首先要学会体验肌肉紧张时的感觉,即收缩肌肉群;然后再放松肌肉群,注意体会相反的感觉。

呼吸调节是放松调节的一种。通过某种特定的呼吸方法来解除精神紧张、压抑、焦虑、急躁和疲劳感。比如,紧张时,采用深呼吸的方法可减缓紧张感。平时也可以到空气新鲜的大自然中去做呼吸训练。

(三)想象调节

受挫心理调节能力并非要等到受挫后再来培养,而是在平时就要训练。想象调节法是指在想象中对现实生活中的挫折情境和使自己感到紧张、焦虑的事件的预演,学会在想象的情境中放松自己,并使之迁移,从而达到能在真实的挫折情境和紧张的场合下对付各种不良的情绪反应。

想象调节的基本做法是:首先学会有效地放松;其次把挫折和紧张事件按紧张的等级由低到高排列出来,制成等级表;最后依据等级表由低到高逐步进行想象脱敏训练。

四、助人态度及技巧

很多人非常愿意帮助别人,但是给予他人心灵上的帮助需要一定的前提和技巧,否则不仅不会给对方带来帮助,反而可能给对方带来伤害。所以当我们遇到一些需要帮助的人时,我们首先要了解他经历了什么事情,这些事情对他意味着什么。而当他遇到困难,需要一段时间恢复时,经历以下一些心理历程。

(1)惊骇期。当一个人遇到对自己来说意义重大的突发事件时,有段时间会表现出麻木、震惊、呆滞等状况,还无法接受事情的发生。

(2)否认期。在此期间会不承认事情的发生,避免接触与事情相关的任何人、事及信息,会表现出无所谓、打岔的状态。

(3)愤怒期。这个时期会出现情绪高涨,易发脾气,对亲近的人苛刻,对周围很多事不满等表现。

(4)讨价还价期。在此阶段当事人常会问:"为什么是我""我做错了什么""这不公平"。

(5)抑郁期。这个时期,当事人会伴随焦虑表现出一种强烈的悲伤、颓废或不愉快的感觉;而且会常常哭泣,情绪低落,兴趣缺乏,身体疲惫,嗜睡或易失眠,常发呆,回避和人接触,学习、做事效率降低。

(6)接纳期。这个时期,当事人开始接受事实,承认所经历的事情。重新审视自己,重新调整自己的生活,开始恢复人际交往以及日常生活,从所经历的事情中开始学习、成长。

当我们面对、陪伴并帮助需要帮助的人时,我们需要理解他们在不同时期的反应,并且要认识到:①每个人经历了痛苦,都需要一些时间,每个人的时间都不一样。②每个人经历伤心事后,都会经历以上心理历程中的几个,但不一定是这样的次序,每个阶段也没有明显的划分。③每个人、每个阶段的表现程度也会不同。④情况可能会反反复复。⑤经历伤心事,人较容易敏感,以自我为中心。⑥除此之外,我们还需要了解一些助人的技巧,可以有效地帮助到这些人群。

(一)助人态度

帮助他人最基础的是需要树立正确的态度。

(1)尊重。相信对方有智慧,相信对方能处理。

(2)耐心。对方的情绪不会马上就好,会持续一段时间。

(3)温暖、真诚。不批评,不指责,语气温和。

(4)包容。容许对方悲伤,并且可以告诉对方这些悲伤的反应是正常的。

(5)鼓励与积极关注。不被其负面情绪影响,多关注其正向情绪,并适时鼓励。

没有帮助作用的态度如下。

(1)不耐烦。

(2)急于给建议。

(3)拯救者的心态。

(4)急于解决问题。

(二)助人技巧

(1)需要做的:①主动关心。②给予一些实际的帮助,如帮助买饭、提水等。③多多陪伴,多邀请其参加一些力所能及的活动,如逛街、打球或者聊天,即使其拒绝。④耐心倾听,让其尽量抒发情绪。⑤允许对方哭泣、沮丧、愤怒。⑥了解有时对方需要独处。⑦保密。

(2)最好不要做的(视时机和关系而定):①不要急于给建议。②不要评判对方情绪的对错。③不要试图让对方说出其不愿说出的事情。④不要否认对方的感觉。⑤不要不耐烦。⑥不要心不在焉。

(3)可以说的:①我能帮你做些什么吗?②你很难过,是不是?③你现在感觉怎么样?(可以分享自己的观察:我发现你最近情绪不大好,和同学交流也少,发生什么事了吗?我有些担心。)④要不要找老师谈谈呢?

(4)最好不要说的:①别哭了,你应该振作起来,要坚强。②你应该……③我理解你的感受,你不应该有这样的感受。④你已经很幸运了。⑤那个谁也遇到这样的事,但人家挺好的。⑥这算什么事吗,就这点事也值得难过。⑦你不要这样想。⑧这挺好的呀,你为什么那么在意。⑨实在不理解你为什么这么难过。

(三)如何帮助有一般心理问题的同学

当我们的同学在学业、生活等方面遇到了一些困难,感到心里痛苦、情绪糟糕的时候,只要你有爱心和热情,倾听就是一种很好的帮助方法。此外,当同学或者朋友感到伤心或者难过的时候,静静地陪伴也是一种很好的支持。

(四)如何帮助有心理障碍和心理疾病的同学

我们需要用科学的态度面对有心理障碍和心理疾病的同学。每个人在人生道路上都会遇到各种各样的问题,也会出现各种各样的心理困扰,甚至可能会有严重的心理问题,因此我们没有权利去嘲笑他人。

对于大多数正在被严重的心理问题所折磨的人来讲,他们最需要的是周围人的关心和理解,以及尽可能的帮助。

学校的心理健康教育中心是负责本校学生心理健康教育工作的专门机构,当你发现周围有同学的言行举止明显反常,自己又无法给予其更多、更有效的帮助时,最好及时把同学的情况反映到学校心理健康教育中心来,或者说服本人并陪同前往,或者将情况反映给学院的老师,以便及时帮助和解决。无论怎样,我们的目标都是帮助已有问题的同学及时解决自身的问题。

第十二章

大学生生命教育与
心理危机应对——热爱生命

在人才竞争激烈的当今社会,对处在就业竞争中的大学生开展生命教育尤为重要。本章介绍了大学生生命教育、大学生常见的心理危机,提出了对大学生进行心理危机干预和创伤治疗的详细措施。

一、大学生生命教育

开展大学生生命教育的目的是对大学生进行生命与健康、生命与安全、生命与成长、生命与价值和生命与关怀的教育,帮助和引导大学生正确处理个人与社会、自然之间的关系,使大学生学习并掌握生存的技能,认识、感悟生命的意义和价值,培养大学生对自身、他人和其他生命的尊重、敬畏与热爱之情,提升大学生对生命价值与人生态度的深刻认识。

(一)生命教育发展概述

人类对生命问题的关注有着相当长的历史,并且积累了深厚的思想资源。早在古希腊时期,毕达哥拉斯主张要重视人的生命,他认为在人世间,唯有生命可贵,而且一切生命都是平等的、尊贵的,也是神圣的。而今天,在存在主义者看来,人的生命的意义和价值在于对现实生活中人的本真生命的关注和呵护,在于摆脱人身上的束缚,在于使自己过一种真诚的生活。

生命教育的研究源于人们对死亡的思考,1959年,心理学家赫尔曼的《死亡的意义》一书出版,引起学术界及社会大众对死亡问题的关注和研究兴趣。第一位倡导生命教育的是美国科学家杰·唐纳·华特士,1968年他在美国加州创建了阿南达学校,开始倡导和践行生命教育的思想;1979年他在澳大利亚成立"生命教育中心",明确提出生命教育的概念。1990年,英国政府把生命教育课程规定为跨领域课程。2002年8月开始,生命教育被英国政府纳入国家和学校的正规教育课程。

(二)生命教育的内涵

生命是一个自然的、物质的存在,是人存在的物质基础。脱离了生命,就没有人的存在。人首先要有身体,这是最基本的,但又不能只有身体,还要有思想。正如马克思所说:"人能够有意识地支配自己的生命活动。"生命是一个精神性存在,这种精神既包含着真理,又包含着激情、直觉、意志、信念,是认知与情感、理性与非理性的统一。马克思强调说:"人的本质是一切社会关系的总和。"人是社会的人,社会是人的存在形式,因此人的生命是社会生命。

所谓生命教育,就是引导学生正确认识人的价值、人的生命,理解生命与生活的真正意义。广义的生命教育是一种全面培养的教育,从肯定、珍惜个人自我生命价值,到他人、社会乃至自然、宇宙的价值,并涉及生死尊严、信仰问题的探讨,包括生死观教育、人生哲学教育、情绪辅导教育、创造思考教育、终身学习教育、生活伦理教育、两性教育、公民道德教育、环境教育等多方面。狭义的生命教育是一种人生观的教育,教育学生认识生命、尊重生命、热爱生命,进而珍惜生命。我国目前主要从后者的意义上诠释生命教育。

(三)大学生生命教育的主要内容

1.生存信念教育

生存信念是人生的基本信念,是人的一种重要的精神活动,给人们的实际生活以价值向上的信念引导,是一个人生存下去的根据和动力。生存教育的开始要引导大学生追求人生的终极价值——人生的幸福,要确认生存信念教育在学生思想教育中的重要地位。

2.生命价值教育

生命价值是一种特殊的价值,是人的生活实践对于社会和个人所具有的意义和作用,生命价值包含了自我价值和社会价值两方面。自我价值表现为个体存在的意义、个体需求的满足和社会对个体的尊重和满足;社会价值则表现为个体对社会需求的满足和对社会进步的贡献。生命价值教育就是要协助学生了解人生的意义、目的、价值,进而珍惜生命,尊重自己、他人、环境及自然,拥有有意义的人生,并使自我功能充分发展,为他人和社会有所贡献。

3.生命发展教育

人的生命是一个不断发展的过程,这种发展既包括生理的发展也包括心理的发展,生命发展教育是遵循生命发展规律进行的教育。生命发展教育的实质是挖掘人的内在潜能,充分调动人的积极性和主动性,不断提高个人的生命价值,拓展生命的宽度。生命发展教育,旨在通过有目的、有计划、有组织地进行生存能力培养和生命价值升华,最终使生命质量充分展现,并凸显生命价值。

(四)大学生生命教育的意义

大学生生命教育是保证大学生健康成长的客观要求和现实需要,帮助大学生了解生命的来之不易,激发大学生对自己生命的热爱,以正确的态度看待人生问题,懂得珍惜生命,以积极的态度迎接生活。

1.促进大学生健康成长

大学时期是个体人生重要的转折时期。这个时期个体青春蓬勃又极为脆弱。开展生命教育,可以让大学生深刻理解生命的内涵。作为一名大学生,不仅仅追求"活着",更要追求"有意义地活着"。生命的意义在于让自己有限的生命创造出无限的价值,促使学生尽早规划自己的人生,懂得一个人的成长不仅包括身体生理的健康,也包括人格的健全,实现自我各方面的协调发展。生命教育,可以让学生理解生命与人生的依存关系,进而感受生命之重,懂得生命的意义,发展自我,完善自我,提升自我。

2.帮助大学生正确面对压力与挫折

从大学生面临的现实问题来看,其心理应激源主要在于学习、就业、交往及经济负担等方面。生命教育可以让大学生掌握一定的生理和心理知识,了解关于生命的知识,提高他们对生命的感悟和深层认识。面对挫折与应对挫折,是人生成长的重要组成部分,部分大学生之所以感到迷茫,是因为没有认识到挫折的真正意义,对人生缺乏精神层面的正确认知。

3.帮助大学生正确接纳自我

开展生命教育,可以让大学生认识自我、探索自我、了解自我。许多大学生在进入大学这个新环境中,面对多元化的评价标准,一些在竞争中处于弱势的学生,容易进行不恰当的比较,看不到自己的优点,产生自卑感,不能正确地评价自我。开展生命教育,让大学生认识到自己生命的独特性与特殊性。面对优势,不骄傲,不自大;面对弱点,不埋怨,不自卑。培养学生良好的自我意识,引导其正确地面对客观现实,正确地认识自我、评价自我、悦纳自我,并不断努力,积极塑造更加完善的自我。

二、大学生心理危机概述

(一)心理危机概述

1.心理危机

心理危机是指由于突然遭受严重的灾难、重大的生活事件或精神压力,使生活状况发生显著的变化,尤其是出现了用现有的生活条件和经验难以克服的困难,致使当事人陷于痛苦和不安的状态。

1954年,美国心理学家卡普兰首次提出心理危机的概念。他认为,当一个人面临困难境遇,而这个人先前处理危机的方式和惯常的支持系统不足以应对眼前的处境时,就会产生暂时的心理困扰。卡普兰把这种暂时性的心理失衡状态称为心理危机。

由此可见,危机是个体的一种认识,它的产生不仅与当前境遇有关,还取决于个体解决困难境遇的资源及个体对困难境遇和自身应对能力的综合评估。除非及时缓解或转移,否则危机会导致情感、认知和行为方面的功能失调甚至紊乱。

2.常见的心理危机

常见的心理危机有以下3种。

(1)发展性危机,又称为成长性危机,是指在正常成长和发展过程中,由于急剧的变化或转变所导致的异常反应。根据美国精神医师埃里克森的"人格发展八阶段理论",个人要在这8个不同的心理发展阶段履行不同的成长任务,当他们遇上困难及阻滞时,便会产生压力,并慢慢促成危机。小孩出生、青春期发育、升学就业、升职或下岗等都有可能导致发展性危机。对大学生来说,新生入学不适应、不喜欢所学专业、没有评上奖学金、没有当上学生干部、失恋、不能正常毕业、考研失败、找不到合适的工作等都可能导致发展性危机。由此,发展性危机被认为是正常的,不代表任何个人方面的问题。同时,几乎所有的人和所有的发展性危机都是独特的,因此必须以独特的方式进行评价和处理。

(2)境遇性危机,又称为外源性危机,是指当出现罕见或超常事件,且个人无法预测和控制时出现的危机。如地震、洪水、泥石流、龙卷风等自然灾害,飞机失事、沉船、车祸等交通意外,房屋坍塌、污染、传染病等社会性灾害,被绑架、被伤害、发生战争等冲突事件等,这类事件都可能导致境遇性危机。对大学生来说,失恋、被伤害、发生重病、发生重大家庭变故或其他突发天灾人祸都可能导致境遇性危机。境遇性危机常常是随机的、突然的、震撼性的、强烈的和灾难性的。

（3）存在性危机，是指伴随着重要的人生问题，如关于人生目标、责任、独立性、自由和承诺等出现的内部冲突和焦虑。存在性危机可以基于现实，如一个人进了大学觉得自己对学习根本不感兴趣，讨厌自己的专业；也可以基于后悔，如某男生大学四年都未曾有勇气向自己暗恋的女孩表白，结果毕业后对方出国了，自己再也没有机会；或是基于一种压倒性的、持续的感觉，如某学生觉得自己的大学生活是毫无意义的，无法正确管理时间，只能在网络游戏中找寻充实和成就感。对于大学生来说，是出国还是留在国内，是考研还是工作，两个工作单位如何抉择，是否要转专业，是否决定摆脱三角恋爱关系，与导师的关系不良等冲突都有可能会发展为存在性危机。

（二）心理危机的反应与表现

从以上 3 种心理危机中我们可以发现，其实每个人在日常生活中都会面临各种压力，促发一系列反应。适当的压力可以使人愉悦，有激励作用甚至还有利于迎接挑战和应对紧急事件，促进自我实现。但压力过大或压力不足会导致不良压力，当个体面临长期的不良压力，自觉无法应对时，就很可能会产生心理危机。大学生心理危机的反应与表现通常有以下 5 个方面。

（1）生理反应，如肌肉紧张、疲劳感或沉重感、出汗、心跳加快、呼吸急促、胸痛、头晕、失眠、多梦、早醒、食欲不振、消化不良、尿频、便秘等。这些症状有时会单独发生，有时同时出现。长期的不良生理反应甚至会诱发一些身体疾病，如消化性溃疡、心脏病、高血压、头痛、眩晕等。

（2）情绪反应，如焦虑、紧张、愤怒、恐惧、抑郁、悲伤、失落、空虚、无助、内疚和羞耻等。

（3）认知反应，如思维模糊、受阻、迟钝，内心迷茫，记忆和知觉受到干扰，分析解决问题的能力下降，对前途悲观与失望等。

（4）行为反应，如兴趣减退、社会退缩、逃避、过分攻击、易怒、人际冲突、哭泣、易受惊吓、不能专心学习等。还可能出现过去没有的非典型行为，如逃课、喝酒、抽烟、非理性消费，甚至可能产生对自己或对社会的破坏性行为等。

（5）人际关系，如不愿与人交谈或见面，人际关系恶劣，经常责怪他人或孤立自己，与人沟通时无法集中注意力等。

（三）心理危机的发展阶段

正常人一般都处于身心平衡的状态，即他们的认知、情感、意志与生理参数指标都处于某种程度的和谐状态。一方面，心理危机是危险的，处在压力中的个体可能会面临崩溃和混乱,如产生思维不清、意志失控、情感紊乱等失衡状态;另一方面,心理危机也是一种机会,因为它带来的压力和痛苦会迫使当事人寻求帮助和改变,如果当事人能够好好利用这一机会,则有可能在危机中实现自我成长。

一般而言,心理危机有时间限制,一个人由心理危机出现至恢复平衡最多持续6~8周,那么,在这段时间里,心理危机的演变是恶化、转移还是成功解决,则要视心理危机干预的效果。心理危机干预人员需要有效把握此段时间,协助当事人渡过难关。可以简单把心理危机分为4个发展阶段。

(1)冲突期。当事人遭遇问题初期,内心的基本平衡被打破,开始体验到紧张、焦虑等情绪,为重新获得平衡,试图用以往常规的解决策略来加以缓解。

(2)应变期。经过一段时间,个体发现运用以前的策略未能奏效,随之焦虑程度增加,情绪波动大。为摆脱困境,当事人会采用各种方法尝试解决问题,但紧张情绪会阻碍其采取有效的行动。

(3)解决期。经过错误的尝试仍无法解决问题,压力增大。一方面,压力增加激发个人解决问题的潜能,当事人寻求新的方法,问题界定亦随新方法而改变,压力也随之降低;另一方面,压力增加也可能使当事人更加紧张,甚至采取一些异乎寻常的无效行为,这时当事人的求助动机最强,常常不分时间场合地发出求助信号。

(4)危机期。经过前3个阶段还不能解决问题,当事人会产生习惯性无助,对自己丧失信心和希望,甚至怀疑生命的意义,对是否坚持产生动摇。随着压力日益增加,达到个体无法忍受的爆发点,情绪失调,真正的危机出现,很多人正是在这个阶段企图自杀。

(四)大学生常见的心理危机

大学生的心理危机是指大学生个体或群体面临大于其承受能力范围的压力时,所产生的一种心理失衡的状态。大学生的心理危机一旦产生并出现结果,就会对个体、他人产生强烈的破坏性影响。

1.身体疾病导致的心理危机

大学生患急性疾病时容易出现以下心理反应:①焦虑,轻者感到紧张、忧虑、不安,重者甚至会感到大祸临头;②恐惧,轻者感到担心、疑虑,重者惊恐不安;③抑郁,可导致情绪低落、悲观绝望、言语减少、不愿与人交往,严重者甚至出现自杀念头或者行为。

大学生患慢性疾病时容易出现以下心理反应：①抑郁，性格内向的当事人尤其容易产生这类心理反应；②性格改变，如总是责怪、埋怨、挑剔，对身体的微小变化非常敏感。

2.失恋导致的心理危机

失恋可引起严重的痛苦和愤懑情绪，有的可能会出现自杀行为，或把爱变成恨，出现攻击行为。

3.亲人死亡导致的哀伤反应

哀伤是人们对于失落所产生的一种正常且自然的情绪反应。哀伤的反应是复杂的，有时候不仅仅会有单纯的哀伤反应，还会涉及其他更多的认知、行为与情绪的反应。有些哀伤反应是正常的，但是有些哀伤反应却会出现延迟、压抑、过度强烈或持续过久等现象，变成未完成的、慢性化的哀伤，影响生命的质量与人际关系。

与死者关系越是密切的人，产生的哀伤反应也就越是严重。亲人如果是猝死或意外死亡，如突然死于交通事故或自然灾害，引起的哀伤反应最为严重。

（1）急性反应是指在听到噩耗之后陷于极度痛苦的反应。严重者情感麻木或者昏厥，也可能出现呼吸困难、窒息或处于极度激动状态。

（2）哀伤反应是指当事人在居丧期间出现焦虑、抑郁，或自己认为对死者生前关心不足而感到自责或有罪，脑子里常浮现死者形象或出现幻觉，难以开展日常活动，甚至于不能料理日常生活，常伴有疲乏、失眠、食欲降低和其他胃肠道症状。严重的抑郁者可能产生自杀企图或行为。

（3）病理性居丧反应。如果哀伤或抑郁的情绪持续数月以上，有明显的激动或迟钝性的抑郁，自杀企图持续存在，幻觉、妄想、情感淡漠、惊恐发作，活动过多而无哀伤情感，行为草率或不负责任等，则为病理性居丧反应。

4.重要考试失败导致的心理危机

重要考试失败导致的心理危机是指对个体而言具有重要意义的考试失败而引起痛苦的情感体验，通常表现为退缩、不愿与人接触等。

5.大学生心理危机的易感因素

大学生心理危机主要与其本身的年龄阶段和所处的环境有紧密的关系，研究者认为大学生的心理危机源自个体内部和环境两方面。

1)个体内部的影响

源于内部的危机实质是美国心理学家埃里克森提出的"自我同一性"危机。埃里克森认为，自我认同危机是一种严重的心理冲突，个体常会模糊自身存在的状态,一切变得不确定,无法将已获得的认识与对自我的评价协调起来。大学生在寻找和确立自我的过程中,常常由于理想自我与现实自我的矛盾产生心理危机,这在大学生群体中普遍存在,其根本原因就是不能正确地评价自己与他人,容易产生强烈的挫折感,由过分的自尊转变为过分的自卑甚至自暴自弃。

(1)性格问题。人格是个体较为稳定的心理特征,如相对稳定的世界观、人生观、价值观和一个人的气质、性格等,都体现于人格特征之中。因此,当面对压力时,如何理解和处理事件,都会受到人格特征的影响。存在心理危机的人群中,性格存在一定问题的人占比较大。这些人往往心理承受能力差,性格偏执,易冲动或怯懦退缩,一旦面临危机就会手足无措,找不到正确的解决办法,更有一些自闭孤僻的人不愿意与人交流,从而使自己因无法获得外界帮助,丧失了接受干预的机会,进而产生不理智的过激反应,对自己或他人的生命造成伤害。

(2)生理和心理矛盾。大学生生理和心理的发展正处在特殊时期,对人生和社会问题的认识飘忽不定:有时正确而深刻,有时错误且肤浅;有时客观而全面,有时主观并偏激。在大学生的意识之中,也常有自相矛盾的情况:独立性与依赖性交织、情绪与理智并存、强烈的求知欲和相对较差的识别力博弈、理想与现实脱节等。大学生的心理状态不稳定,如果受到外界因素的干扰和影响,很容易产生心理危机。

(3)性生理的成熟与性心理的不完善。大学生已经进入青年中期,性生理已经基本成熟,性意识不断增强,会出现性冲动,对异性的友谊和爱情产生渴望。但由于性心理不完善和不成熟,生活经验欠缺,对青春期性冲动和性要求理解不当,大学生常会产生紧张、恐惧、羞涩等感觉甚至出现不正当的行为,还有同学因失恋、单相思等问题的困扰产生苦闷、惆怅、失望、悔恨与愤怒的情绪,给身心带来严重的影响。

当前大学生谈恋爱的现象已经越来越普遍了,但是大学生的身心发展还不成熟,由于缺乏经验,不能正确处理复杂的感情纠葛。一旦失恋,有些大学生就会产生情感危机和由情感引起的心理危机。

(4)个体应对策略不当。应对策略是个人面对应激事件和压力时所采取的行为方式。面对心理危机,心理健康的人常常能够正视危机,冷静解决。而有心理缺陷的人却常因认知偏颇、情绪失控、意志丧失而造成极为严重的后果。

2)环境的影响

有研究者指出,现代社会转型加速,科技迅猛发展,社会竞争压力加大,不少大学生常常陷入剧烈的心理冲突之中。伴随着科技的发展,社会对人才的能力要求越来越高,在优胜劣汰的激烈竞争中,一些同学整天忧心忡忡,表现出严重的危机感。

近年来,就业形势越来越严峻,大学生为增加就业机会参加各种形式的等级考试和资格考试,长期处于身心疲惫的状态,从而引发心理危机。就业、生存、发展三座"大山"同时压在大学生身上,无形中加剧了大学生的心理压力与精神压力,一旦失败,会出现严重的心理问题。同时,还要考虑家庭经济困难学生的心理危机问题。

(1)社会支持系统的缺乏。发展个体社会支持系统应该是危机干预策略的重要内容和发展的必然趋势。大量研究结果表明:在相同社会压力情境下,那些受到来自朋友或家庭较高的心理或物质支持的人,比受到较少支持的人身心更为健康。

大学里,来自五湖四海的同学汇聚在一起,由于各自的生活习惯、兴趣、性格不同,不可避免地产生摩擦冲突和情感损伤。性格孤僻内向,不愿与他人交流的学生容易感到孤独和抑郁。久而久之,这种孤独抑郁的学生经不起生活中的挫折,容易产生严重的心理危机。

(2)早期家庭教育不良。心理专家认为,一个人在少儿时期形成的认知结构将会影响其一生。然而,目前一些家庭的错误教育观念成为导致孩子心理问题的因素。一些大学生的心理障碍在中小学时期便已成形,到了大学时期都表现出来了,所以大学心理教育是当务之急。因此,提高大学生心理健康的水平,重新整合大学生的认知结构,构建现代化的人格和价值观念,加强对大学生的心理健康教育显得更加重要。

6.大学生常见的危机反应

心理危机反应出现后,个体会在躯体、认知、情绪和行为等方面产生种种变化。从整个过程来看,个体在经历心理危机反应后可能会出现以下反应。

(1)震惊。心理危机反应发生后,个体表现出周期性或持续性的颤抖、长久的心烦意乱、不断否认、极端不安和精神恍惚。

(2)责难。不断地责怪自己或责怪他人,反复假想如果当初做什么或不做什么,事情的结局就会不一样。个体此时会伴随极其强烈的内疚感,往往认为事情的发生是由于自己的错误引发的,不断地自责。

(3)焦虑。处于心理危机反应中的个体可能因为害怕、恐怖、忧虑而不知所措,其情绪可能会突然发作或者衰变,经常坐立不安,并且借助于抽烟、喝酒、吃东西、打电话等行为来减轻焦虑,并伴随着出汗、头痛、心悸、胸痛、战栗、过度换气等生理症状。如果经历危机的个体不断地思索、幻想和诉说,反复体验创伤,一般正常的问题就会被夸大,其实事情并没有设想得那么严重。

(4)抑郁。个体在面临心理危机时往往表现得很抑郁,特别是在极端的情况下,会极度地悲伤、痛心和绝望。在这种情况下,个体表现得很无助,会认为面对如此情景,无论采用什么方法和手段都无济于事,无论怎样做都无法摆脱这种情况。

(5)逃避和专注。面对心理危机时,个体可能会装作若无其事,假装适应的反应,这是所有的心理危机反应中最敏感的。有些人好像成功地应对了创伤和压力,但事实上他们只是故作轻松。假装适应的反应是一种自由抑制、自我克制等综合支撑起来的防御方法,但实际上这种防御是相当脆弱的。假装适应的个体很少主动寻求帮助。

(6)情绪休克。个体被所经历的创伤事件弄得不知所措,感到茫然和麻木,时常有种"这并没有真正发生在我身上"的感受。个体也经常表现出眼神呆滞、说话恍恍惚惚、难以集中注意力、走路僵硬,并且很容易受到暗示的影响。一些个体由于突发事件而引起的压力反应是对他人的攻击,总觉得能够发泄心中的怒火和重新获得自尊的唯一途径就是毁灭那个他们认为伤害了自己的人;有些个体则是自我毁灭式的,例如酗酒、飙车、狂欢。

(7)寻求改变。危机中的个体虽然对事件的不确定感到难受,处理问题的能力受到了限制,但其想获得别人的帮助来摆脱困境,只不过常常采用一些不当的方式来处理问题。

三、心理危机干预

美国心理学家吉利兰和詹姆斯合著的《危机干预策略》一书中对心理危机干预的理论有详细描述,包括心理危机干预的定义、目标与内容、干预模式和方法等。

(一)心理危机干预

心理学家普里尔认为心理危机干预是给处于心理危机中的个人或家庭提供有效帮助和支持的一种技术,通过调动他们自身的潜能来重新建立和恢复其危机前的心理平衡状态。我国学者樊富珉认为心理危机干预是指对处于心理危机状态的个体采取明确有效措施,使之最终战胜危机,重新适应生活。

心理危机干预与普通心理咨询的显著不同在于它所提供的帮助强调及

时性和迅速性,以短期内解决问题为目的,旨在帮助当事者及时摆脱危机,恢复心理平衡,而非矫正当事者的性格特征和人格类型。有效行动是成败的关键。

在高校里,存在心理危机倾向与处于心理危机状态的学生是我们关注与干预的对象。确定对象存在心理危机一般指确定对象存在具有重大影响的生活事件,情绪剧烈波动,认知、躯体或行为方面有较大改变,且用平常解决问题的方法暂时不能应对或无法应对眼前的危机。

(二)心理危机干预的目标与内容

心理危机干预的最低治疗目标是在心理上帮助受助者解决危机,使其功能水平至少恢复到危机前水平;最高目标是提高受助者的心理平衡能力,使其高于危机前的平衡状态。

1.心理危机干预的目标

(1)帮助受助者解决危机。

(2)帮助受助者恢复功能和平衡。

(3)帮助受助者重新掌握应变能力。

2.心理危机干预的内容

(1)对日常生活中的危机干预,包括对离家出走、冲动行为、遭受暴力、吸毒、酗酒、自伤等的危机干预。

(2)涉及精神临床医学的心理危机干预,主要指必须紧急处置的精神科急症,如精神紊乱、意识障碍导致的各种行为危机和急性药物中毒等。

(三)心理危机干预模式

贝尔金等提出平衡模式、认知模式及心理社会转变模式三种基本的心理危机干预模式,为许多不同的危机干预策略和方法提供了基础。

1.平衡模式

平衡模式,又称为失衡模式,最适合于心理危机干预的起始期。心理危机状态下的人常处于一种心理或情绪的失衡状态,面临这种状态,原有的应地机制和解决问题的方法不能满足他们当前的需要,当事人往往无法作出有效选择。平衡模式旨在帮助他们重新获得危机前的平衡状态,可能是最纯粹的心理危机干预模式。

2.认知模式

认知模式适合于心理危机干预的中后期阶段。此模式认为心理危机植根于对事件和围绕事件境遇的错误思维,而非事件本身或与事件和境遇有关的事实;要求心理危机干预者帮助当事人认识到其认知中的非理性和自我否定成分,通过获得理性及强化思维中的理性和自强成分,从而能够获得对当前心理危机的控制。认知模式适合于心理危机稳定下来并回到了接近危机前心理平衡状态的当事人。

3.心理社会转变模式

心理社会转变模式,适合于心理危机干预的中后期阶段。此模式要求涉及个体以外的环境,考虑到需要改变的生态系统成分;认为人是天赋遗传与后天环境学习的产物,心理危机反应可能与内部和外部(心理的、社会的、环境的)困难有关,而非一种单纯的内部状态。相应地,该模式的目的在于与当事人合作,以测定与危机有关的内外部困难,帮助他们选择与现有行为、态度和使用环境资源不同的替代性方法,结合适当的内部应对方式、社会支持和环境资源以帮助他们获得对自己生活的自主控制。

(四)心理危机干预六步法

心理危机干预可通过确定问题、保证求助者安全、提供支持、检查代替解决方法、制订计划、得到承诺6步来进行。

1.确定问题

我们可使用共情、理解、真诚、接纳、尊重等核心技术积极倾听、提问、确定和理解求助者个人所认识的问题。在此步骤中既要注意求助者的言语信息,也要注意其非言语信息,鼓励其表达情绪,并给予适当的反馈。通过沟通交流,分担求助者的担忧和恐惧,赢得其信任与合作。

2.保证求助者安全

将求助者对自我和他人的生理和心理危险性降到最低程度。这一点在整个心理危机干预过程中应作为首要考虑因素。

需要做好以下几方面:①评估心理危机的持续时间和严重程度;②确定求助者目前的情境状态(包括认知思维方式、情感情绪体验及行为方式)和求助者致死的危险性(即是否有自杀、他杀或其他威胁及伤人的危险性);③了解求助者的背景资料及其能动性,评估求助者的自身能力、应对机制及相关的支持系统。

3.提供支持

要与求助者真诚的沟通与交流,通过口头语言和躯体语言向求助者表达无条件接纳,鼓励求助者宣泄情绪。让求助者认识到心理危机干预工作者是能够给予其关心帮助的可靠支持者,是在以关心的、积极的、接受的、不偏不倚的和个人的态度来处理危机事件。如果求助者不信任干预者,也可向其提供相关干预者人选,使求助者感到安全,不用担心无人支持。

4.检查代替解决方法

关注求助者的迫切需要,帮助求助者认识及探索,还有许多可变通的应对方式可供其选择,促使求助者积极地搜索可以获得的环境支持、可资利用的应对方式,发掘积极的思维方式,从而改变自己对问题的看法并减轻应激与焦虑水平。

5.制订计划

心理危机干预工作者与求助者共同制订行动步骤来矫正其情绪的失衡状态。这些计划应是求助者自主意愿的、现在能够采用的、在现实中可获得及时支持与帮助并能够实现的积极应对机制,目的在于让求助者将这些短期计划付诸实施以此恢复他们的自制能力和保证他们不依赖于支持者。干预者需要考虑在求助者实行这些计划通往康复的过程中有哪些经济、社交、职业和个人方面的障碍或问题。

6.得到承诺

帮助求助者向自己承诺在一定时间内采取确定的、积极的行动步骤来应对心理危机,这些行动步骤必须是求助者自己主动实施的、可接受且可实现的。在结束心理危机干预前,心理危机干预工作者应该从求助者那里得到诚实、直接和适当的承诺。

(五)心理危机干预者的基本职能

心理危机干预者的主要作用在于启发、引导、促进和鼓励求助者,而不是提供现成的"公式"。具体而言,心理危机干预者的基本职能有以下几个方面。

(1)帮助求助者正视心理危机。

(2)帮助求助者正视可供应对和处理的方式。

(3)帮助求助者获得新的信息和知识。

(4)可能的话,在日常生活中提供必要帮助。

(5)帮助求助者回避一些应激性境遇。

(6)避免给予不恰当的保证。

(7)督促求助者接受帮助和治疗。

(六)大学生心理危机的预防

大学生心理危机干预是根据心理危机干预的理论,找出影响大学生心理危机的因素,提出对策,确定步骤,恢复个体认知、情感和行为方面的功能,最终使大学生心理危机得到及时、有效的缓解,变"危"为"机"。

大学生心理危机应以预防为主。预防是前提和基础,也是关键。只有把预防工作做实、做好,才能有效地降低心理危机及恶性事件的发生。与狭义心理危机干预相比,预防是一项更为主动、积极,也是更有意义的工作。防范、预警、干预是学校做好大学生心理危机预防与干预的 3 条基本途径,其中防范和预警属于预防的前提。

1. 防范心理危机

要提高大学生预防和应对心理危机的能力,就要学会利用各种教育形式,使学生了解心理危机的基本常识,学会辨认心理危机,增强危机中求助和助人的意识与能力;帮助学生完善心理品质,提高面对挫折的能力;指导学生认识并学习应对现实生活中可能遇到的各种挫折;让学生接受必要的社会实践锻炼,在实践中去感受挫折、经受考验、锤炼意志、提高能力。

2. 预警心理危机

对可能发生的心理危机进行预报与监管,把心理危机控制、消除于危机发生的早期。预警心理危机,首先要建立科学的、易操作的预警指标,以便及时发现危机的征兆。可根据刺激源、情绪变化、行为表现和生理反应等内容,设定简易的和专业的两套预警指标,前者供非专业人员(如普通教师、行政管理人员、后勤服务人员、学生等)参考,后者由专业人员(如心理咨询专职教师、医务人员、社会工作者)掌握。容易引发心理危机的高危时段包括:①学习、生活环境变化(如新生入学、改换专业、调换班级与寝室等);②重要考试前和成绩公布后;③群体或个体性突发事件(或重大变故)发生后;④发生严重冲突以后;⑤与学生自身利益密切相关的规定、措施出台(调整)后;⑥毕业前夕、求职期间等。

阅读材料

米缸里的老鼠

一只老鼠不小心掉进了盛满大米的米缸里,它望着白花花的大米,非常开心。想起从前担惊受怕、朝不保夕的日子,它心中涌动着幸福感。望着满满的米缸,它畅想未来:以后再也不用为生计而奔波,可以安享美味佳肴了,真是"赛神仙"的日子!它不由得笑出声来……就这样,老鼠天天过着丰衣足食的生活,无忧无虑,它对自己的生活很满意。日子一天天过去,老鼠的身体也渐渐地肥胖起来,米缸里的米也在渐渐地下移。直到有一天,老鼠厌倦了这种生活,想到外面的世界去看看,但它很快发现自己离缸沿太远,臃肿的身体已经无法跳跃。它开始无助地哭喊起来,它的哭声引来了主人,主人看到这只肥硕的老鼠,轻而易举就把它消灭了。

3.干预心理危机

干预心理危机是指心理危机发生后进行的"情绪急救"。有效的心理危机干预,既要具备快速的反应机制和干预通道,又要具备有力的管理措施和科学的干预技术。在心理危机干预中要遵循安全、健康和人道的原则:①确保经历危机的人和可能被危及的同学、老师的安全,不抱侥幸心理,不放松警惕;②干预方法、途径和措施既要保证安全,也要符合人们的身心卫生要求,利于健康;③在干预、处理危机过程中,学校要关心、保护学生的眼前利益和长远利益,充分体现人性化和人道主义原则。

(七)心理危机干预的实施

心理危机干预属于一种心理卫生的救助措施,主要对陷入心理危机状态者给予适时救援,帮助其应对危机,并根据个体情况转向有关机构进行治疗。

1.寻求滋养型的环境

个体在危机中陷于莫名其妙的恐惧和不知所措的境地,不知道发生了什么事情,也不知道将来会发生什么事情,但可以肯定的是,那些过去有类似经历的人能够从其经验中得到帮助。因此,向有经验的人或心理咨询老师求助,是寻求解决问题的办法之一。

2.积极调整情绪

心理危机的出现使人极度紧张和沮丧,这些情绪反应不仅给人带来强烈的不适感,而且是消极的挫折体验,会使危机进一步恶化。当危机超出个体控制及个体无力改变时,把握自己的情绪尤为重要。情绪调节法包括抑制、分散等回避痛苦的方法。这些方法能转移人的消极思想和情绪,为个体心理重建赢得时间。当遇到的痛苦得到宣泄时,情绪会适度舒缓,因此向朋友倾诉、自我对话、大声独白和心情记录都是调整情绪的方法。

3.建立良好的人际关系

在危机期间和危机过后,个体都需要与周围的人保持良好的人际关系,不一定是提供强烈的情感支持,可以与其保持日常联系,共同分享经验,共同面对事情。这有助于遭受危机的个体重新适应社会,还可以分散其注意力,缓解消极、紧张的情绪。另外,每个人在与朋友的交往中都带有肯定自我的成分,都是倾向于选择与能肯定其自我价值的人做朋友。

4. 面对现实,正视危机

在危机的前期,个体习惯采用积极的态度来应对危机,利用一切可以利用的资源来避免危机带来的损害。但到了危机中后期,当个体应对危机的策略失败,个体感到绝望的时候,就会消极地逃避现实,采取退缩的策略来应对危机。而面对现实、正视危机,有利于个体激发自身潜在的力量,动员一切资源寻求危机的解决办法。

5. 暂时避免做出重大决定

处于心理危机中的个体处理问题的能力比平时要低,由于个体受到问题和情感的双重困扰,搜集信息和处理信息的能力受到一定限制。个体在对面临的问题无法进行深入分析、掌握的信息量又少的情况下,很难做出正确的决策。个体虽然很想摆脱危机,努力去寻找一切解决问题的办法,但危机的无法控制往往使得个体无功而返,甚至造成更大的伤害。因此,在危机时期,不做重大决定,有利于个体自我保护,避免再次受到伤害。

(八)心理危机干预的七步模型

心理危机干预的七步模型是由艾伯特·罗伯特提出的(如图 12 - 1 所示),用于帮助处于急性的心理危机、情境性危机和应激障碍的人群,包括以下 7 个步骤。

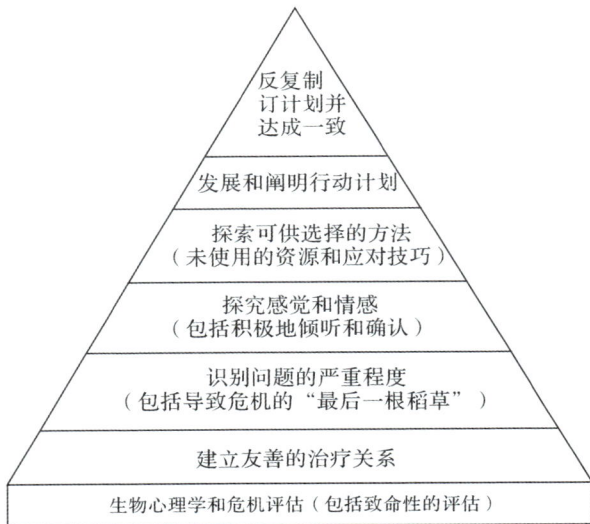

图 12 - 1 心理危机干预七步模型

金字塔内容(自上而下):
- 反复制订计划并达成一致
- 发展和阐明行动计划
- 探索可供选择的方法(未使用的资源和应对技巧)
- 探究感觉和情感(包括积极地倾听和确认)
- 识别问题的严重程度(包括导致危机的"最后一根稻草")
- 建立友善的治疗关系
- 生物心理学和危机评估(包括致命性的评估)

（1）彻底的生物心理社会评估和危机评估。设计对于危险性的迅速评估，包括自杀、杀人或暴力的危险性、药物治疗的需要、毒品和酒精滥用等情况的评估。

（2）快速建立友善的治疗关系。心理危机干预者要向当事人表示尊敬和接纳是关键。要极力去配合当事人的话题，并保持中立而不进行评判，尽量不要表露个人观点。保持冷静，并使局面处在掌控之中。

（3）识别问题的严重程度。用开放性问题让当事人用自己的语言解释和描述他（她）遇到的问题，这样便于危机干预工作者了解问题真相。能感受到危机干预工作者的关注与理解，对当事人来讲很重要，而且也有利于友善、信任关系的进一步建立。第二步、第三步采用问题解决中心的疗法，识别当事人的能动性和应对资源，包括对其以往有效应对策略的辨别。

（4）用积极的倾听技巧来处理感情和情绪的问题。利用鼓励性语言，让当事人感到危机干预工作者在仔细聆听，这些口头反馈在电话干预中尤为重要。除此之外，反应、解释、情绪定性等都是可使用的技巧，反应包括重复当事人所说的话、所表达的感情和想法；解释包括危机干预者重复当事人的话；情绪定性包括归纳出隐含在当事人话语中的情感，如"你看起来非常生气"。

（5）通过识别当事人的能动性和以前成功的应对机制，寻求可供选择的方法。心理危机干预者和当事人的合作能使潜在的应对资源更为丰富，供选择的范围更为广阔。因此，心理危机干预工作者的创造性、灵活性和应变能力是成功干预的关键。

（6）贯彻行动计划。心理危机干预工作者应在限制性最小的模式下帮助当事人发挥自主性。这一步骤中重要的环节包括识别可供联系的人和转接资源，以及提供应急机制。

（7）反复制订计划并达成一致。第一次会面后，心理危机干预工作者应与当事人达成一致，共同确定能使心理危机得到解决的计划，可以通过电话和面对面交流来完成。

案例分析

治疗创伤案例分析

这是一位来自农村的女大学生，其家庭经济困难。上大学后，她从农村来到城市，面对高昂的学费、陌生的同学、繁重的学业，她感到应接不暇，此时，她的父亲因车祸而突然离世。从家里归来后，她几乎垮掉了，天天以泪洗面，不止一次跟同学提起为什么那么多的事情都降临在她的头上,她觉得没有勇气继续活下去,在这种情况下,同学们建议她进行心理咨询。

分析:

针对该女生目前的状况,咨询师首先帮助她检索自己的资源。在家里,她有爱她的母亲和哥哥,哥哥为帮她完成学业不惜牺牲自己读书的机会;在大学里,有关心她的同学和老师,特别是她失去父亲时,同宿舍同学给予她心理与情感上的强有力支持,老师找她谈心,鼓励她从痛苦与阴影之中走出来……咨询师让她明白她并不是一个人孤独地站立在黑暗中,有很多人关心、支持、理解、爱着她,该女生慢慢地认识到自己并不是一个不幸的人,尽管遭受挫折,仍旧有很多人关爱着她。

接着,面对重大丧失,咨询师给她进行专业的哀伤辅导,让她与父亲进行了道别。该女生一直认为"父亲是因为供我读书,超负荷的劳动加上疲劳,因此在驾车时发生了车祸。"她一直将父亲的去世认为是自己的过错,这些非理性的想法加上罪恶感一直压迫着她。通过哀伤辅导,该女生开始正视父亲的离去,并理清思绪,能够乐观、独立地面对生活。

最后,建立真正意义的适应,在给予适当支持的基础上,让该生能够独立应对生活中的困难和挫折,达到真正的自我成长。

心理测试

自测题

(1)你何时感觉最好? （　　）

　　A.早晨　　　　　　　　B.下午及傍晚　　　　　　C.夜里

(2)你走路时是 （　　）

　　A.大步快走　　　　　　　　B.小步快走

　　C.不快,仰着头面对前方　　　D.不快,低着头

　　E.很慢

(3)和人说话时,你 （　　）

　　A.手臂交叠站着　　　　　　　B.双手紧握

　　C.一只手或两手放在臀部　　　D.碰触或推与你说话的人

　　E.玩着你的耳朵、摸着你的下巴或用手整理头发

(4)坐着休息时,你的 （　　）

　　A.两膝盖并拢　　　　　　　　B.两腿交叉

　　　C. 两腿伸直　　　　　　　　　　D. 一腿蜷在身下

（5）碰到你感到发笑的事时，你的反应是　　　　　　　　　　（　　）

　　　A. 一个人欣赏地大笑　　　　　　B. 笑着，但不大声

　　　C. 轻声地咯咯地笑　　　　　　　D. 羞怯地笑

（6）你去一个派对或社交场所时，你　　　　　　　　　　　　（　　）

　　　A. 很大声地入场以引起注意

　　　B. 安静地入场，找到你认识的人

　　　C. 非常安静地入场，尽量保持不被注意

（7）当你非常专心地工作时，有人打断你，你会　　　　　　　（　　）

　　　A. 欢迎他　　　　　　　　　　　B. 感到非常愤怒

　　　C. 在欢迎与愤怒两极之间

（8）下列颜色中，你最喜欢哪一颜色　　　　　　　　　　　　（　　）

　　　A. 橘红色　　　　　　　　　　　B. 黑色

　　　C. 黄色或浅蓝色　　　　　　　　D. 绿色

　　　E. 深蓝或紫色　　　　　　　　　F. 白色

　　　G. 棕色或灰色

（9）临入睡前几分钟，你在床上的姿势是　　　　　　　　　　（　　）

　　　A. 仰躺，伸直　　　　　　　　　B. 俯卧，伸直

　　　C. 侧躺，微蜷　　　　　　　　　D. 头睡在一只手臂上

　　　E. 被盖过头

（10）你经常做梦梦到你在　　　　　　　　　　　　　　　　　（　　）

　　　A. 落下　　　　　　　　　　　　B. 大叫或挣扎

　　　C. 找东西或人　　　　　　　　　D. 飞翔或漂浮

　　　E. 平常不做梦　　　　　　　　　F. 梦都是愉快的

评分标准：表 12-1 为每题各选项所对应的值。

表 12-1　每题各选项对应分值

题号	A	B	C	D	E	F	G
（1）	2	4	6				
（2）	6	4	7	2	1		
（3）	4	2	5	7	6		
（4）	4	6	2	1			

题号	A	B	C	D	E	F	G
(5)	6	4	3	5			
(6)	6	4	2				
(7)	6	2	4				
(8)	6	7	5	4	3	2	1
(9)	7	6	4	2			
(10)	4	2	3	5	6	1	

参考解析：

1.20 分及以下：内心悲观者

别人认为你害羞、神经质、优柔寡断，需要别人照顾，永远要别人为你作决定，不想与任何事或任何人有关系。你是一个杞人忧天、一个永远认为存在着问题的人。有些人认为你令人乏味，只有那些了解你的人知道你不是这样的人。

2.21～30 分：缺乏信心的挑剔者

你的朋友认为你勤勉刻苦，是一个非常谨慎、小心的人，也是一个缓慢、稳定、辛勤的人。如果你做了冲动的事或无准备的事，大家会大吃一惊。他们认为你经常会从各个角度仔细考察一切后仍然决定不做，因为你天生的小心。

3.31～40 分："以牙还牙"的自我保护者

别人认为你理智、谨慎、注重实效，是一个伶俐、有天赋、有才干且谦虚的人。你不会很快、很容易和人成为朋友，但一旦成为朋友就是一个对朋友非常忠诚的人，同时要求朋友对你也要忠诚。那些真正有机会了解你的人知道，要动摇你对朋友的信任是很难的，一旦这信任被破坏，会使你很煎熬。

4.41～50 分：平衡者

别人认为你新鲜、有活力、有魅力、讲究实际，而且永远有趣，经常是大家注意的焦点。然而你是一个足够平衡的人，不至于因此而昏了头。朋友们也认为你亲切、和蔼、体贴、能谅解人，是一个永远使人高兴并会帮助别人的人。

5.51～60 分：吸引人的冒险家

别人认为你具有令人兴奋、高度活泼、相当冲动的个性，是一个天生的领袖、一个做事果断的人——虽然你的决定不总是对的。你大胆且喜欢冒险，愿意尝试任何事。因为你能带来刺激，朋友们喜欢跟你在一起。

6.61 分及以上：傲慢的孤独者

在别人眼中,你自负、以自我为中心,是一个有极端的支配欲、统治欲的人。别人可能钦佩你,希望能多像你一点,但却不会永远相信你,会对与你更深入交往有所犹豫。

心理训练

首先准备一张白纸,抬头写上"×××的5样"(×××是你自己的名字);然后在白纸上列出你认为在自己生命中最重要的5样事物。

这5样事物,不限种类,可以是人、动物、事情、物品,也可以是实体、抽象、理想、追求、信仰……

看着这5样事物,用心去体会这5个词所包含的意思,可以想象一下这5样事物在自己生活中的体现。

现在,由于客观原因,你必须将其中的1样事物舍弃。

舍弃之后,用笔把这个词涂掉,画成墨团直到完全看不见。

舍弃的时候,痛苦吗?艰难吗?是否需要很费力才能决断?

如果够坚强,可以去想象你生命中不再有这1样事物。为了其他的4样,这种舍弃值得吗?

现在,由于不得已的原因,你必须在剩下的4样事物里再舍弃一样。

舍弃掉之后,用笔把这个词也涂掉,画成墨团直到完全看不见。

现在,由于某种原因,必须在剩下的3样事物里再舍弃一样。

舍弃掉之后,用笔把那个词涂掉,画成墨团直到完全看不见。

现在,在一个非常艰难的时刻,在剩下的2样事物里如果只能拥有1样,你会保留哪一个呢?

这样的决定是否有些困难,甚至有些"残忍"?

请不要逃避,咬牙坚持做完。可能很难决断,但必须做下去。

现在,你的纸上只有1样事物了,它是什么?它在你平时的生活或工作中是最重要的吗?

现实生活中有时候必须要面临一些决定的时候,你最终选择的是它吗?

剩下的这一样事物,一定是你生命中最重要的东西。

如果你平时没有选它,说明你没有正视你的需求。

把5样事物倒过来,就是你生命中依次最重要的东西。

心理学基础知识

第十三章

大学生团体心理辅导

一、团体心理辅导的概念及意义

(一)团体心理辅导的概念

所谓团体心理辅导,就是在团体情境下进行的一种心理辅导形式,是 2 个人以上的集体辅导。它通过特定的情境,让学生扮演不同的角色把心理问题表演出来,然后集体讨论,经过心理教师的引导,最终得出结论,可以让学生在团体中彼此深入了解。

在交流中学生可以互相观察、学习、体验,从而认识自我、探讨自我、接纳自我,调整、改善与他人的关系,将心理问题扼杀在萌芽中,从而为他们提供一个良好的成长环境;同时可在团体心理训练过程中学到解决问题的方法,学习其他同学的长处。

目前,团体心理辅导的实践和理论存在着较大的差异,团体心理辅导与班级辅导是有区别的,明显的差别就是人数。它不是以自然班级为单位的,而是以共性问题为单位。团体心理辅导理论上是指 2 至 12 名学生共同进行的心理辅导,其实一般都是 5 至 10 人,12 名已经是极限了,而全班四五十名学生一起上心理辅导课,哪怕是以讨论的方式进行也不能称之为标准概念的团体心理辅导。团体心理辅导是一个大的概念,既包括自然班级的心理辅导课,又包括 2 人以上的小团体心理辅导。这只是团体心理辅导和班级心理辅导概念术语,其实班级心理辅导就是团体心理辅导的一种形式,团体心理辅导的最大优势就是:你和我的想法加起来不是简单的两个想法,学生可以在各种方法中各取所需使用。也有人认为,班级心理辅导和团体心理辅导是一个体系,学校要从班级心理辅导中找出重点辅导的对象,然后进行团体心理辅导。

基于此,团体心理辅导应有这样一个概念:它是指在团体的心理环境下为成员提供心理帮助与指导的一种心理辅导形式,即是以团体为对象,运用适当的辅导策略或方法,通过团体成员的互动,促使个体在人际交往中认识自我、探索自我、接纳自我,调整改善和他人的关系,学习新的态度与行为方式,增进适应能力,以预防或解决问题并激发个体潜能的助人过程。在实施素质教育的过程中,团体心理辅导是不可缺少的一个重要环节。

(二)团体心理辅导的意义

1.提高学生人际交往能力

人际关系是人际交往过程中所形成的一种广泛的社会关系,在诸多困扰学生的问题中,人际关系问题已成为最令人烦恼的问题。人际关系团体训练的主要目的是通过主题游戏、角色扮演训练等环节创造一种比日常生活更自由、信任的气氛,使成员通过彼此真诚的沟通,增强自身的主动交往意识,掌握交往的基本礼节,学会表扬与批评的技巧,学会认识并欣赏别人的优点,学会换位思考,学会理解、体察别人的心理活动,学会如何关心他人、如何表达自己、如何体验成功交往的快乐、如何增强交往自信心等。

2.使学生形成正确的自我意识

自我意识是指个体对自己的身心状况、自己与别人及自己与周围世界关系的意识,大学阶段的学生,出现了理想自我和现实自我的分化。而自我意识训练是以"认识自我和接受自我"为团体心理辅导的主题。训练通过一系列练习,引导学生思考诸如我是谁、我是否有价值、生命的意义是什么、我心中的自己和别人心目中的自己有何区别、理想中的我与现实中的我是否一致、我的优点是什么、如何发扬自己的长处等问题,使学生逐步发现自己的优点与缺点,从而做到认识自我、悦纳自我。

3.改善和调节学生情绪

团体心理辅导能够有针对性的改善学生的情绪体验,如抑郁、孤独、焦虑、恐惧等。有抑郁表现的学生经常消极地看待自己,感到自己被命运所左右,人生没有价值,对一切失去了兴趣,自我封闭。在团体心理咨询中,团体成员的交往打破了自我封闭的恶性循环,他们本着相互尊重的原则,自觉、自愿地交流各自心里的秘密,说出自己内心的困惑,宣泄压抑的情感;在小组中看到他人也会有抑郁,从而摆脱了别人生活的都很快乐,只有自己生活才是最糟糕的错误想法,对小组其他成员的帮助也会让自己感到快乐。

4.使学生掌握有效的应对方式

应对是个体面临应激情景时为减少压力或伤害而作出的认知或行为努力。研究发现,较多使用积极应对方式的学生整体精神健康水平较高,而较多使用消极应对方式的学生,除了总的精神健康水平较低外,还常伴有抑郁、焦虑等症状。有效的应对方式——心理训练主要通过介绍游戏、讨论、角色扮演、头脑风暴、行为演练等形式来引导学生学会向他人求助,学会赞美和欣赏他人,学会放松训练、情绪宣泄、目标管理等。

二、团体心理辅导的基本要素

团体心理辅导的基本要素包括:团体指导者,团体的规模、性质及时间,场所的选择与布置,团体成员的招募。

(一)团体指导者

团体指导者也称为指导者、组织者、负责人等。团体指导者是专业的心理指导者,其了解团体咨询的理论、掌握团体咨询的方法与技术、有丰富的组织指导经验。在团体心理辅导过程中,最重要的并不是指导者的学位、资历、理论和技巧,而是指导者的人格特质和品质修养。如精神健康、思想成熟、泰然自若,有判断力、想象力、认同感、同情心,懂得避免先入为主的偏见和对沮丧有容忍能力等,这些是一位指导者应具备的基本人格特质。

1.团体指导者应具备的特征

(1)认识自己,接纳自己,自爱和自信。

(2)有敏锐的知觉,感知自己,把握环境。

(3)自我肯定,清楚并欣赏自己。

(4)投入并参与,身体力行,以身作则。

(5)身心协调,表里一致,心口如一。

(6)愿意做典范,严于律己。

(7)清楚了解成员的价值观。

(8)敢于创新。

2.团体指导者的角色

团体心理辅导的指导者应处理好 3 对角色关系:指导者在扮演专家角色的同时,还必须扮演好成员的角色;指导者既是"局外人",又是"局内人";指导者既是团体中的中心人物,又要做到以团体成员为中心。

(1)组织者的角色。指导者必须利用自己的知识和技巧使团体成员发挥自己的能力,实现其个人目标。指导者的组织职能包括活动的策划组织,活动前的动员,活动中的启发、鼓励、引导,活动结束时的总结和事后的效果追踪、反馈等。

(2)调解员的角色。在团体中,指导者要做好一个调解人,协调在咨询过程中出现的矛盾,如成员在沟通中产生矛盾所引发的冲突、个别成员不遵守团体规范等。

(3)教育家的角色。团体心理辅导中的指导者具有教育的职能,包括讲授概念、理论与方法,提供信息,以身作则,为团体成员做示范和提供榜样。

(4)好朋友的角色。团体心理辅导的作用之一就是团体成员之间的互动,这种互动既体现了成员个体独特的个性,同时也在成员之间建立了一种特定意义的依赖感,而这种依赖感的产生离不开指导者在团体中的表现。指导者的耐心倾听、仔细观察、真情反馈、倾情投入及适度地自我袒露,为成员设置了安全的环境,有利于成员之间建立信任感,使得成员可以在自我防卫较低的水平上进行真实表现,较深入地进行自我探索。

(5)代理人的角色。指导者有时要作为团体的代理人,代表团体利益与外界打交道。

(6)指导者的角色。在咨询性团体中,指导者最根本的职责仍然是担任指导者。

(二)团体的规模、性质及活动时间

1.团体的规模

团体的规模会直接影响到团体的动力,所以指导者要谨慎地选择团体的大小。通常决定团体规模的因素包括:团体性质、团体目标、每次团体聚会时间、团体活动场所的可运用程度和指导者的经验。一般来说,教育团体为 4～5 人,讨论团体为5～8人,自我成长团体和支持团体为 3～12 人,咨询与治疗团体为 3～6 人。

2.团体的性质

指导者在团体组成时需要考虑团体是开放式还是封闭式。开放式团体,是指可以周期性地允许新成员不断加入和老成员自愿离开的团体。封闭式团体,是指团体开始后不再接受新成员的团体,这种团体有时间限制和以目标为导向。封闭式比较常见,尤其是支持性团体和治疗性团体。

3.活动时间

每次团体活动时间要足够,让成员有时间融入团体之中。如果团体活动时间过短,会让成员觉得没有时间和机会进行自我分享。一般而言,每次活动时间以 90 分钟为宜。

(三)团体场所的选择与布置

1.隐秘性

团体活动场所须注意隐秘性,尽力保证在团体活动时无关人员不能随便入内。

2.舒适性

指导者要注意活动场所是否舒适,装饰、灯光、座位的安排是否合理;还要注

意各成员的椅子的大小、高度要相近,尽量不要使用沙发,也不要使用桌子,以避免造成成员之间的障碍。

3.方便性

椅子的摆放要便于成员彼此观察,使成员更愿意分享及增加团体的亲密性。

(四)团体成员的招募

1.成员的挑选

团体指导者要对报名参加团体的人员进行挑选,尽可能地选择这些成员:成员的目标与团体的一致;成员的加入不会影响团体的进程;成员个人的健康也不会因团体经历而受到危害。在挑选过程中也应包括团体及个人发展方向的确定。挑选方式可以通过以下一种或多种方式完成:①个别会谈;②报名者的小组会谈;③作为团体成员会谈的一部分内容;④让报名者完成一份书面问卷。

2.如何选择合适的成员

并不是所有的人都适合团体心理辅导。一般来说,适宜的对象应具备以下几方面的条件。

(1)智力正常。从这个角度来说,参与团体心理拓展训练的成员必须能叙述自己的问题和情况,能理解指导者及其他成员的意思,还要有一定的内省能力。

(2)人格正常。报名者应无明显的人格障碍。因为成员的人格障碍既可能破坏整体的氛围,也会影响个人的成长。那些比较乐观、开朗、坚强、合群的成员更容易从团体心理辅导中得到帮助。

(3)动机正确。每个团体心理辅导都应有一个目标,因此缺乏动机的报名者,一般不适宜参加团体心理辅导,因为他们没有改变自己状态的动机,也就很难改变。参与动机越强烈,就越容易有效果。

团体心理辅导能否收到成效,除了与成员的动机强度有关之外,与成员参与的动机方向性也有关系。也就是说,成员参与团体的目的确实是为了调整自己的某种状况,而不是为了别的目的。有些成员参加团体心理辅导仅仅是为了能见到某位成员或者获得心理安慰、满足,而并不想改变自己什么;有些成员参与团体心理辅导,就是想找个地方倾诉。

(4)时间适当。能遵守团体规则,且能坚持全程参与团体活动。

三、团体心理辅导运用的主要技术

在谈论特定的技术之前,必须强调所有专业技术的基础,是指导者与成员必须建立持续的、正性的关系。指导者对成员的基本态度必须是关心、接纳、真诚、投情。有时候,指导者会挑战成员,表现出愤慨和怨气,甚至建议成员若不继续努力则须考虑离开团体,但除非成员体验到一种接纳、关心的氛围,否则这些努力将是徒劳的。

基础指导技术

(一)倾听技术

倾听是团体心理拓展训练的基本形式和手段,尤其是在分享时。倾听的信息主要有两种:一种是认知性的,另一种是情感性的。认知性信息主要包括事实、行为、观点、意见等,可以称为内容。情感性信息主要包括心理感受、情绪、情感等,其共同特点是体验。信息传递的方式也有两种:言语的和非言语的。

1.善于运用鼓励性语句

鼓励,最常用、最简便的动作是点头。但点头时应认真专注,充满真诚,并且配合目光的注视,同时这种点头又是适时适度的。若点头是机械式的、随随便便的,或者一边点头一边东张西望或者翻看无关的东西,或者不该点头的时候点头,那么成员很快就会发现指导者的不尊重、不关心,或者心不在焉、没兴趣,从而影响成员的叙述,甚至对指导者产生不良的印象。

2.充分运用开放性问题

在倾听时,通常使用"什么""怎样""为什么"等词语发问,让成员对有关问题、事件作出较为详尽的反应。这就是开放性提问,这样的提问会引出当事人对某些问题、思想、情感等的详细说明。在使用开放性提问时,应注意把它建立在良好的分享关系上,只有当成员对指导者产生充分的信任时,他才会对提问作出更多的回答。另外,要注意提问的方式、语调,不能太生硬或太随意。

3.恰当运用封闭性问题

封闭性问题的特征是以"是不是""对不对""有没有""行不行""要不要"等词语发问,让成员对有关问题作出"是"或"否"的简短回答。使用这种封闭式提问,可以收集信息、澄清事实真相、验证推测与结论、缩小讨论范围、适当中止叙述等。回答这些问题,只需一两个字词或一个简单的动作,如点头或摇头等,信息传递简洁、明确。但过多使用封闭式提问,会使成员处于被动的地位,压抑其自我表达的愿望与积极性,产生沉默和压抑感及被审讯的感觉。所以采用封闭性问题要适度,并要和开放性问题结合起来。

4.准确运用说明

说明又叫释义,就是把成员谈话内容及思想加以综合整理后,用自己的语言反馈给成员。说明最好是引用成员谈话中最有代表性、最敏感、最重要的词语。说明可使成员有机会再次剖析自己的困扰,重新组合那些零散的事件和关系,深化谈话的内容,更清晰准确地作出决定。同时,也有助于指导者确认一些关键的信息与线索,为会谈的深入进行打下坚实基础。

5.有效运用情感反应

情感反应与说明十分接近,区别在于说明是对成员谈话内容的反馈,而情感反应则是对成员情绪、情感的反馈。也就是指导者把成员的情感反应进行综合整理后,再反馈给成员,如"你对此感到伤心""这事让你很不愉快"等。情感反应的最有效方式是针对成员现时的而不是过去的情感,如"你现在很痛苦""你此时的心情比较好"。另外,在运用这一技术时,要及时准确地捕捉成员瞬间的情感体验,并及时进行反应,使成员深切体验到被人理解的感觉,这时分享就可能朝着更深入的境界迈进。

总的来说,在团体心理辅导中,倾听技术是非常重要的,让参加培训的学生学会倾听对团体的互动也是非常有好处的。"倾听是一种艺术,通过倾听,我们使用共情穿越我们的距离……真诚的倾听意味着悬置记忆、欲望和评价,并且,至少是在一小段时间内,是为另一个人而存在。"通过倾听,我们能听出学生讲述内容的弦外音。如果倾听做得不够好,就很难知道学生表达的真实意思,很难做到对其理解与接纳。

通过倾听可以看出辅导教师对学生的理解和接纳的能力。可以通过下面的问题来了解辅导教师这方面的能力。

(1)你对求助者的很有兴趣吗?

(2)遇到挫折时,你是否比较容易心情烦乱,无法集中注意力?

(3)你能否耐心地倾听求助者诉说和你相反的观点、意见,而不会排斥、不耐烦?

(4)你是否喜欢按自己的价值标准去评论别人?

(5)对求助者所说的话,你能否抓住"重点"?

(6)当你倾听求助者倾诉时,是否希望求助者赶快讲完,然后就可以尽情地陈述自己的观点?

(7)求助者陈述问题时你是否专注?

(8)当求助者告诉你隐私时,你是否会表现出好奇、震惊或惊讶?

(9)当你对求助者的心理问题产生的原因感到困惑时,通常是否有强烈的愿望去深入寻找?

(10)对于你喜欢的求助者,你是否容易只看到其优点,反之对不喜欢的求助者,是否常看到其缺点?

(11)别人是否认为你很能理解他人的心情?

(12)如果你的意见和求助者有出入,你是否更愿意相信自己的判断?

(13)你能否化解对他人的不满而不会使自己感到不舒服?

(14)你是否常主动地给求助者一些忠告或建议?

(15)有人说"江山易改,本性难移",但你更愿意相信人是可变的?

(16)如果与你打交道的人让你感到不舒服,你的情绪就会低落,甚至可能回避?

评定方法:单数题回答"是"得 1 分,其余答案不得分;双数题回答"不是"得 1 分,其余答案不得分。

如果得分在 12 分及以上,表明已具备了有效地帮助求助者的基础。这样的人大多表现出热心、诚恳、有理解力、有条理、较为客观、有自信心。

如果得分在 9 分及以下,那就需要仔细衡量自己的理解与接纳能力。

答案仅供参考。

(二)无条件尊重技术

无条件尊重是指不管来参加辅导的学生具备什么样的条件,如成绩如何、品质如何、外在条件如何、内在条件如何等,作为辅导教师都应以温和、宽容的心态,尽可能地站在开放的角度与其交往、沟通,而不是用自己的价值观和各种标准评判他们。

无条件地尊重学生,会让参加辅导的学生感受到在这个团体心理辅导中是安全的,这使得他们更愿意敞开自己,最大限度地表达自己,感受到自己的价值。

(三)提问技术

团体心理辅导的效果如何,在一定程度上和辅导教师的提问技巧有关。提问方式不同,所产生的辅导效果可能就不同。在辅导过程中,提问技术有以下两种。

1.开放式提问

开放式提问的句式中一般带有"什么……""怎样……""如何看待……"等,这种提问的主要目的是想鼓励学生说出更多的信息,更多地了解他们的问题、想法和感受,也可以增进与辅导教师之间的联系。

2. 封闭式提问

封闭式提问的句式一般使用的词有"是不是""有没有""对不对""行不行"等,这种提问的主要目的是想让学生给出确定的答案,或是缩小讨论的范围。

这里需要注意的是,在辅导的过程中不能过多地使用封闭式提问,这样会使学生不愿意表达自己真实意愿或感受。

(四)"我说清楚了吗?"技术

在辅导的过程中,辅导教师提出问题或讲解完某个问题,为了弄清楚学生明白了没有,没有辅导经验的教师会问"你们听明白了没有?""大家听懂了没有?""我讲完以后有没有不懂的人,请举手"……这样的提问很少会有学生会有回应,因为这样的句子会带给学生压力,让他们感受到听不明白是自己的责任。而比较好的提问方式是"我这样说得清楚吗?""刚才的规则我说清楚了吗?"等类似的句式,学生就愿意说出自己的疑问,更有利于辅导教师和学生之间的沟通。

(五)共情技术

共情就是同理心,站在别人的角度看问题,指导者用成员的眼睛看世界。按照罗杰斯的观点,共情是体验别人内心世界的能力。共情被认为是团体心理素质拓展训练分享时最基本的特质。

1. 共情的三个要素

(1)指导者借助于成员的言谈举止,深入成员内心体验他的情感、思维,站在成员的立场看问题。

(2)指导者以自己的知识和经验,把握成员的体验及他的经历和人格间的联系,了解导致成员问题的因素,以便更好地理解问题的实质。

(3)指导者运用咨询技巧,把自己对成员的理解、感受传达给成员,也就是把对成员的理解让成员知道,以影响成员并取得反馈。

在团体心理素质拓展训练中,指导者的共情是在对成员的观察、聆听的过程中,推断出成员的感受、信念和态度,并有效地将这些感受传达给成员,使成员感到指导者理解他、明白他,从而产生一种温暖、被接纳的感觉及舒畅的满足感。这就创造出一种充满理解、体谅、关心、温暖和爱护的气氛。在这种良好的气氛之中,成员才能有效地探索自己,获得改变。

2. 共情的目的

共情在团体心理辅导中十分重要,其目的主要表现在以下 4 个方面。

（1）指导者设身处地理解成员，从而能更准确地把握有关成员的材料。

（2）成员感到自己被接纳、被理解，从而产生一种愉快、满足的心情，这有助于创造良好的氛围。

（3）促进成员的自我表达、自我探索，从而增加更多的自我了解并促进更深入的沟通。

（4）对于那些迫切需要获得理解、关怀和情感倾诉的成员，共情具有明显的助人、治疗效果。就一般情况而言，共情也被认为是一种治疗因素。

3．共情的表达及其层次

指导者不仅要明白成员的感受、信念、价值观等，而且要善于把对成员的共情传达给对方。然而，不同的指导者所表达的共情会有高低层次的差异。不同的层次代表了不同的共情质量，会产生不同的咨询效果。

卡可夫把共情分为 5 个层次。下面，我们举例说明这 5 个层次的反应。

举例：成员对指导者说："我觉得很难过，因为我从来没有担心过考试。唉，想不到考试居然亮起了红灯！真是越想越不服气，其实这次的考试并不难。"

以下是该例子共情的 5 个层次：

第一层次：你为什么感到如此悲伤呢？

第二层次：你一向成绩很好，但想不到考试却不及格。

第三层次：因为考试不及格，所以你感到很失望、很难过。

第四层次：因为考试不及格，所以你感到很失望、很难过，也不清楚前面的路该如何走，心中很混乱。

第五层次：你一向成绩很好，从来没想到考试会失败，因此你感到特别失望与难过，也有点气愤，而且自己实在有点不甘心，因而内心很矛盾。

对于这位成员的谈话，在第一层次的回答中，指导者似乎根本没有留意当事人所说的话，而问成员为何这样悲伤，是个很不妥当的问题，反映了指导者不但没有留心倾听，而且还完全忽略了成员所表达的重要感受。

在第二层次的回答中，指导者的反应虽然在内容上和成员表面所说的一致，但只注意了成员表面的感受，因此，在反应中只有内容上的复述，缺乏感情的响应。从指导者的反应可以看出，指导者的倾听不是很准确，以致了解得不够全面。

在第三层次的回答中，指导者的反应与成员所表达的意义和感受比较一致，但未能对成员较深的感受作出反应，也就是没有对隐藏于言语背后的感受作出共情反应。

在咨询过程中，如果想要产生有效的结果，指导者最起码要具有第三层次的共情。

在第四层次中,共情的程度较高。在指导者的反应中,他所表达的感受已深于成员所能表达的,也就是指导者把成员深藏于言语背后的感受也表达了出来。因此,成员可以由此来体验和表达起初未察觉和未能表达的感受,同时由此也能掌握到这些感受背后的含义。

在第五层次中,指导者做到了准确的共情。无论在表面还是深入的感受上,都很准确。指导者不但明白成员很失望、难过这些表面的感受,甚至连很深入的情感,如气愤、不甘心和矛盾等,也作了准确的反应。此时指导者已经能够对成员作出全面而准确的共情了。

(六)积极关注技术

积极关注技术,也称为正向关注技术、积极关怀技术,是指对成员的言语和行为的积极面、光明面或长处予以有选择性的关注,从而使成员向积极的方面转变和发展,拥有正向价值观。

积极关注技术既是一种观念,也是一种方法。指导者对成员的积极关注不仅有助于建立良好关系,促进沟通,而且其本身就具有成长的意识。尤其是对那些自卑感强或因面临挫折而"一叶障目不见泰山"的成员,指导者的积极关注往往能帮助他们全面地认识自己和周围事物,看到自己的长处、光明面和未来的希望,从而树立信心,走出迷雾。

使用积极关注技术应注意以下问题。

1. 避免盲目乐观

有些指导者片面理解积极关注的含义,表现出对成员的过分乐观。如对成员说:"我发现你身上有好多长处,你所面临的困难算不上什么,黑暗过去就是光明。"这样的反应就其本身来说并非不可,但很容易变成一种形式的、教条的反应,淡化了成员的问题,同时表现出对成员缺乏共情。

一般来说,指导者不应泛泛而谈,而应针对成员的实际问题,客观地分析现有的不足,同时,帮助成员分析他自身拥有的潜力和优势。有些成员面临挫折时往往只看到失败、缺点,并用放大镜把它们扩大,陷入糟糕至极的情绪之中而难以自拔。指导者的工作就是把成员的关注点从只注意失败转到客观分析形势,立足自己的长处,立足自己所拥有的资源上来。

2. 避免过分消极

与盲目乐观的反应相反,有些指导者表现出另一种极端的消极反应方式,比如对成员说:"你所面临的困难确实很大,你的处境很不乐观,这样下去你会越来越糟糕的。"或许他的话确实反映了成员的心态,但如果整个咨询过程中不断地用这种反应方式,成员所感受到的是越来越灰暗、消极,他可能会更沮丧、困惑甚至绝望。

拓展训练中分享的本质是给人以支持、鼓励和帮助,促使成员从困境中崛起,从迷茫中清晰,变痛苦为平静和力量。因此,指导者应始终立足于给人以光明、希望和力量,这就是积极关注的实质。指导者的反应不能是纯自然的、纯客观的,应符合咨询的原则,应对成员负责,应该起到促进成员向积极的方面变化、发展的作用。

3.应当立足实际

积极关注不能无中生有,应建立在成员客观实际的基础上,否则成员会觉得指导者是在安慰自己,这样的积极关注会适得其反。

指导者应善于发现成员身上的闪光点。指导者不仅要让成员多关注自己的光明面,也要多立足于成员的潜力和价值。促进成员的自我发现、潜能开发,从而促进成员的自我成长,这是心理素质拓展训练的最高目标。

(七)打断技术

打断技术是指指导者以非惩罚性的方式来终止成员的谈话,以使团体朝预定方向前进的技巧。

1.打断技术适用的情境

指导者使用打断技术的情境有以下几种。

(1)当成员漫谈时。

(2)当成员意见和团体目标有冲突时。

(3)当成员的谈话内容不正确时。

(4)当指导者想转移话题焦点时。

(5)当团体心理辅导临近结束时。

(6)当成员之间发生争吵时。

(7)当成员试图拯救其他成员时。

2.打断的原则

指导者在使用打断技术时需要遵循如下的基本原则。

(1)把握好打断的时机。

(2)多用温和友好的语调,避免严厉、粗暴或愤怒的音调。

(3)简要地解释打断团体或成员行为的理由。

（4）运用眼神，以有意识地避开目光接触作为终止其行为的信号。

（5）打断之前，团体新焦点的内容和方向要明确。

3.打断技术的应用策略

在团体中有时会出现这样的现象，团体焦点集中在一个成员身上，而这个成员或在漫谈，或离题太远，或避免做更深层次的自我探索。这种状况明显地影响了其他成员，指导者如果不予阻止，将会扼杀其他成员的能量与热情。对此，指导者要根据团体计划选择几种可能的策略。

（1）以漫谈者为焦点打断。以漫谈者为焦点打断谈话的具体方法包括：①指导者可以提出一些问题，请漫谈者予以澄清；②邀请漫谈者做深入的自我探索游戏，如空椅子法、心理剧法等体验性的游戏；③从漫谈者开始做团体的绕圈发言，或请漫谈者分别走到其他成员面前说一些话；④邀请其他成员给予漫谈者反馈性建议；⑤邀请成员扮演漫谈者。

（2）以漫谈者的话题为焦点打断。打断漫谈并以漫谈者原来的话题为焦点。指导者有时需要将焦点集中在漫谈者所述话题上，以避免使成员出现被阻断的感觉。

（3）针对团体目标的打断。当成员所谈意见和团体目标有冲突时，或者团体正在讨论一个没有实质性意义或无关话题时，指导者需要利用打断技术来重新聚焦团体讨论的主题。

（4）针对主题内容的打断。指导者如果感觉到成员的谈话内容失当，也需要使用打断技术。例如，教育、讨论团体中某些成员可能说出某些不正确或误导性的话；治疗、成长团体中成员说出的具有伤害性的语言，或不当的建议和评论，或对他人的行为所作保证的言辞，或有些成员习惯代替他人说话。重要的是指导者不要让任何人预言他人的想法、感受与行为。

（5）针对焦点转换的打断。团体活动中，指导者经常要决定转移团体或话题焦点，尤其是一个已经跑题的话题。有时团体互动中会出现自然的停顿，这时指导者便可以转换焦点。而其他时候指导者就需要利用打断技术来转换焦点。如果团体中有一个成员正在说话，而指导者观察到其他成员的表情与身体姿势，发现有些成员想发言却没有机会，就可以切断目前谈话，并引出想发言的成员。

（6）团体结束时的打断。团体临近结束时，指导者可利用的打断技术有两种情况：①预留总结此次团体聚会的时间而必须切断成员谈话，通常是指导者的责任，以保证聚会按时结束。②团体活动剩余时间有限，而成员带出了一个情绪性的主题，指导者需要在成员过度涉入之前尽快切断。

(八)真诚技术

真诚技术是指在团体心理辅导的过程中,指导者应该以"真正的我"出现,没有防御式的伪装,不会把自己藏在专业角色的后面,不戴假面具,不是在扮演角色或像完成例行公事,而是表里一致、真实可信地以自我投入与成员的关系中。

1. 真诚不等于说实话

真诚与说实话之间有联系,但不能画等号。以为真诚就是有什么说什么,想到什么说什么,否则就是不够真诚,其实这是一种误解。对指导者来说,真诚应符合一个基本原则,这个原则就是,我们的任何一项游戏都要对成员负责,要有助于成员的成长。这一原则适合于整个咨询过程。因而指导者的真诚并不意味着什么都可以随意地说出来,而是所说的应该是真实的。真诚不仅仅表现在言语上,指导者的非言语行为尤其是咨询中的实际表现更是表达真诚的最好方法。

2. 真诚不是自我发泄

曾经有这样一个事例,一位失恋的指导者,在咨询过程中,成员的叙述勾起了她的伤心往事,于是她花了半小时滔滔不绝、非常激动地向成员叙述了她的失恋经过及痛苦。虽然,指导者是有感而发,真情流露,是真诚地分享,但她忘记了咨询时间是属于成员的,指导者不应随便占用成员的时间;指导者流露自己的真情,表示自己的真诚,其目的应是为了帮助成员,而不是为了宣泄自己的感情,或宣扬自己的主张,表明自己的立场;再者这种表达似乎是强迫成员在听,可能会产生负面效果,使成员对指导者的形象发生动摇。因此,真诚不能变成自我宣泄。

3. 真诚应实事求是

有些指导者为了表现自己知识渊博,或者掩饰自己在某方面知识与技能的薄弱,可能会不懂装懂。有的指导者过于注意自己的个人形象,要求自己在成员面前是权威和完美的,能让成员敬佩的。然而,由于注意力过多地集中在自己的形象和表现自己的完美上,过分表现甚至装腔作势以致失去了真诚。这不仅带上了不少修饰成分,而且拉大了指导者与成员之间的距离,给沟通增加了困难。因此,指导者应了解自己,承认并接受自己的不足、不完美。成员更愿意接受真实的指导者。

4. 真诚应适度

真诚并不是表达得越多越好。即使是对成员有利的真诚也要因人因时而异,不然有些成员会因为指导者过分真诚而受不了,尤其是在咨询初期。

真诚是内心的自然流露,不是靠技巧所能获得的。真诚应建立在对成员的乐观看法、对成员有基本的信任、对成员充满关切和爱护的基础上,同时也应建立在接纳自己、自信谦和的基础之上。真诚是指导者的一种素质,这种素质是潜心修养、不断实践的结果。

初级指导技术

(一)催化技术

催化技术是指导者运用口语、非口语等行为或带领活动,以协助团体"热场"及成员"暖身",使其便于进入团体的工作情境,开展团体活动。

指导者可以使用下列方式来"催化"团体:协助成员表达其担心、恐惧等负向情绪;营造安全和接纳的气氛,使成员相互信任;邀请成员参加活动;减少成员对指导者依赖,鼓励成员自我开发;当成员分享时,给予支持;鼓励成员公开对话、谈心,特别是团体内发生冲突的当事人;适时、适当地运用团体文娱活动。

催化技术可为团体开创一个清楚且有方向的运作环境,协助成员有效地沟通,增加其责任感,以发展出兼顾工作导向及人际导向的团体动力。

(二)非言语技术

非言语技术是指指导者运用眼神、表情、距离、动作及姿势等非口语行为来引导成员参与团体心理辅导。

运用非语言技术须慎重,不能滥用,须考虑成员性别、场合、适用时机等因素。避免专注于少数人,形成团体的派系裂痕或成员产生特殊心态,同时也须察觉成员非语言行为所代表的意义。

指导者的非语言行为显示对成员的暗示或关怀,有助于成员的示范性学习与自我开放,"多向度的专注"也会增加团体的信任感和同理心。

总之,初级指导技术旨在促进团体动力的开展、互动气氛的营造,有助指导者与成员、成员与成员之间的关系建立。基本上,初级指导技术只是形成团体心理辅导的一般性条件。为了促进成员自我了解,开启动力性的发展方向,以达成团体的功能、目标,团体指导者宜配合团体发展的过程、对成员的了解、团体特定事件的出现等状况,适时运用高级指导技术,避免团体停滞于支持性气氛里或成员沉溺于情感性互动中。

高级指导技术

(一)再陈述技术

再陈述技术是将成员说话的内容,运用不同的字词再陈述一遍,以确认其意思,表达指导者对成员语意的了解,包括感觉、思想和经验,近似"简述语意"技术,指导者确认了解成员的叙述是否正确无误,并提供支持性功能。

(二)保护技术

保护技术是指指导者为了使成员免于不必要的身心伤害、批评或攻击,而采取必要的安全性反应。

指导者有责任保证安全的团体气氛,使成员免受伤害,毕竟数人以上的团体互动情境,难免会有冲突或负向行为的发生,指导者应该随时察觉团体中各项危机,安全地引导成员,避免不需要的心理冒险。

指导者对团体或个人的危机,有责任预警之,以降低团体的危险性。然而,不宜过度保护成员,以免影响团体互动或减少当事人独立成长的机会。

(三)建议技术

建议技术是指指导者通过提供信息、意见、方法及观念来协助成员改变认知、态度与行为。

指导者对成员的建议及成员相互所提的意见宜慎重考虑,过度的建议或不当的意见可能引发危机,同时形成成员过度依赖、权威崇拜及经验错误移植等"后遗症"。

协助成员发展多元性、选择性的方向及思考模式。适当的建议有助于成员解决问题及把握时效性。

(四)面质技术

面质技术是指指导者通过有意义的陈述及高层次同理心,协助成员面对自我扭曲、否认、逃避及矛盾的行为,以促进其动力性的自我了解。

面质技术是高难度及高压迫性的技术,挑战成员去检视自己言行不一致或语言信息、非语言信息之间的矛盾,并指出冲突问题的焦虑所在。面质技术必须注意下列原则:①要具体与正确;②须在关系建立后为之;③须对成员有足够的了解,避免指导者个人成见,它不是一种惩罚;④面质于成员有能力改变的行为;⑤面质时态度要关怀尊重,呈现助人的意愿。

面质有助于改善阻碍成员自我成长及团体动力发展的因素,鼓励团体成员更加诚实地自我探索、觉察自我矛盾的现象,促进团体有效地沟通。同时让成员能面对一些其不愿意面对的感觉、经验或行为,以帮助成员看到阻碍自我了解及积极反应的一些盲点、矛盾和冲突。

(五)立即性技术

立即性技术是指指导者通过此时此刻的反应来表达其感觉、想法和行为,澄清指导者与成员、成员与成员、成员与团体之间的关系。

团体互动的过程极其复杂,每位成员都需要被照顾,避免顾此失彼,指导者可通过立即性技术来澄清团体心理辅导的契约规范与角色关系。例如,当成员全部沉默时,引导大家说团体是大家的,应该由大家先说说自己的看法,而不是由指导者说。

立即性技术有助于理清团体心理辅导的角色关系,催化团体的气氛,"当下检视"团体情境与成员心态。

(六)沉默技术

沉默技术是指指导者节制语言行为,以专注的态度来运作团体。

当成员沉默、思考或过度依赖时,指导者也可用沉默来响应团体,促发成员对上述不当反应的自我觉察。

提供反映指导者状态,"类化"成员机会。固定焦点,促使情绪性紧张信息的整合,协助成员开发自身的资源。

(七)自我表露技术

自我表露技术是指指导者于适当的时机有意义、有建设性地分享个人类似的经验、感受与看法。

指导者的自我表露时机选择宜适当,最好是先引导其他成员自我开放。同时,指导者自我表露的内容宜与当事人或讨论的主题有关,避免言不及义、文不对题、反客为主,甚至情绪失控而挫伤团体动力。

指导者的自我表露有助于与成员建立良好关系,催化团体气氛,同时增强成员示范性的学习效果,刺激成员思考,以发展有效的工作情境。

(八)阻止技术

阻止技术是指指导者运用口语与非口语行为,防止成员在团体中表现不适当的口语与非口语行为。

指导者有责任提供有效的互动情境,避免成员在团体中受到伤害。"阻止"的行为来自指导者的敏锐观察力,适时的反应及避免形成攻击,以免造成保护了某成员却又伤害另一成员的现象。有时也可运用团体规范来达成"阻止"的效果。当成员出现垄断团体、攻击他人、干扰耳语、不当支持、闲聊、泄密、侵犯隐私等行为时,指导者须加以"阻止"。

阻止技术适用的情景包括:①成员漫谈时;②成员意见和团体目标有冲突时;③成员的谈话内容不正确时;④指导者想转移话题焦点时;⑤当团体临近结束时;⑥成员之间发生争吵时;⑦成员试图拯救其他成员时。

（九）折中技术

折中技术是指指导者以公平、中立的态度,掌握团体成员,给予其充分且平均的发言机会。对于意见冲突的部分,技巧性的"求同存异",不偏不倚。

当团体出现强势成员、强势语言及强势意见时,指导者宜适当处理,运用折中技术,以创造有效的沟通情境。同时,指导者中立、客观、不偏执的态度是很重要的。

折中技术有助于促进团体讨论气氛,塑造团体多元化的交流情境,同时有助于集合各种不同看法,促进成员之间的相互了解。

（十）联结技术

联结技术是指指导者运用敏锐的洞察力与反应力,有技巧地将成员之间所表达的内容及有关的题材、人物、事件与团体目标相关联,有意义地组织成员的信息,特别是成员未觉察到的片段信息。

指导者敏感于成员之间共同的问题、共同的线索,能促进成员间的互动并提高团体凝聚力的层次。基本上,联结技术适用于成员间的互动,而非指导者和成员间的互动。一则增进团体的凝聚力,再则有助于成员重新检视个人看法与经验,使团体互动更有意义。

（十一）评估技术

评估技术是指指导者协助自己及教导成员如何衡量团体的进展与方向。

评估技术包括对个人及团体过程的评估,增进成员更深的自我觉察,评估技术有助于成员产生建设性的行为,并建构团体的过程与导向。

（十二）设限技术

设限技术是指指导者规范团体共同行为与个人行为,以有效运作团体。设限可在团体形成前或团体进行中加以运作。基本上,设限提供了成员一种互动架构,以使成员的行为有所遵循,进退有据。"设限"不同于"阻止","设限"近似于团体契约,是一种团体内群体行为的积极指针,"阻止"较倾向于预防成员个人消极性的行为。

（十三）调律技术

调律技术是指指导者调整团体前进的方向与步调,以开展团体动力。当团体前进方向偏离主题、发展速度太快、成员不习惯或无法忍受团体气氛时,指导者皆应适时调律。指导者可用口语、非口语、活动及情境安排来进行调律。调律有助于改善团体气氛、整合成员的学习速率、协助成员发现团体新方向、避免团体陷入盲点或成员"钻牛角尖"。

(十四)整合技术

整合技术是指每次团体结束前、团体讨论告一段落或整个团体结束前,指导者协助成员整理学习心得。整合时,宜兼顾意见整合与情感融合,同时结合团体内情境与团体外环境的学习迁移,并给予成员信心,创造一种自信的气氛,以协助成员适应、成长与发展。

整合技术可以使团体心理辅导的过程更加流畅,实现团体目标,协助成员内化及强化学习经验,使团体动力更加凝聚。

四、团体心理辅导的阶段

根据团体心理辅导的基本规律,团体心理辅导的主要阶段包括准备阶段、开始阶段、工作阶段和结束阶段。

准备阶段

(一)辅导目标

辅导目标是指为什么要进行辅导,以及辅导最终是为了完成什么。有了辅导目标,辅导过程就具备了指向性,辅导主题、内容都要与辅导目标相对应。

辅导目标不仅要包含每个辅导主题的总目标,还要包括每一次团体心理辅导的具体目标。在辅导过程中,辅导教师要让学生明确辅导目标,如此做的好处是,辅导教师和学生可以随着团体心理辅导的进程来判断,辅导目标是否正在逐步达成。

(二)制定辅导目标的注意事项

1.合理性

辅导目标要合理,即目标不但要有可操作性,还要符合学生的心理需求和心理特点。不同年龄段的学生,团体心理辅导的目标是不同的。

2.难易度

如果团体心理辅导的目标难度过高,这个目标就很难达成;如果难度太低,学生又不会有比较深刻的体会,所以一个合适难度的辅导目标是非常重要的。

3.数量

一次团体心理辅导,目标可以不止一个。团体心理辅导的类型不同,辅导的时间就会不同,可以达成的具体目标数量就会不同。

(三)团体心理辅导方案设计

团体心理辅导方案的设计是有组织的行动计划,以确保团体心理辅导有效地进行。

1. 辅导方案设计的内容

一个完整的方案设计,至少应包括下列项目:①方案的名称;②辅导地点;③辅导时间;④参加对象;⑤参加人数;⑥辅导方式;⑦设计动机(理论依据);⑧设计目标(活动目标、团体目标、阶段目标);⑨活动资源(人力资源、物力资源、财力资源);⑩活动内容;⑪时间配置;⑫方案评估。

2. 辅导方案设计的步骤

辅导方案设计应该包括下列步骤。

(1)确定对象:确定团体心理辅导的主要对象。

(2)我到底要做什么？即目标的制定:了解与评估辅导对象的需求,而后再决定辅导要达到什么目标。

(3)我要如何做？即进行辅导方式的设计,引导成员参与、分享。

(4)思考配合团体进行时所需要的场地、设备及材料。若需要搭配其他指导者,决定找谁,以及如何搭配等问题均列入思考范围之中。

(5)将设计好的辅导在同事之间或先行组成一个试验性小团体试用一次,与同事、督导者讨论试用的结果,再加以修正。

(6)准备辅导必需的材料。

(7)指导者的指导、成员的反应、活动的引发及累积的效果均会自然而然地影响着团体的过程发展。所以同样的设计对不同团体实施时,可能会有不同的内容及结果出现。指导者需要准备一些备用的活动,视团体发展的状况来弹性调整原先的设计。

(8)辅导结束时,指导者可以用问卷或其他方法来得到大家对辅导的反馈,以评估辅导是否达到了目标。

(9)辅导的反馈、自己的检讨及所有记录的资料要加以保存,以供下次改进时参考。

(四)辅导活动安排的原则

(1)符合成员的身心发展特质和需要;应让所有的成员都能参与;引导成员积极参与。

(2)考虑团体发展的过程、团体动力和目标。

(3)辅导活动安排的时间性、逻辑性、衔接性。

(4)正向的反馈在团体初期,负向的反馈在团体后期。

(5)保持辅导活动的弹性、机动性,注意安全性及场地的适合性。

(6)应准备适当的替代方案。

附:辅导方案设计模板

一、团体名称
二、指导者 团体经验简介： 督导员： 经历简介： 观察员：
三、成员性质 人数（预计）： 筛选方式：
四、团体聚会时间 聚会次数：_____,每次_____小时,合计_____小时。
五、团体理念
六、团体目标 （一） （二） （三）
七、团体评估计划（包括过程与结果评估、团体互动状况与个别成员评估、评估工具） 项目一：评估方法或工具 　　　　预定评估时间 项目二：评估方法或工具 　　　　预定评估时间 项目三：评估方法或工具 　　　　预定评估时间

开始阶段

团体心理辅导的开始阶段是辅导的热身阶段,也可称为社交阶段、联结阶段。团体领导者如何开始第一次的辅导,通常会给整个主题的辅导定下一个基调。学生对第一次参与的团体心理辅导的印象会影响后续辅导的效果,如果学生对团体领导者及第一次辅导活动的印象很好,后续的团体活动更容易有效地开展。

(一)团体领导者角色

在团体心理辅导的开始阶段,学生可能是第一次参加这样的辅导,他们对团体心理辅导还不是十分了解,特别是对于团体领导者的角色,有些学生以为团体领导者就像其他的学科教师一样,扮演着讲授者的角色,向他们灌输心理学知识。其实,团体领导者不是知识的传授者,不是辅导的主角,学生才是主角,他们是整个辅导的中心,团体领导者的作用是陪伴者,是陪伴大家成长的那个人。通过这样的解释,学生会对整个辅导的过程产生比较合理的期待。

(二)团体心理辅导运行

学生在了解团体领导者的角色以后,还应该让学生知道团体心理辅导是如何运行的,即它的主要形式及在活动中会发生什么。通过团体领导者的解释,学生会知道团体心理辅导主要以活动为主,活动可以包括游戏、情境表演、冥想等,以小组成员的讨论为主,团体领导者讲解只是很少的一部分,同时让学生了解回答问题的规则是自愿的,在辅导过程中绝不会强迫任何人回答问题。这样可以减轻学生的紧张感,为团体心理辅导营造轻松的氛围。

在有些主题的团体心理辅导中,在每次活动以后,还要留一些任务让学生完成,如真实地写出活动的感受。这样做的目的是让学生明白在活动后准确表达自己的感受。

(三)团体规则

既然学生已经组成了一个团体,它就是一个组织,并且应该是个有序的组织,这个团体想要更好地发展,就需要遵守一定的行为准则。这个规则最好由团体领导者根据实际情况来制定。制定好以后,与大家共同商讨,征求大家的意见,可以通过举手表决,对于那些不同意某些规则的学生,要进行现场询问不同意的理由。不能直接对其进行批评,不能强硬地要求其同意。通常情况下,绝大多数学生都会表示能够遵守规则,因为这些规则对团体是有益的。对于个别有意见的学生,他们的本意并不一定是真的不接受规则,有可能是想引起大家的注意,对于这样的突发情况,团体领导者要现场及时解决。

需要特别强调的一点是:关于规则中保密原则的解释。第一次辅导时要重点向学生解释这一原则的重要性,即对于团体中发生的事情,特别是关系到团体成员的隐私或故事,要保证不外传、不评论,每个人都必须严格遵守,并把它概括为一句话"留下故事,带走感受",即留下自己或别人的故事,带走活动后的感受。还要让学生明白,同样的情境,不同的人感受是不同的,人的感受没有对错之分,真实就好。这样可以激发团体成员积极参与整个活动,毫无顾忌地表达最真实的感受。

(四)团体成员参与的目的

在这个环节上,团体领导者要了解每个成员参加此次团体心理辅导的目的,即成员有什么样的目标、对团体有什么期待。成员对以上内容的阐述是越具体越好。对于那些没有阐述具体目标的成员,可以让他们现场思考,让他们对自己参加团体的目标清晰起来。同时希望每个人都讲真心话,怎么想的就怎么说,实事求是。

这个环节在第一次辅导时是非常重要的,因为任何团体的活动都是围绕目标进行的。团体领导者要在辅导之前制定团体的辅导目标,但是这个目标并不是一成不变的,它要结合团体成员的个人目标进行相应的调整。在成员和团体领导者相互了解各自的辅导目标后,双方目标之间的差距才会越来越小,契合度才能越来越高,团体的目标才能更好地实现。

(五)团体成员之间相互熟悉

初期阶段,一个成员如果能认同团体中至少一位成员,并与其有共同话题,他们就可以形成人际联盟,这样就能减少成员的孤独感、自我怀疑和被拒绝感。

对于来自不同班级的学生组成的团体,第一次相聚时,彼此都不熟悉,存在生疏感。有的学生会在这样完全陌生的团体中感到紧张,如果在这样的气氛下进行主题活动,学生之间很难敞开心扉、自由沟通,进而会影响整个团体的运作效果。因此,在第一次团体心理辅导中,团体领导者要为他们营造一个轻松、愉快的氛围,并用最短的时间让他们彼此熟悉,形成团体动力。我们可以通过以下方式达到这样的目的:第一是暖身活动,第二是分组。因此,这个阶段的主要任务就是帮助成员相互熟悉,消除彼此间的陌生感。

如果团体领导者发现成员之间有相似的目标、相似的经历、相似的情绪或相似的经验等,可以做适当引导,对于帮助成员间相互熟悉,消除彼此的陌生感和隔阂,也是比较好用的方法之一。

1.暖身活动

暖身活动的作用是可以调动学生的积极性、营造轻松愉快的氛围、集中成员的注意力等。通常采用的暖身活动有:游戏暖身、音乐暖身、故事暖身、肢体活动暖身等。选择哪种形式的暖身活动,取决于该次团体心理辅导的主题需求。每次团体心理辅导的开始阶段,暖身活动都是必要的。

2.分组方法

一个大的辅导团体,团体领导者为了让成员间更好、更快地熟悉起来,可以先把团体分成几个小组,小组成员先彼此认识并熟悉。在实际的操作中,分组的方法有以下几种。

(1)"棉花糖"游戏分组。例如,"无家可归",具体的活动过程如下:①所有人围成一圈,当听到团体领导者说:"棉花糖",同学们便齐声问:"粘几个?"团体领导者说几,就几个同学粘在一起,组成一个"家"。②对于那些没能找到自己"家"的同学,要接受小小的惩罚,给大家表演节目。③为了分组的需要,最后团体领导者可以根据团体的实际人数,将成员平均分成几个小组。

这项活动可以很好地活跃现场气氛,特别适合分组环节。通过这个活动可以让组员体会到被人接纳的感动或是被抛弃的酸楚,感受到集体温暖的珍贵。

(2)报数分组。例如,1到5报数,所有报到相同数字的同学组成一个小组。

(3)抽卡片分组。团体领导者事先准备好几种颜色的卡片,把每个卡片分成6个或8个部分,抽到相同颜色卡片的同学组成一个小组,并尽快把卡片拼成一个完整的图形。这样分组的好处是:学生在拼图的过程中,就开始了人际交往。如果采用竞争机制,看看哪个小组用时最短,则更能激发他们的合作意识。

(4)抓阄分组。事先准备好的6种动物、6种植物、6种水果或6种颜色的纸条,组员通过抓阄完成分组。比如将6种水果:苹果、葡萄、菠萝、樱桃、香蕉、西瓜,分别写在小纸条上,组员随机抓阄,形成苹果组、葡萄组、菠萝组、樱桃组、香蕉组、西瓜组。

(5)"滚雪球"分组。团体领导者要求所有成员先2人认识、再4人认识、再6人认识……但是有一个要求,结识的对象要是自己不认识的、不熟悉的人。

(6)扑克牌分组。让每个成员抽取一张扑克牌,请他们记住自己的,先不要看别人的,也不要和别人交换。请抽到红桃的成员组成一个小组,抽到黑桃的成员成为一组,抽到方块的成员组成一个小组,抽到草花的成员组成一个小组。

3.相互认识

根据活动需要,以下活动可任选其一。

(1)游戏"棒打薄情郎"。具体的做法是:每个小组发一个充气棒,从组长开始进行如下的自我介绍。

A 同学：我是来自＿＿＿＿＿＿，兴趣（或爱好）是＿＿＿＿＿＿，姓名是＿＿＿＿＿＿的 A。

B 同学：我是来自＿＿＿＿＿＿，兴趣（或爱好）是＿＿＿＿＿＿，姓名是＿＿＿＿＿＿的 A 旁边的来自＿＿＿＿＿＿＿＿＿，兴趣（或爱好）是＿＿＿＿＿＿，姓名是＿＿＿＿＿＿的 B。

C 同学：我是来自＿＿＿＿＿＿，兴趣（或爱好）是＿＿＿＿＿＿，姓名是＿＿＿＿＿＿的 A 旁边的来自＿＿＿＿＿＿＿，兴趣（或爱好）是＿＿＿＿＿＿，姓名是＿＿＿＿＿＿的 B 旁边的来自＿＿＿＿＿＿，兴趣（或爱好）是＿＿＿＿＿＿，姓名是＿＿＿＿＿＿的 C。

对于 D、E、F 等同学，都是先把前面所有同学的信息重复一遍后再来用这个句式介绍自己。在每个组员说别人信息的时候，如果出现错误，组长就可以执行惩罚，就可以给那个人"当头一棒"。在每个小组组员都认识了之后，再请各小组的组长将自己的组员介绍给大家。

这个活动做完以后，也许还是有些同学不太熟悉，活动中最后一个同学因为重复的信息最多，也可能会觉得不公平，辅导教师可根据时间情况，进行第二轮游戏。为了加深成员的了解，也为了公平，第二轮可以让刚才每组的最后一个同学，作为开头，重新进行自我介绍。

（2）"同心圆"。为了使团体成员都能尽快地认识，我们可以通过下面的活动来完成。把整个团体分成两个大组，一个组围成一个小圆圈，站在内侧每个人面朝外；另外一个组围成一个大圈，把刚才的小圈围住。里圈和外圈的同学要一一对应，然后进行自我介绍，彼此认识。都认识了以后，里圈的同学不动，外圈的同学向右或向左移动一个人的位置，相对应的两个人再进行自我介绍，以此类推。直到所有人都认识后，活动结束。

在活动结束以后，要请学生谈谈这个活动的感受：哪些地方让自己印象深刻？如果团体领导者观察到有个别同学，能很熟练地掌握所有人的信息，也可以请他来谈谈他是如何做到的。这样的成功经验会给其他同学带来启发。

（3）"鱼在水中游"。首先请大家把自己想象成在水中游泳的鱼，大家彼此都不是十分熟悉，为了进一步认识，需要大家听老师的口令做对应的动作。伴随着音乐，大家在一个大的圆圈中任意走动，但必须要走到自己不认识的人面前，用肢体接触的方式打招呼，相互地介绍，具体用哪个部位打招呼，团体领导者会临时告诉大家。

第一次：走！让大家走动一会儿后，团体领导者喊停，音乐也停。团体领导者说用手与对方打个招呼，彼此介绍下自己。

第二次:再走!音乐响起,大家自由走动,去寻找自己不认识的人,当团体领导者喊"停",告诉大家用手臂与对方打个招呼并相互认识。

接下来的几次可以选择的身体的不同部位,如膝盖、小腿、脚等。

(4)身体对对碰。请全体成员围成一圈,大家先自由走动,当团体领导者说停的时候,用下面不同的方式与其他组员相互认识。

①用你平时最熟悉的方式与组员认识,如握手、说"你好",并彼此介绍自己。

②用眼神与自己不认识的组员打招呼,并彼此介绍自己。

③用食指点不认识组员的鼻子说"你好,很高兴认识你",并彼此介绍自己。

④用耳朵与不认识的组员打招呼,用手轻轻地捏对方的耳朵,说"你好",并彼此介绍自己。

⑤用身体与不认识的成员打招呼,把不认识的组员想象成"摇钱树",抱住对方摇啊摇,并相互地认识。

⑥用腿与不认识的成员打招呼,双方抬高右腿,彼此用手抬住对方的腿,然后共同跳动。

通过以上活动,可以让成员了解到自己平时在生活中的交往模式,如与人交往是主动的还是被动的、是积极的还是消极的、是开放的还是封闭的、是否愿意与每个人交往等。

(5)介绍好搭档。在分好组的情况下(最好每组的人数是偶数),请组内成员自愿选择一对一搭档,要求尽量选择自己不熟悉的人。给大家3分钟的时间,相互认识。随后,每个人把搭档的姓名、哪个班级、最像哪种动物、参加此次辅导的期待是什么等,向组内的其他成员做全面的介绍。

(6)"新有缘人"活动。团体领导者可以作如下提示。

①假如你是一种动物,你希望自己是什么动物,为什么?请将此动物画在纸上。(只能选一种动物)

②按同类动物分组,并在组内分享自己选择该动物的理由、介绍自己的姓名、说出名字的寓意。

③集体分享:各组找到成员之间的3个新的共同点。

4.选出小组的组长

每个小组选出组长。组长的职责是组织小组活动,要引导组员积极反馈,使得组员都有机会展示自己。为了使得每个组员都得到锻炼,组长可以定期更换。

5.为小组取名

小组成员共同商讨组名,并说明理由。

6.确定小组口号

小组成员讨论自己组的口号,最好是容易让人记住并叫起来朗朗上口的,能够反映小组成员共同意愿的口号。

7.设计小组标志

设计自己小组的标志,并把它画在纸上。

8.展示成果

请各小组的全体成员到前台来展示自己小组的组名、口号、标志,以及集体亮相的姿势。辅导教师可用相机记录各组的精彩瞬间。

这个阶段的主要任务是建立团体的概念,让成员相互认识和了解。在这个阶段有一点需要注意的是,各小组在完成以上任务的过程中,可能有的进行速度较快,提前完成任务,团体领导者可以根据现场的观察,为其追加任务,避免小组成员坐在那里无所事事。可以选择追加的任务有:让小组成员找出 3 个以上的共同的个性特点,也可以是共同的兴趣爱好等,并举出详细的例子加以说明。

(六)结束辅导

第一次团体心理辅导对下阶段的团体进程有一定的影响,所以在第一次的团体活动结束阶段要进行必要的总结。一般情况下,在结束阶段我们要向成员提出以下问题。

(1)你喜欢这个团体的哪些方面?

(2)你不喜欢这个团体的哪些方面?

(3)在这里发生的事情与大家想象的一样吗? 对你来讲,你印象最深刻的事情是什么?(最好不要第一个问题就问,你这次的辅导感受怎样? 因为谈事情总比谈感受更加轻松,这样更有利于成员开放自己的想法。)

(4)这次团体心理辅导过程中有没有不愉快的事情发生?

(5)你从这次的团体心理辅导中学到了什么?

(6)参加完这次团体心理辅导,你有没有什么想说的?

(7)如果你是团体的组织者,你想对这次团体心理辅导做哪些改变?

通过学生的反映和想法,为团体心理辅导的下一次开展提供了一定的方向,这个环节要引起团体领导者的重视,在第一次辅导结束时必不可少。

(七)评估辅导

第一次的辅导效果影响着接下来的辅导,因此对第一次的辅导做一个评估,或者说经验总结是非常必要的。如果第一次的辅导学生的团体动力很好,大家参与活动的积极性很高,团体的目标就更容易实现,对于这样的成功经验是非常值得总结的。这些经验对今后的辅导也起到积极的作用。但有时候,第一次辅导的效果可能不是很好,原因可能有以下几点。

(1)团体领导者对辅导的目标不是很明确。

(2)在辅导过程中,团体的氛围不够轻松,成员缺乏安全感。

(3)小组成员的投入不够,不能积极地参与到讨论中来。

(4)小组成员对团体领导者的表现不够满意。

(5)团体领导者没有制订好辅导计划。

(6)热身活动学生的参与度不高,没有达到热身的目的。

(7)没能很好发挥团体中每个成员的价值,创造机会发挥他们的作用,降低了个体对团体的依赖及归属感。

工作阶段

在一个团体中,团体成员之间的关系,实际上也是一种人际关系,团体成员之间的沟通是人际互动的表现。团体成员之间的人际关系,通常会经历以下过程:陌生且有隔阂—熟悉且接纳—亲密且信任。在团体工作阶段的主要任务之一是通过一系列的活动,培养成员之间亲密且信任的关系。这种亲密关系的形成过程,就是培养团体凝聚力的过程。当然所有的活动都是为辅导目标服务的,实现辅导目标才是工作阶段的重要任务。

(一)辅导的阶段

1.凝聚阶段

团体心理辅导的凝聚阶段,是成员间形成友谊和发展亲密关系的重要阶段,成员试图以私人对私人的方式,彼此适度地自我揭露,可以分享个人较隐私的内心世界。

2.互助与合作阶段

团体领导者在互助与合作阶段的主要任务之一是去掉成员的社会角色,使成员能以个人或真我互动;协助成员建立个人的团体心理辅导目标。任务之二是平衡团体的3个层面,第一是使得成员在个人层面得到平衡,也就是说在成员自我揭露后要有其他成员的回馈;第二是使得成员在人际层面得到平衡,也就是说当小组内某个成员自我揭露后其他成员的分享要达到相同深度,团体领导者在辅导过程中要事先说明这一点,并在活动过程中观察成员是否做到了这一点,如果有的成员没做到,要给予及时的回应,否则会给已经自我暴露的成员带来心理不平衡;第三个是要使得团体层面平衡,也就是说团体中分享的人数与分享的深度,团体层面的均衡是引导个人继续分享的基础。

这个阶段也是培养团体成员人际沟通技巧的重要阶段。通过成员间的互动发展共有关系的人际规范,学习基本的人际沟通技巧,如表达个人情绪情感、分享个人经验、给予他人回应。

对于需要分成几个小组的较大团体,团体领导者要让各小组组内分工明确,坚持"弱者"先说,大家补充的原则,每个小组的代表发言时,要求以"我们小组"为开头语,并在发言前对其他小组的发言做出评价,再说自己小组的看法,这样有利于小组之间的沟通交流,有利于团队建设。

(二)团体气氛的影响因素

在团体工作阶段,团体的气氛是非常重要的,如果气氛不好,会影响到团体动力的生成。因此团体气氛对团体动力的形成有着重要的影响。那么有哪些因素会影响团体的气氛呢? 下面做简单的阐述。

1.团体成员的归属感

团体成员的归属感会让团体具有整体性,每个成员要认识到自己是团体中的一分子,要与团体休戚相关、荣辱与共,团体不是个体的简单集合,而是成员之间相互依存的共同体。

归属感对团体成员的发展有着不可忽视的重要性。如果团体中的某个成员没有被其他成员所接纳,甚至被其他成员孤立,这些成员是没有办法在这个团体中存在很久的,因此,在团体心理辅导的过程中,要让每个成员感受到被"接纳",不管他们有什么样的特点,也许成绩不好、外表不够美丽、过于内向等。只有这样每一个成员才能更好地投入到团体活动中来,才能更好地自我成长。

2.团体成员的稳定性

团体成员的稳定性对团体心理辅导的效果有着一定的影响。在团体心理辅导过程中,如果有人经常进入或退出团体,会对团体的凝聚力产生破坏。因此在辅导开始阶段,团体领导者要向团体成员说明:在辅导过程中,如果没有特殊情况,希望大家都能准时参加每次活动。团体稳定性的维持,主要还是靠团体活动对成员的吸引,吸引力越高,成员继续参加团体活动的可能性就越大。

3.团体成员的凝聚力

具有凝聚力的团体,成员应具备以下特点:①每次团体的活动都能积极参加;②团体活动中经常放开自己,积极影响他人;③维护团体规范,对于违反规范的成员能提出建设性的改变意见;④积极配合团体领导者的活动和安排;⑤愿意倾听其他成员的发言、见解或看法;⑥对团体其他成员无条件的接纳。

结束阶段

团体心理辅导结束阶段主要目的是巩固团体心理辅导的效果,通过成员分享参加团体活动后的想法或感受,来检验参加辅导后的收获或变化。通过结束阶段的活动,可以让成员做好分别的心理准备,以便更好地处理离别情绪。这个阶段团体成员辅导后的经验体会,将会对今后的生活中运用辅导经验起到重要的作用。因此,辅导结束阶段对整个辅导的效果有着重要影响。

结束阶段对于团体心理辅导来讲是非常重要的,一个团体在做了几次活动之后,一定要有结束团体的过程,有好的开始,也要有好的结束。因为对于那些团体中情感投入比较多的成员来说,结束阶段是对他们的肯定,同时也需要团体领导者更好地处理成员之间的离别情绪。这就要求辅导教师在最后一次辅导中,有翔实的活动计划,能让每个成员都参与到辅导结束的活动中来,畅谈参加辅导后的感受与收获。这些收获将对成员日后在现实生活中运用辅导经验起到积极作用。

(一)结束任务

1.处理离别情绪

面对团体心理辅导活动的结束,面临着分别的时刻,绝大多数的成员会感受到失落、伤感等复杂的情绪体验,处理好这些情绪是非常必要的。

2.回顾活动历程

团体领导者通过回顾团体的活动,带领成员回顾整个团体的实践成长过程。

3.评估效果

团体领导者可以让成员填写心理问卷,分享自己在参加团体活动后的感受和收获。团体领导者也需要整理自己在团体心理辅导中获得的经验。

4.分别与祝福

通过让成员互赠礼物的方式表达祝福或祝愿。成员可以将别人送给自己的礼物好好收藏,成为自己生命中的美好回忆的一部分。

(二)结束活动

团体心理辅导可以通过总结会等方式来结束团体。通常回顾团体心理辅导的历程,最好的方法是对每次活动拍的照片,包括每个人从第一次辅导到最后一次辅导的表现,用放映照片的方式呈现在大家的面前,让每个人体会到团体心理辅导过程的美好。团体心理辅导虽然结束了,但是今后大家还可以彼此联系,因此留下联系方式也是很有必要。

大学生团体心理辅导实操篇

第十四章

校园情景心理剧

一、校园情景心理剧的介绍

(一)校园情景心理剧概述

校园情景心理剧是在情景心理剧的基础上衍生出来的一种校园文化形式。校园情景心理剧实际上也是一种团体治疗心理问题的方法,通过角色扮演唤起参与者相应的情感。其产生与发展是我国学校心理健康教育的实际和专业工作发展的需要,同时也体现了成长发育过程中的大、中、小学生通过生动的演出活动的形式解决心理困惑的方法。

情景心理剧是利用与日常生活中相似的情景,通过行动表达的方法与技术,以舞台表演的形式重现生活情景中的心理活动与冲突,使当事人和参与者认识到其中的主要问题,当事人自己或在参与者的协助下解决问题,达到促进当事人、参与者认知领悟、情绪表达和行为改变的目标。情景心理剧吸纳了心理剧、社会剧、音乐、舞蹈、绘画、书法等表达性艺术治疗的精髓,是在心理教育实践中探索出的本土化"行动表达演出技术"。以舞台演出的形式,在达到知识性和趣味性的同时,从多个角度对当事人和参与者进行生动的心理健康教育和辅导。

校园情景心理剧以团体形式处理心理问题,通常是由团体成员把自己的焦虑或者困惑用心理剧的方式表现出来,再由心理咨询师充当导演帮助成员检验真伪、表达感受,培养和提高团体成员的洞察力。团体成员通过扮演日常生活中的角色,把平时压抑的情绪释放出来,这对心理问题的解决有所帮助。角色扮演可以为成员提供宣泄情感的机会,特别是困扰他的消极情绪。在表演的同时,成员更可以深入地了解真实情况和他人的感受,增加人际关系敏感程度。当所有的成员都觉得无法继续演下去,或心理咨询师认为已达到目的时,随时可以停止表演。心理咨询师要让每个成员说出自己的感受,并相互提供意见或建议,最后由观众发表意见。在表演过程中,如果某位成员对某种角色强烈地表现出否定情绪时,可以建议其扮演该角色。这样可以使其从不同的角度去了解当时的情景,了解他人的心情和立场。再者,这也是一个自我反省的机会。最后,心理咨询师组织团体成员讨论整个活动的体会、感受,互相启发、互相支持。至于表演什么样的情景,可以选择成员共同关心的事情或场景,如家庭生活、学业问题、休闲时光、交友等。

校园情景心理剧作为一种心理教育手段,为学生提供一种发现、思考及解决问题的思维方式。它生动形象,参与性、互动性强,集知识性、趣味性于一身,成为一种有效的教育手段。因为校园情景心理剧生动演绎了生活中各种复杂的心理问题,可以使同学们从第三人称的角度,重新审视自己的生活。

(二)校园情景心理剧的创作要求

1. 提出问题

提出问题包括 3 个方面,即开端的任务、开端的形式和情节引出。

(1)开端的任务:①交代故事发生的时间、地点、背景、时代特点等;②交代人物之间的关系;③引出全剧的主要矛盾和问题。

(2)开端的形式:旁白(可以录音,也可以团体成员自己完成)。

(3)情节引出:通过演员一连串的动作来暗示时间、地点和事件的起因。

2. 分析问题

问题提出以后,就要分析造成这些问题的原因和各个事件的影响程度及相互关系。通过对造成心理问题的相关事件和人物关系的精心演绎,使问题层层展开,不断深化,从而探讨这些问题对个人心理产生的影响程度及他人如何看待这些问题。这部分情节要曲折有致、起伏跌宕。

3. 解决问题

解决问题是指当事人状况有所减轻或有所领悟,找到了问题的原因和解决问题的方法。值得注意的是,校园情景心理剧的结局要有深意,能够引起观众的回味与反思,要通过内心冲突与斗争,使观众有所体验和领悟,从而改变一些不恰当的行为。

4. 分享感受

全体成员分享演出所体验的感受、想法及对自我的启发。导演常常会提醒团体成员注意 3 个原则:不分析、不建议、不发问,即不对主角提出进一步的问题。

(三)校园情景心理剧遵循的原则

在运用校园情景心理剧的时候要特别注意以下几个原则。

1. 参与性原则

协助学生积极参与,鼓励他们自由选择编剧、导演和演员的角色,充分发挥他们的特长,挖掘他们的潜能。在表演时应该有高度的热情和温和、精巧的方法,让每一个参与者在积极参与中获得愉快的经验分享,从而健康成长。

2. 保密性原则

校园情景心理剧是个体生命实践的重新回顾与体会,保守秘密是非常重要的原则。所以,每次演出结束,都必须花时间重演保密的仪式,其价值在于让参与者学习真诚、信任的重要团体伦理契约,养成习惯,由此可以推演到现实的生活中去,养成尊重他人生活隐私的习惯。

3.科学性原则

校园情景心理剧是一种有效的方法,对参与者的影响是强有力的,如果一些没有受到训练的人使用这一方法,将存在很大的潜在危险。这一方法要求指导者必须具有较高的敏感性,避免强迫有困扰的人进入治疗阶段,一旦成员心灵的伤口打开之后,要能够使之弥合,从而保护每一个参与者。重要的是指导者不仅需要知道自己能够做什么,还要知道自己的局限性和此方法对于特定群体的局限性。一般认为,有严重困扰心理的个人、反社会的人不宜参与此类活动。

4.有效性原则

运用校园情景心理剧的方法来帮助团体成员的指导者应该有足够多的个别心理咨询的经验,对参与者中存在的问题有足够多的了解,而且最好是指导者自己有很多当事人的经验,这样才能够及时有效地推动剧情的发展。在校园情景心理剧指导过程中,心理辅导教师也必须解决好反移情的问题。如果指导者训练不够,很容易对参与者的缓慢进展产生不耐烦。而只有增强鼓励的情绪,加快剧情发展进程,才能尽快看到指导效果。

(四)校园情景心理剧的表演阶段

校园情景心理剧的表演包括准备、热身、演出、分享和讨论5个阶段。

1.准备阶段

对于校园情景心理剧来说,无论是事先编排的剧情,还是即兴演出的剧目,都需要一个充分的准备阶段,准备一个经过专业训练的演出团队,同时对演出场地、场地设置、道具设计搭配都需要结合所要实现的演出目的,加以精心准备。有时根据需要事先编写剧本,也是有帮助的。

2.热身阶段

热身阶段的形式应多样化、便于操作,更要注意互动性和感染力。

3.演出阶段

校园情景心理剧的演出阶段要突出主题矛盾,还应注意与现场观众的心灵连接,如果能引发观众自发参与,或者让更多的观众参与演出,效果会更好。

4.分享阶段

分享阶段需要遵循的原则:不批评、不建议、不比较,结合自己过去的生命体验,分享自己的感受和做法。

5.讨论阶段

讨论阶段可以促进认知改变,同样也要遵循不批评、不建议、不比较和不表扬的原则,但可以提出不同的想法供成员参考。

对于辅导老师来说,最后需要对整个准备、热身、演出、分享和讨论过程加以审视,发现改进的可能性。在主角和团体需要时,也可以进行审视,共同来找寻更有效的演出表达形式和内容。

(五)校园情景心理剧的主要形式和特点

1.校园情景心理剧的主要形式

根据校园情景心理剧的发展阶段,校园情景心理剧有以下两种形式。

(1)团体成员完成剧本(能够反映成员们常常出现的心理冲突、心理困惑),并在辅导老师的专业指导下排练和表演,排练中要充分发挥演员的自发性和创造性。

(2)团体成员在辅导老师的启发和专业指导下,现场自由选题,自由选择合作伙伴,即兴演出,把一些常常引起团体成员心理冲突、困惑的熟悉的日常生活课题典型化,夸张或放大地搬上舞台。

我们把前者称为"剧本情景剧"或"剧本剧",把后者称为"即兴情景剧"或"即兴剧"。

2.校园情景心理剧的特点

校园情景心理剧具有自发性、创造性、主题性、教育性、戏剧性等特点,具体如下。

(1)自发性。一个演出活动,需要参与者自发而主动地理解角色内心活动和情景,释放自己内心情绪、情感,开放自己,真实地面对团队。如果带着过多的思维限制,那只能被动而机械地演出剧中角色,缺乏内在活力,成为表面化和形式化的被动演出,会减弱校园情景心理剧的感染力和影响力。

(2)创造性。无论是否演出同样的剧情,每次演出应与过去演出有所不同,更能表达自己真实的感受,同时更接近角色的内心真实,不是仅仅按照角色设定,为演角色而演角色。其实,随着时间的推移,演出者自身的经验感受也会发生变化,需要用自己深层的领悟来创造性地演出,活化角色功能。同时,剧情的选择、编排也不能简单重复。如果没有创新,会降低校园情景心理剧的吸引力、鲜活性和感染力。

(3)主题性。校园情景心理剧具有相应的主题,比如人际交往、压力应对、亲子教育、自我成长等,这些主题是团体成员在日常生活中常常会面临和关注的,具有普遍性和典型性,容易导致内心冲突和困惑,也容易引起表演者和观众的思考与共鸣。确定主题可以更好地聚焦,但并不影响自发性和创造性的表达。

确定主题是一个很好的暖身过程,可以消除一定的认知阻抗。如果经过团体小组共同讨论决定做无主题演出,这本身也是一个主题,就是自由地、自发地演出自己内心的感受,即兴讨论并演出大家共同关注的话题。

(4)教育性。心理健康教育的目的贯穿校园情景心理剧的始终。校园情景心理剧比较注重教育启发、适度引导,通过情景演出起到行为示范作用。比如,通过演出道德教育、人际交往、失恋情感等校园情景心理剧,演员脱离剧中角色回到团体当中,在辅导教师的指导下,团体成员们分享他们对刚进行的演出的感受、想法和联想,可以促使演出者和观众深思,从心理健康的角度对该主题形成更深入全面的认识,并结合自己的生活实际找到适合自己的解决办法。当自己或周围的人遇到与该主题有关的困难时能够有更多的理解和包容,并知道如何提供帮助。

(5)戏剧性。在一些校园情景心理剧的演出中,需要强调戏剧化的演出效果,通过一定的服装、灯光、音响和音乐来突出情景冲突,以形象、生动、夸张、浓缩的方式着重展示主题中人物的心理感受、冲突和困惑,增强演出感染力和趣味性,让观众身临其境。促使团体成员深入理解问题产生的多方面原因,体会当事人的心理感受,寻找解决问题的多种可能的办法,也增进对自己的了解。比如,在冰海沉船、乘坐救生艇等道德价值观情景剧的演出中,戏剧性的效果烘托非常重要。另外,在大型的舞台演出时,需要强调灯光、音响的戏剧效果。

二、校园情景心理剧的一般流程

(一)准备工作

准备工作包括两个方面:专业训练的准备和场景设置的准备。

1.专业训练的准备

选择自愿者参与演出前的专业训练准备,成员人数根据需要,可以是 6～12

位。经过一段时间自我成长与技术学习的训练,确定每个成员可以演出的角色,经评估合格,才能进入演出前的排练环节。

2.场景设置的准备

场景设置主要由指导者(导演)主导,在演出开始前就要准备,演出过程中还会设置场景。

校园情景心理剧的演出,离不开具体的情境。具象化的以视听觉空间架构为主导的场景布置,可以唤起参与者真实的感受,有如身临其境。接近真实的场景可以架起"彼时彼景"到"此时此地"的心灵的时空连接,帮助主角在当下面对过去的问题,进而更好地走向将来,也可以帮助指导者、配角、观众更直接、清晰地了解事情发生的背景,触发内心的共情感受。

校园情景心理剧设置场景时应注意以下几个方面。

(1)布景要素。

①地理空间。确定地方和环境。比如东西南北中的哪个地理位置? 是在城市还是在乡村? 是国内还是国外? 是室内还是室外? 是宿舍、家里还是办公室?桌子、椅子、床、窗、门等如何摆设? 朝向如何? 是在大自然中吗? 有山、有水、有树、有人吗? 有动物吗?

②生活状态。确定是家庭还是宿舍生活场景、工作场景、学习场景或人际交往场景。应根据剧情和演出时间,选择主要的场景布置。

③时间维度。确定是过去场景还是将来场景? 过去或将来什么时候? 具体是什么时间? 是一个过去情景,还是两个或多个过去情景? 是先后出现,还是同时呈现? 比如,小时候的生活、中学读书、结婚成家、工作等多个情景。

④感觉元素。场景的布置需要借助五官感觉元素,如视觉:灯光大小颜色、道具(彩布)色彩;听觉:声音大小、频率,音乐旋律、节奏(哪个国家或民族的音乐? 哪个时代的音乐? 哪个类型的音乐?);味觉:茶水的味道(什么茶? 口感如何?);嗅觉:空气中弥漫的气味(是自然的空气还是薰衣草等芳香味道?);质感:材料、桌椅(选择什么质感的布? 什么样式的桌椅?)。

⑤舞台。借助现成的舞台,但应更注意灯光、音响的应用,建议采取小型室内舞台,而且观众人数不能太多,100人左右为宜,以便于控制和互动交流,椅子以能移动为好。

⑥组成元素。场景中的结构布局、物品用具,是用人来扮演还是以具体的物品来表示? 可根据主角意愿和角色、场景需要综合考虑。

场景布置可以将人和物有机结合,选择物体做道具可能更形象,但选择人做道具更灵活,使场景拟人化,有活化场景的作用,好像一面会说话的镜子,客观地反映出主角的生活状态。

比如,用人扮演桌椅,就可以采取拟人化方式对主角说:"我看你好累哟,整天坐在这里,别的什么也不去做。你知道吗?这样坐着,我也很累,被你压得好疼。"这样,可以促使角色更清楚地了解自己的生活状态。

有时,对于即兴、短程的情景剧演出,可以不强求具备太多的布景要素,直接选择舞台,进行简单布置即可。

(2)布景过程。

布景过程包括以下 7 个环节。

①选择事件。无论是预先准备好的情景剧,还是团体即时选择的情景剧,都需要确定具体要面对和处理的事件。

②选定舞台。如果有固定的多层舞台配上可调大小的灯光、音响,可直接选择舞台的某个位置。如果是平地围坐而成的团体,中间可以用赋予力量的彩布围成的圆圈作为舞台,同时该圆圈舞台可以变化缩放,可大可小。在具体演出时,还可以征求主角或演出小组的意见,在圆圈舞台中确定某个位置作为实际演出的舞台空间。

③确定方位。将需要呈现的人、物、景,按照剧情需要的位置、方向来安排,方位的确定有助于主角和演出小组理清自己记忆中的空间,更接近实际,触发更多与演出事件相关联的感受体验。

④道具安排。准备尽可能多的不同颜色、质地、花纹图案的彩布,即兴演奏的打击乐器,可能的服装,可变灯光大小的落地碗罩台灯,认知连接卡片、经验卡、生活卡、风景人物卡、动物卡、性别认同卡、水晶卡、身体卡等含义丰富、寓意深刻的系列卡片。在现场要遵循就近就便的原则,就地取材,因境制宜。

⑤注重感受。适时关注角色在场景中的感受,询问感受如何,是否舒服,高兴吗,是否有些担心、害怕。

⑥确定时间。事情是在什么时候发生的?如果现在在这里,你看到了什么?

⑦安排人物和角色。剧情中有哪些人存在?这些人分别是什么角色?与主角的关系如何?安排在什么位置?

以上过程只是一般性的步骤,可以改变或跳过。有时候在某一个阶段可能容易带出剧中角色的感受和情绪,需要对角色当时的状态加以处理,提供支持,然后根据剧情的需要和角色感受,协商考虑是否继续完成后面的布景过程和演出。

(二)热身

热身是校园情景心理剧演出中现场推进团体氛围和动力发展的重要过程,因此在校园情景心理剧中特别提出并强调热身的必要性。心理剧的热身阶段会用到舞蹈、音乐、绘画等方法,校园情景心理剧同样会用到,但在热身的同时会结合形象生动而又特别的工具或手段来进行,如舞蹈肢体语言、音乐即兴演奏、音乐绘画、寓意深刻的卡片、丰富的彩布、民间艺术图画的意向舞蹈等,也可以运用团体状态的社会活动进行热身。

1.舞蹈热身

播放不同音乐,大家跟随着音乐进行舞动,可以是大家拉手围成一圈舞动,也可以随意站在自己喜欢、舒服的位置舞动。音乐可以是快节奏的,也可以是慢节奏的,还可以有领舞,大家跟着领舞者舞动。

例如:《春天在哪里》舞蹈热身,这个舞蹈分为两部分,主要是手上的动作。第一部分是两个人一组的动作,可以达到两人相识、互动与配合的目的;第二部分是交换动作,达到接触更多的团体成员的目的。练习熟练后,随着欢快的儿童歌曲《春天在哪里》,大家有节奏地在一起拍手舞动。

2.音乐热身

在校园情景心理剧表演过程中,可以运用个人和小组"即兴音乐演奏"的方式,帮助观众打开内心障碍,拉近彼此距离。当5~7个参与者先选择能够表达自己心情的乐器并开始演奏时,就像在倾诉内心的情感一样,这时演出现场的人可以由此而相互做内心的交流,当指导者询问现场倾听者的感受,再请演奏者自己用语言表达时,是一个进一步推进感情交流的机会。接下来,由一位成员先演奏,而其他成员跟随演奏,从初始的杂乱到后来的彼此协调同步,昭示了一个道理:彼此的理解、合作,可以促进和谐。由此为演出做好了有效的热身。

运用音乐来热身,可以协助参与者更好地表达自己的内心情感,起到相互支持、共同应对问题的积极作用。

例如:音乐游戏《找东西》,团体成员围坐一圈,用瓶盖之类的小物件作为道具,一个团体成员为找东西的人,请他离开房间,辅导老师将小物件藏到一个成员手里,大家开始有节奏地唱歌或用乐器打节奏,找东西的人进入圈中,大家发出声音的大小由他走动中离藏有物件的成员的远近来决定。即离藏有物件的成员远的时候,大家发出的声音就大,离藏有物件的成员近的时候,就逐渐变小,当他走到藏有物件的成员跟前的时候,声音就消失了。(这个游戏所选取的音乐可由心理辅导教师根据不同的团体成员的特性而随机指定,只要是欢快的音乐就行。)

　　3.肢体热身

　　辅导老师放不同的音乐,联想并用肢体表达想要表达的东西。如播放欢快的童年的音乐《让我们荡起双桨》《虫儿飞》等,引导团体成员回到童年,回忆童年时玩的游戏。可以是一个人,也可以是几个人一起。可以邀请其他成员一起来做游戏。

　　例如:《成长的雕塑》肢体热身。

　　(1)活动步骤。

　　①人生发展每个阶段都会有正向和负向的经历和感受。

　　正向:快乐、幸福、愉悦、美好、开心……

　　负向:悲伤、痛苦、恐惧、忧郁、郁闷……

　　②播放音乐,团体成员仔细聆听。

　　③团体成员在纸上画出人生的 6 个阶段,将每一个阶段的正向或负向感受标记下来。

　　④团体成员围站一圈,“1、2”报数,数“2”的成员站到圈内,圈外和圈内两个人一组。

　　⑤两个人分享画,将每个阶段用肢体语言表现出来,两个人互换角色,做出对方的“雕塑”。

　　⑥播放每个阶段的音乐(见表 14-1),每个人演绎自己不同阶段的“雕塑”。

表 14-1　《成长的雕塑》各阶段的音乐

主题	歌曲	乐曲
《成长的雕塑》	《摇篮曲》《听妈妈讲那过去的事情》《春天在哪里》《让我们荡起双桨》《十六岁的花季》《爱》《同桌的你》《少年壮志不言愁》《常回家看看》《夕阳红》	《生命之初》(*Life Arrives*)、《人之天性》(*Humen Nature*)、《希望尚存》(*Hope Remain*)等

　　(2)选择成长的歌曲与乐曲。

　　(3)团体成员分享。团体成员的分享举例见表 14-2。

表 14 - 2　团体成员分享举例

阶段	特点	肢体动作
婴儿期	头发稀少,爱哭	张着嘴巴肆无忌惮地哭
幼儿期	和同龄人抢吃的	学走路、抢东西
童年期	学习,感到自己长得不漂亮,自卑,帮大人干许多家务活	擦鼻涕、捡垃圾、烧水、冲水、抱柴火、看弟弟、和弟弟打架
少年期	学习压力大,觉得自己笨	读书、皱眉头
青年期	学习,永远都是学习。虽然很努力,但是总也达不到预定的目标	画画儿、读书,满脸困惑
成年期	家庭责任大,工作压力大	手忙脚乱地收拾家务、用电脑工作

4.艺术表达

我们通常运用彩布来进行艺术表达。需要先分组,分组可以按照不同的方式进行,如可以按生日的月份、兴趣爱好、地图等。每个小组选择不同颜色的绸布,一条或几条都可以,赋予所选择绸布颜色意义,可用歌舞来表达,也可用其他方式来表达,要求是全组成员都要参与并表演。

5.游戏热身

通过带领成员做游戏,进行热身活动。游戏热身的活动非常多,这里将常见的游戏介绍如下。

(1)快乐大转盘。

全体成员在活动室里随意站立,保持安静,准备按教师的口令行动。口令参考:①每个人脸朝天花板,面无表情地随意走动,遇到人转开。②每个人脸朝自己脚尖,面无表情地随意走动,遇到人转开。③每个人眼睛看他人脸,面无表情地随意走动,遇到人转开。④每个人眼睛看他人脸,面带微笑,随意走动,遇到人点头。⑤每个人眼睛看他人脸,面带微笑,随意走动,遇到人握手。⑥每个人眼睛看他人脸,面带微笑,随意走动,遇到人握手,心中说:"我欣赏你。"⑦每个人眼睛看他人脸,面带微笑,随意走动,遇到人握手,口中说:"你很棒。"

(2)雨点变奏曲。

辅导老师先教会大家从刮风到暴风雨的各种身体语言的表达方式,再带领大家一起做:①刮风,搓手;②小雨,用两根手指头击打另一只手;③中雨,用四根手指头击打另一只手;④大雨,用五根手指头敲打另一只手;⑤暴雨,拍手再加上跺脚;⑥狂风暴雨,暴雨动作再加上大家的呼喊声。

(3)抓与逃。

①全体成员站成一圈,左手食指靠左肩膀朝上指,右手手掌搭在右边的成员食指尖上。

听辅导老师的口令,辅导老师数数或说一句话或讲故事,凡是中间出现三时,每个成员右手去抓掌下的食指,同时左手食指赶快逃走。例如,辅导老师说道:今天是星期四,不是星期三;我们的教室在二层,不是在三层;一群猴子摘了一大堆桃子,它们开始数1个、2个、4个、10个、11个、12个、13个。

②看谁既能抓住别人又能逃走。

(4)接龙。

首先每两个成员之间进行剪刀、石头、布的游戏,输的成员站到赢的成员的身后,成为一对;赢的成员之间再进行剪刀、石头、布的游戏,输的成员带着自己的队员站到赢的一对的后面;再继续进行下去,最后只剩下两队,输的一方带着自己的队伍接到赢的队伍后面,赢的一方为龙头,形成一条长龙,首尾相接,最后形成一个大圆圈。

(5)松鼠搬家。

①三人一组。两人扮大树,面对面站立,伸出双手搭一个圆圈,另一人扮松鼠,站在圆圈中间;其他没成对的成员担任临时人员。

②辅导老师喊"松鼠","大树"不动,扮演松鼠的人就必须离开原来的大树,重新选择其他的大树;临时人员就临时扮演松鼠并插到大树当中,落单的人要表演节目。

③辅导老师喊"大树","松鼠"不动,扮演大树的人就必须离开原先的同伴重新组合成一棵大树,并圈住"松鼠",临时人员应临时扮演大树,落单的人需表演节目。

④辅导老师喊"地震",扮演大树和松鼠的人全部打散并重新组合,扮演大树的人也可以扮演松鼠,松鼠也可以扮演大树,其他没成对的人也插入队伍当中,落单的人要表演节目。

(6)神奇魔幻商店。

在神奇商店里有各式各样人类的特质,如快乐、勇敢、勤奋、幸福……但不可以用金钱来交易,团体成员可以扮演顾客来谈交易,以自己的不良特质,如懒惰、说谎、虚伪等来交换所期盼的特质。

(7)成长三部曲:"鸡蛋—小鸡—大鸡"。

①让全体成员蹲在地上,在最初状态,所有成员都是"鸡蛋"(以蹲下为标志)。

②"鸡蛋"可以自由活动,与同类进行猜拳,如果赢了,就进化成"小鸡"(以半

蹲为标志)。

③"小鸡"再与同类(只能是"小鸡")猜拳,如果赢了,就进化成"大鸡",如果输了,就退化成"鸡蛋"。

④"大鸡"再与同类(只能是"大鸡")猜拳,如果赢了,就成功回到座位上,如果输了,就退化成"小鸡"。以此类推,每个成员只有成功回到座位才能退出游戏。

(8)我代表的是什么?

所需材料:从杂志上剪下来的关于人物、花、风景、动物和物体的几类照片,胶水,剪刀,一些橡木标签。

成员们围坐一圈,按座次依次大声介绍自己的姓名和喜欢的卡通形象。每个成员介绍完后,让他们选择可以代表自己的照片。当选择(有些成员可能选择不止一张)好后,让他们用胶水将照片粘贴到橡木标签上。之后,辅导老师安排大家依次分享自己的照片,顺序和开始的时候相反。

(9)找家。

①大家先围成一个大圈。

②按人数不同分组。

辅导老师:"现在听我的口令,我说几个人一个家,大家马上组成新家,新家的成员紧紧拉起手来,围成一圈,看谁无家可归。"

辅导老师:"现在开始,6个人一组。""8个人一组。""3个人一组。"……

辅导老师:"5个人一个家。"如果这时有进入不了5人之家的成员,请他谈谈此时的感受,然后问哪个家庭愿意接纳他。

③家庭成员互相介绍:新成立的家庭成员微笑握手,互相介绍。

(10)解开千千结。

①大家拉手围成圈,转着圈唱首歌,然后每个成员记住自己的两边分别是谁,松开手,在附近随便走,这时,辅导老师可以带着唱《找朋友》。突然,辅导老师喊:"停!"大家原地不动,去牵自己的两边的同伴,只能挪动一只脚。

②开始解结。

(三)演出技术

校园情景心理剧中通常会用到心理剧的多种演出技术,可以预先准备或即兴选择使用,这里介绍几种在校园情景心理剧表演过程中常用的技术。

1.对白

从不同的角度对话,表达角色的感受,即便是物体在剧情中也有自己的声音,因为"万物皆生命"。在我们的生活中实际上都会留下我们的生活体验和生命感悟。所谓"睹物思人""触景生情",是指人们会把自己内心的情感投射在客观的物体身上,那么对物体上所承载的情感的表达就可以唤起过去的体验或弥补情感的缺失。"我见青山多妩媚,青山见我也如是",是与自己的心灵对白,与自己的灵魂、精神对白。

2.旁白

旁白是校园情景心理剧中经常使用的,主要通过语言的方式表现剧情发生的背景、角色内心的活动,是一个烘托气氛、刻画人物内心世界的重要方法。可以用人称"我""他"或"她","我们""他们"或"她们"等来表示主角或角色的内心感受。前者称为情景旁白,后者称为角色旁白。

3."三椅子"技术

选择3把椅子,分别代表过去、现在和将来。其中,左边代表过去,右边代表将来,中间代表现在。大致步骤如下。

(1)确定某相关主题中主角生命成长过程3个时段的变化状态和情节。

(2)请主角扮演者依次坐在代表过去、将来和现在的椅子上,体会时空变化,并将具体情节状态通过演出表达出来。

(3)3位配角分别扮演主角在3个时空时的状态,而主角则站在靠近代表自己现在角色的中间椅子后面,做镜像观看。

(4)演出结束后,由主角谈谈自己演出和观看的体会,参与演出的配角谈谈自己的感受。

(5)全体观众分享自己的生活经验与感受。

三椅子技术,可以是全体参与者确定主题的舞台演出,也可以是同时将大团体分成若干个4人小组的演出。目的在于协助主角和参与者更立体、全面、深刻地表达自己,促进自我觉察,提高对问题的应对能力。另外,该技术也可以用于热身阶段。

4.生命雕塑

通过一定的道具,比如各色橡皮泥、彩纸或者各种形状的人、物体等塑料模型,将自己记忆中印象或感受最深的一件事情表达出来,并与小组成员分享。这是一个深度推进个人情感表达、成员间彼此心灵连接的具体化情景呈现方式,也可以作为小组共同话题的演出或热身方法。

(四)分享技术

1.语言

团体中的每位成员根据自己参与整个过程的感受,结合自己过去的生活经验,用语言表达自己的感受和收获。可以是一段话,也可以是一句话或两句话。分享时应遵循分享的原则。

2.表情

可以用表情分享,即将自己的感受和收获用一个表情表达出来,比如微笑、沉思、困惑、欣喜等。

3.行动

还可以用行动分享,即将自己的感受和收获用一个行动表达出来,比如跳跃、握手、敬礼等。

(五)讨论技术

1.问答式

问答式可以按照下面的格式进行讨论。

(1)在这个演出活动中,我看到了……

(2)在这个演出活动中,我学到……

2.小组提问式

小组提问式可以由指导者或小组成员自愿者作为提问人,向大家提问:①如果你是剧中的某个角色,会怎么去做? ②逐一回应,相互讨论启发,寻找更多可能性,而不与实际演出的剧情进行比较。

三、校园情景心理剧的作用与意义

校园情景心理剧属于团体心理辅导与咨询的一种方式。在团体中,团体成员可以与不同背景与价值观的成员相处,团体成员彼此的回馈犹如一面镜子,可以让你更加了解别人眼中的自己。校园情景心理剧更是一个试练场,团体成员们合作,既当编剧,又当导演,还当演员。每个情景剧的素材都来源于校园生活,反映的是团体成员校园生活中的烦恼与困惑。通过表演促使每个团体成员自我反思,共同商讨解决方法,体现出团体的智慧。

(一)校园情景心理剧的作用

与心理健康教育课程、心理咨询等传统的心理健康教育方式相比,校园情景心理剧的作用主要体现在以下几个方面。

1.使表演者的情绪得到释放

校园情景心理剧是一种可以使表演者的负面情绪得以发泄，通过演出自己的故事，释放自己，而达到心理咨询效果的新型心理辅导形式。比如，有人特别害怕在众人面前讲话，我们可以把这些人聚集在一起，让他们与健谈的人一起表演心理剧，并设计一些特定的场景，将他们不敢大声说话、表情羞愧、动辄向人道歉等行为通过艺术的形式表演出来，目的在于帮助参与者宣泄情绪，让他们感受到支持、温暖与关注。

2.使观众受到教育

作为观众，看到别人身上的问题时，我们往往能够体会到很多自己平时看不到的东西。对于一些有类似挣扎的人来说，分享别人的经验能帮助他们学习如何面对自己的问题。采用校园情景心理剧这一团体心理辅导方式，使大学生积极参与实践体验，收到了良好的教育效果。校园情景心理剧就是把学生在生活、学习、交往中的冲突、烦恼、困惑等，以小品表演、角色扮演、情景对话等方式编成小剧本进行表演。剧中融入心理学的知识原理和技巧，学生表演发生在他们身边熟悉的，甚至是亲身经历的事，从中体验心理的细微变化，领悟其中的道理。

3.宣传心理健康知识

以校园情景心理剧这种团体心理朋辈辅导方式作为突破口，让学生对心理辅导有一个深入的了解和认识。其直接效果是拆除了挡在学生与心理辅导、治疗之间的隔阂。同时，在表演和观看演出的过程中，参与者、观看者不经意间均可以得到心理疏导。

4.营造助人与自助的心理氛围

校园情景心理剧把心理健康教育搬上了舞台，将精神分析、行为主义、理性情绪等深奥的心理治疗技术融入舞蹈、音乐、朗诵等艺术形式中，用学生喜闻乐见的方式来反映和处理学生的内心冲突和情绪困惑，形式生动活泼，富有趣味性和启发性，学生乐于参与，也易于接受。同时校园情景心理剧的形式轻松自由，在表演过程中心理问题以自由、轻松、戏剧化的方式展示出来，不会给学生带来任何心理压力和负担；问题以轻松的方式得到解决，学生能在良好的氛围中更好地进行自我探索和发展。

（二）校园情景心理剧的意义

1.教育对象的广泛性

作为团体心理辅导的一种形式，校园情景心理剧的辅导对象不仅包括参与表演的学生,也包括现场观看的学生。因而就辅导对象而言,校园情景心理剧的辅导范围更广泛,有更多的学生可以从中获得替代性经验,联系自身经历获得感受领悟,掌握问题解决的办法与策略,透过分享成长体验得到启发和教育。

2.教育内容的生活化

校园情景心理剧的素材通常来源于校园现实生活,内容贴近学生的生活实际,直接反映学生生活中常见的问题,如缺乏自信、人际交往困难、情感困惑、学习障碍等,因此它们更容易引起学生的共鸣,也更易于被学生接受。

3.教育过程的互动性

与传统的心理健康教育方式相比,校园情景心理剧的一个重要亮点在于其教育作用发生过程的互动性。它不是直接采用填鸭式、灌输式的方法给学生传授心理健康教育的理论,而是在心理剧的创作、编排、表演和分享过程中,让每个参与者主动地将自己的内心与心理剧之间建立起某种联系,引发其行为或情绪上的反应,促进其行为朝积极的方面发生转变。在整个过程中,心理辅导老师只是起指导作用,学生才是真正的主体,他们主动参与剧本的编写、舞台效果的设计和角色的演出。可以说校园情景心理剧编排、演出的过程也是学生自我教育的过程。

4.教育功能的预防性

在校园情景心理剧中,一个心理问题的产生、发展和解决的全过程被完整地展示给观众。它不仅可以帮助那些正在经历这种心理困惑的人找到问题解决的方法,更重要的是,以剧为镜可以让那些还没有产生心理障碍的表演者和观众发现自己生活中应该注意的问题和细节,预防同样的心理问题在自己身上发生。也就是说,它更侧重于心理问题的积极预防,重视学生心理自我调适能力的培养,而不是等到心理问题已经形成后再来治疗。

四、校园情景心理剧的要素与技术

校园情景心理剧由心理剧发展而来,因此导演、角色、舞台、观众、宣泄等基本要素,在校园情景心理剧中都有所体现。两者都是使用戏剧作为媒体来实现自己的目标,强调角色的重要性;两者都拥有戏剧的所有元素,通过隐喻来解决冲突,让人们与自己的问题有一定的距离,形成一套不痛苦的方法,以帮助相关人员。

(一)校园情景心理剧的基本要素

校园情景心理剧应具备的 5 个基本要素为导演、主角、辅角、观众和舞台。

1. 导演——心理辅导老师

心理辅导老师在校园情景心理剧中应发挥的作用有：①根据当事人的叙述，决定在演出中使用什么样的心理技巧达到什么样的辅导目标；②保护当事人，当其在心理剧中袒露自己成长历程中的痛苦与隐私时，让其得到更多的正面信息，以减少伤害；③设计场景，合理调度各种道具、灯光和音乐，运用舞蹈、游戏等各种方式暖化当事人，以便其更放开、更轻松地表演；④调动舞台的演出氛围，促进当事人情绪的宣泄，催化剧情的发展等。

2. 主角——当事人

当事人相当于心理剧的主角，是校园情景心理剧表演中最重要的角色，通常由正在经历或曾经历过心理困惑的学生来担任。

3. 辅角——参与者

除了心理辅导老师和当事人之外参与校园情景心理剧演出的其他成员。参与者通常饰演当事人生活中的重要角色，来帮助当事人更好地认识和解决问题。

4. 观众

观众并不参与校园情景心理剧的表演，只是观看校园情景心理剧的表演并从中获得体验。因此，观众的支持力量对于当事人来说是非常重要的。对于观众自身来说，当演员在舞台上展现某个心理情景时，他们陪同演员一起落泪或在大声地喝彩，他们会对自己在生活中遇到的类似处境有新的认识和领悟，同样提升对自我成长的认识。

5. 舞台

舞台是校园情景心理剧演出的地方。舞台要求安静、宽敞、舒适，不要太大，有时也可在教室进行。在舞台上，可以使用一些道具，例如一把椅子、一个代表着权威的雕塑、一棵象征着希望的大树等，以辅助演员更好地表达自己的情感；也可以使用音乐来烘托气氛；或者借助灯光来激发各种情绪状态，例如用黑暗的灯光加强孤独的感觉、用红色的灯光暗示紧张的情绪等。

（二）校园情景心理剧的基本技术

校园情景心理剧主要是通过角色扮演的方式，将当事人的心理展示在舞台上。心理辅导老师应根据当事人的心理类型，选择恰当的角色扮演技术，促进情感体验。以下例举几种常见的角色扮演技术。

1. 角色转换技术

角色转换技术是心理剧中最常用和最有效的一种技术，即让当事人或者说主角与另一个角色相互交换,来体验对方的经历和感受。角色互换可以帮助个体从自己的角色中抽离而进入另一个人的世界中,经过角色的互换,把主角同理的或投射的情感演绎出来。比如让主角与演出其室友的辅角进行角色转换,而该辅角演出主角,根据剧情需要可以多次交换。在这样的互动中,主角对室友及自身的状态和立场都会有新的认知。这对于解决高校中普遍存在的寝室关系等人际问题,无疑是一个有益的探索。

2.未来投射技术

未来投射技术被用来协助成员表达他们对未来的想法。如让团体成员想象5年以后、10年以后或者更久远的自己,并表演出来。这样可以让他们明确自己的理想和价值观,这种明确的方式将推动成员去争取自己想要的结果。如处在类似考研与就业冲突之中的人,可以用多种方案对将来进行预演,通过别人的反馈和自己的权衡从中选择出建设性的方法。

3.魔幻商店技术

魔幻商店技术通常用于热身阶段,也可以用来表演。其基本方式是主角和扮演店主的配角进行讨价还价的表演,店主卖的东西都是无形的,在生活中无法用金钱交换的,比如快乐、成功、健康等。主角扮演买主,他们要拿出自己所拥有的品质去交换。比如用自己追求完美的品质去换取轻松的生活;用自己的敏感去换取同学之间的亲密。在整个过程里,主角可以考虑再三,是否值得交换。这样的活动可以让旁观者明白主角的困惑和想要改变的现状;同时主角也会明确自己有些怎样的品质,哪些是值得发扬的,哪些是需要改进的。这种明确的方式对于处于自我同一性的发展阶段、自我意识明显增强而人格尚不成熟的大学生有着尤为重要的意义。

4.空椅子技术

空椅子技术经常运用于一个人表演的短剧中。当主角对某人或自己的某一部分产生阻抗,不敢面对时,就可以利用一张椅子来象征其内心的期望或恐惧。一般会让主角想象在一张空椅子上坐着一个人,或者放着一件东西,或者是自己的某一个部分,鼓励主角与之对话。通过这样的方式,主角可以将其内心的期望或恐惧表达出来。

5.替身技术

替身技术是由一位成员扮演主角,进入主角的经验世界中,体会主角的感受、想法和内在语言,以协助主角把没有体会到的感受表达出来,扩大主角的觉察范围,催化主角的心理经验,表露出主角的深层次情绪。在校园情景心理剧中,经常会使用的一种替身技术是给主角安排两个替身,一个代表本我和欲望,另一个代表超我和道德,通过两个替身的冲突矛盾来形象地表现主角的内心冲突。

五、校园情景心理剧的实施

校园情景心理剧以舞台为背景,舞台就是一个小社会,同学们在学习生活中出现的一切问题都可以通过校园情景心理剧表演的方式呈现在舞台上。通过夸张的表演、心灵的独白,让演员和观众在笑声和泪水中受到无形的启迪,这对于每一个人来说都是一次认知观念和行为模式的整合。同学们可以在较短的时间里更多地学习他人在现实生活中的经验,掌握更多应对困难的方法和对策,这些都是在个别咨询时难以达到的。这使得心理剧比其他的心理教育形式更加形象化、生活化和深入化。

(一)校园情景心理剧的创作环节

校园情景心理剧的创作、编排及演出过程,就是一个心理健康教育的过程。在这个过程中,演员和观众会遭遇生活中的各种问题。此时,导演或者舞台上的表演者会引导大家随时将日常生活中的问题转变为成长和发展的机遇,指导人们用自己与生俱来的表演才能创造出新的生活形式,创造性地表演自己的生活,从而帮助大家成为环境的建设者和创造者。

校园情景心理剧的创作是建立在对大学生心理健康状况的调查与研究基础之上的艺术加工和艺术概括。创作过程包括搜集素材、确立主题、设置时空框架、编写剧情、选择人物及创作剧本 6 个环节。

1.搜集素材

剧本的创作者可以通过多种方式多角度、多层次搜集学生中普遍存在的心理问题。例如,整理和分析心理咨询的典型个案;观察和分析学生网络论坛、博客中出现频率最高或跟帖率最高的心理话题;设计调查问卷,了解学生普遍感到困惑和亟须解决的心理问题;访谈或观察学生,记录在某个学生群体范围内各种心理问题出现的频率;深入校园中的特殊群体,如贫困生、学习困难生、单亲家庭学生等,了解他们所经历的特殊心理困惑。

2.确立主题

校园情景心理剧是针对某一突出心理问题的艺术加工和创作,因此要力求把握一剧一主题的原则,否则会加大表演者的难度,达不到教育和治疗的效果。

主题确立是在素材搜集的基础上,进行高度概括的结果。大学生校园情景心理剧的常见题材内容有:①人际交往问题,如寝室关系紧张、异性交往恐惧、亲子矛盾冲突、孤僻自闭等;②学习心理问题,如考试焦虑、学习动机缺乏、网络成瘾、厌学等;③自我意识问题,如理想自我与现实自我之间的落差、自卑、缺乏自我控制力等;④环境适应问题,如新生适应不良、毕业焦虑、创伤性应激障碍等;⑤情绪问题,如抑郁、焦虑、易怒、情绪自控力差等;⑥人格障碍问题,如依赖、自恋、攻击、偏执等。

3.设置时空框架

校园情景心理剧时空框架的设置,需符合表现主题的客观条件,以期达到情景再现的治疗效果,最好是大学生非常熟悉和有特定意义的时空环境。比如空间设定可选择寝室、教室、考场、食堂、运动场等特定环境;时间假定在重大节庆日、周末双休日、报到或离校之日、上课、考试、休息娱乐时间等。

4.编写剧情

剧情是校园情景心理剧的灵魂,内容安排要围绕主题展开,要赋予矛盾冲突。校园情景心理剧主要是通过冲突来推动剧情发展的,概括起来主要可以分为3类:①个体之间的性格冲突。②个体内部的心理冲突。③人物与环境的冲突。

5.选择人物

校园情景心理剧的表演受舞台的限制,人物选择要尽量遵循宜少不宜多的原则。因为人物越多,焦点越多,情节越容易拖沓。只有人物精简,焦点突出,才能用更多的剧情集中刻画主角的内心世界。

6.创作剧本

校园情景心理剧创作的剧本是开放式剧本,允许在排演的过程中随着剧情发展修改、丰富、完善和创新。校园情景心理剧的剧本应更多地依靠广大同学自己创作完成,这样将使大学生得到双重治疗和锻炼,培养和吸引更多有文学才华、创作冲动的大学生加入校园情景心理剧的创作中。

(二)校园情景心理剧的导演工作

校园情景心理剧的导演工作是把大学生心理健康教育活动具体到每一个心理健康问题的过程。校园情景心理剧的导演就是心理辅导老师本人。导演工作包括挑选演员、分配主角和配角、选择角色扮演技术、指导和排练表演的艺术效果等。下面主要简述挑选演员、分配主角和配角两项工作。

1.挑选演员

校园情景心理剧的演员的气质类型要符合角色,导演要指导演员认识、了解和体会角色的心理问题,这些问题或许就是他本人的或是他周围身边人的心理问题。符合角色类型的演员更易于从表演中体会和表现是与非、对与错、正常与不正常等,从而达到解除危机和烦恼的疗效。最符合条件的演员就是提供素材的原型人物。

在挑选时应注意演员的异质性程度。由一个异质性较高的群体来演绎一出校园情景心理剧可能收效会更大,尽管他们在编排的最初阶段可能也更容易发生矛盾冲突。例如一个对任何人都不信任的主角,遇到一些善良、友好、真诚、坦荡的配角或观众,其很容易就会动摇自己原来的信念;一个特别害怕在众人面前讲话的人,如果与健谈的人一起表演心理剧,相对于能理直气壮地大胆表达自己感情的配角,更能反衬出其自身存在的不敢大声说话、表情羞愧、动辄向人道歉等行为,并为其自我改变树立了良好的范本。而一个抑郁倾向严重的患者,如果遇到同样抑郁的一个群体,他们之间的负性情绪因相互传染而将形成恶性循环。因此,在选择校园情景心理剧的演员群体时最好考虑到异质性的问题。

2.分配主角和配角

主角是校园情景心理剧的主要人物,但是通常心理剧中不会只有主角,还需要配角来帮助主角完成整个表演。但是在校园情景心理剧的排演中,经常发生的现象是,学生们争着演主角,而不愿演配角,这本身就是一种缺乏团队协作精神的不良心理表现,也恰好可作为进行人际心理辅导的一个契机。

(三)校园情景心理剧的表演

校园情景心理剧的表演是学生在角色上进行的艺术创作和灵感发挥,既融入了他们对角色的领悟把握,又赋予了角色自身的个性特色;不仅是大学生课余生活中心血与汗水的劳动结晶,更是大学生进行心理健康教育的自我实践活动。通过校园情景心理剧的表演可以给学生普及心理健康知识,引起学生的共鸣,也能令表演者得到最大的支持鼓励和精神安慰。

1.演出时间

校园情景心理剧的演出时间可以安排在大学生的节庆假日文艺晚会上、各种艺术节活动上,或者安排在每年5月25日的大学生心理健康活动日。

2.观众情况

校园情景心理剧可以有特定的观众,例如在针对具有类似心理问题的小群体进行团体心理辅导时开展表演;也可以无特定观众,如在全校、全院(系)或全班的集体活动中进行演出。

3.分享互动

演出之后,是分享的过程,即演员之间、观众之间、演员与观众之间的一种互动与情感交流,这是一个让情绪宣泄和经验整合的时间。情绪宣泄是一种释放,它使长期内在流动的状态找到其情感表达的途径。分享的方式是,采取自愿报名或从调查问卷中抽取问题比较典型的观众,与演员和导演一起分享个人成长中与剧中主角类似的经历或故事,在此过程中,不强调对事件或问题的分析或者评价,而是侧重于个人情感的自然流露或表达。参与者的意见在这个时候会被全体成员听到,同时每个成员都能发现自己跟主角的相似性。分享的时候就是要抓住这个学习的过程,让学生宣泄自己的情绪,得到一些反省和情感的支持。

4.审视

审视是指在分享之后,演员和导演之间就演出的感受、收获进行的一种交流,对演出中技巧运用的一种反思与回馈,以便下次演出时有所提高。

总而言之,校园情景心理剧的实施过程,正是心理辅导教师以此类大学生为对象进行一系列心理咨询与辅导的实践过程。通过辅导和排练,既能让学生了解在他们当中或身边存在的这些不容忽视的心理问题,又能教育帮助他们及时克服、战胜这些心理问题。在具体表演进入角色的过程中,学生还能学到戏剧表演等舞台艺术方面的知识,有效地开拓了学生的第二课堂,丰富活跃了校园文化生活。

下面为校园情景心理剧的举例。

《神奇之门》——学会从不同的角度看问题

音乐:《不要认为自己没有用》

道具:多媒体设备、大屏幕、心理学图片《舞者与手势》《节约时间的暗示》

开场:

第一阶段　破冰阶段

(1)主持人上台,走进"你'心'我'心'工作坊"。

大屏幕依次展现2幅心理学图片。

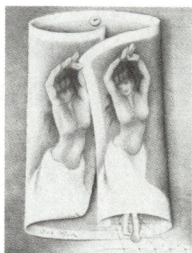

《舞者与手势》

《节约时间的暗示》

（2）主持人引导。

请看大屏幕上的瑞士艺术家桑德罗·斯普瑞特创作的这幅图（出示《舞者与手势》），你看到了什么？一双手？两个人？

请再看斯坦福心理学家罗杰·谢泼德创作的这幅《节约时间的暗示》，图中有什么？黑色的是什么？白色的呢？

（3）主持人总结，引出剧目。

同样的事物，不同的人看会得到不一样的东西，我们关注的重点不同也会得到不同的结论，不同的距离去观察同一个物体有时会出现截然不同的情景。

人生不如意事十有八九。谁都难免有失意之时。生活中有一道神奇之门，跨过这道门，我们的生活就会洒满阳光，我们的生命就会充满力量。（引出剧目《神奇之门》）

（4）破冰演出剧目《半杯水》，揭示主题。

①学生演出《半杯水》的故事。故事梗概是一个学生在打完羽毛球后急需喝水，得到同学的水后却不满足，嫌少。这体现出一种消极心态。跨过神奇之门后心态变得积极起来，懂得知足和感恩。

②主持人揭示主题：同样是半杯水，同一个人，用不同的心态来看待它，带给自己的竟然是天壤之别。让我们感到沮丧、感到痛苦、失去斗志的心态是消极心态，让我们感到愉悦、获得力量的心态就是积极心态。正可谓：

愁烦中具潇洒襟怀，满抱皆春风和气；

暗昧处见光明世界，此心即白日青天。

第二阶段　演出阶段

学生分别演出3个生活场景中的两种心态，旨在让观众通过观看他们的表演感受积极心态的力量，学会转化心态的方法，唤醒自己的积极体验。

场景一："考试之后"。考试之后两种心态的对比。张某考了51分，消极心态表现为把考试当作给父母的回报,与自己脸面联系起来,于是变得自暴自弃了。积极心态表现为通过试卷来分析自己的问题,为自己今后的努力指明方向。

场景二:"竞选台下"。一名竞选学生干部但落选的学生,本来情绪就低落,结果遭到同学冷嘲热讽,终于造成情绪的失控,表现出一种消极的心态。跨过神奇之门,于是开始客观冷静地看待自己。

场景三:"遭遇无理"。两个素不相识的人在路上相撞,其中一个很不讲理,一场争斗即将发生,弱者于是要来报复。跨过神奇之门后,他变得宽容大度,合理地化解了危机。

第三阶段　共享阶段

心理剧演出人员的感受共享。

(1)《半杯水》剧目表达的知足、感恩可以让我们快乐,珍惜当下的一切。

(2)"考试之后"表达的理性、全面可以让我们变得客观,全面地、积极地看待得失。

(3)"竞选台下"表达的自知、自信可以让我们变得坚强,爱自己。

(4)"遭遇无理"表达的宽容、大度是一种境界,它可以化解危机。

音乐响起:《不要认为自己没有用》,一组男女同学上场领舞,后面的演员合唱。

不要认为自己没有用

很多时候我们都不知道,

自己的价值是多少,

我们应该做什么,

这一生才不会浪费掉,

我们到底重不重要,

我们是不是很渺小。

深藏心中的那一套,

人家会不会觉得可笑。

不要认为自己没有用,

不要老是坐在那边看天空,

如果你自己都不愿意动,

还有谁可以帮助你成功。

不要认为自己没有用,

不要让自卑左右你向前冲，

每个人的贡献都不同，

也许你就是最好的那一种。

我的大学——学会适应大学的新环境

音乐：班德瑞《雨中印记》、贝多芬《命运交响曲》

道具：课桌

男主角：示强

配角：小游（男，最喜欢玩游戏）、小爱（女，喜欢浪漫）、小明（男，喜欢体育运动）、小希（女，喜欢跳舞）

场景：教室

开场：

（背景音乐：班德瑞《雨中印记》）

旁白：示强考上了梦寐以求的大学，大学的生活本应该是丰富多彩的。可是，示强天天闷闷不乐地在教室里苦苦地思索着。

示强：难道，这就是我的大学生活？自从进了大学校门，我天天在寻找，寻找我想要的东西。要什么？我不知道。找什么？我更不知道。

（示强低头继续看书）

（小游上场，文化衫上写着"游戏"）

小游：（兴冲冲地上台，先是面向观众说）大家好！我是小游，游戏的游，你们知道我的爱好是什么吗？（拍拍文化衫上的字）是玩游戏。哈哈，我最拿手的就是闯关，《魔兽世界》你们玩过吗？我都闯过 28 关了。我闯关的水平，天下无敌。至今还没有找到对手，谁敢和我比！（拍自己的胸膛）

（转身看到示强，惊讶地大声喊）

哇噻！示强，你怎么还在教室？干什么呢？

示强：（没有抬头回答）学习。

小游：什么？学习！（进一步走到示强跟前，一拍桌子）知道校园里流行的最傻的两个字是什么吗？

示强：（先是一惊，然后站起来）是什么？

小游：（向观众说"看他这个书呆子呀！"，然后转向示强大声说）学习！

示强：学习！我们上学不就是为了学习吗？

小游：学了有什么用？我才不学呢！

示强:不学习? 那你做什么?

小游:玩游戏啊!

示强:玩游戏? 怎么玩?

小游:哎哟哟! 你是外星人啊,都这个时代了,竟然还不知道游戏怎么玩?

(于是抓住示强的胳膊)

走吧,去网吧,我教你,免费教。

(示强甩胳膊挣脱)

(小爱上场,文化衫上写着"爱情")

小爱:你们两个怎么了? 别打架啊! 为了哪个女友争风吃醋啊?

小游:你想哪里去了,我想带他出去放松,他一天到晚就知道学习,学习,学习,再学习。

小爱:学什么呀! 学习这么苦,这么累。

示强:我们上大学不就是学习吗?

小爱:这可不是大学的全部呀!

示强:(不理解地问)大学的全部?

小爱:多着呢! 哎,其中恋爱是大学的一道亮丽的风景线。示强,谈恋爱去吧,我给介绍一个,你长得这么帅,很多女生会喜欢你的。

示强:(害羞)那可不行。听说在大学谈恋爱,成功率不高,将来各奔东西,浪费感情。

小爱:(哈哈大笑)想得还怪远呢! 你知道校园里流行的一句话吗?

示强:什么话?

小爱:不在乎天长地久,只在乎曾经拥有。

示强:啊! 那是没有承诺的爱,不也是玩游戏! 游戏人生啊!

小爱:哎呀,什么游戏人生。走吧,寻找爱情去吧!

示强:我不去。

小爱:哎哟哟! 你是冷血动物啊,都这个时代了,竟然还不去谈恋爱。

(于是抓住示强的胳膊)

走吧,去寻找爱情。

(示强甩胳膊挣脱)

(小希上场,文化衫上写着"跳舞")

小希:哎,小爱,你怎么又爱上示强了? 别打架啊! 别强人所难啊!

小爱:你想哪里去了,我想带他出去寻找爱情,他一天到晚就知道学习,学习,学习,再学习。

小希:带他满校园去寻找呀? 示强,跟我走吧,我带你去跳舞,在舞厅里,你有的是机会选择女朋友。

示强:我可不会跳舞。

小希:不会就学呀! 我教你,先学跳"青春舞曲"。

示强:我不喜欢跳舞。

小希:那你喜欢什么? 总不能只喜欢学习吧。一天到晚就知道学习,太单调乏味了。

(小明上场,文化衫上写着"运动")

小爱:小明,你好,你和你的女朋友怎么样? 爱情甜蜜吗?

小明:你就知道爱情,我来找示强一起打篮球去。

小希:打篮球? 他可不去,他只知道学习,学习,再学习。

小明:(非常关心)示强,只知道学习可不行,要学会劳逸结合。

示强:小明,怎么劳逸结合,我天天学得头脑发胀。

小明:你天天学习,一直用你的左脑,一刻也不让它休息,你把你的左脑累死了。

示强:是啊,从上中学我就一直这样学习,效率总是不高。

小明:让左脑歇歇,用用你一直闲着的右脑。

示强:(莫名其妙)右脑?

(小游和小爱也好奇地听着)

小明:左脑和右脑是有分工的,我们要学会交替使用。

小游:(非常感兴趣)左右脑怎么分工?

小爱:(非常急切)左右脑怎么交替使用?

小明:好,请耐心听我说。

先说左脑主要负责逻辑理解、记忆、时间、语言、判断、排列、分类、逻辑、分析、书写、推理、抑制、五感等。

小游:那右脑呢?

小明:右脑主要负责空间形象记忆、直觉、情感、身体协调、视知觉、美术、音乐节奏、想象、灵感、顿悟等。

小游:顿悟! 玩游戏可以顿悟。玩游戏可以开发右脑。

小爱:情感! 就是爱情,爱情也可以开发右脑。

小希:音乐节奏! 跳舞也可以开发右脑。

小明：身体协调！包括运动。示强，课余时间经常运动，既可以让你的左脑休息，还可以让你的右脑活动活动，更重要的是强壮我们的身体。

（小游、小爱、小明和小希分别抓住示强的胳膊，然后一起各往各的方向拉示强）

小游：去上网玩游戏吧！

小爱：去寻找爱情吧！

小希：去跳舞吧！

小明：还是去打篮球吧！

小游：游戏！

小爱：爱情！

小希：跳舞！

小明：篮球！

示强：（示强受不了了，一声怒吼，挣脱开大家）不！

（背景音乐：贝多芬《命运交响曲》响起）

旁白：观众同学们，示强应该选择谁呢？他的大学生活应该怎样度过呢？

剧情的发展：台上台下互动。

参考文献

[1]马建青.大学生心理健康[M].北京:人民出版社,2011.

[2]耿步健.大学生心理学[M].南京:东南大学出版社,2005.

[3]周家华,王金凤.大学生心理健康教育[M].北京:清华大学出版社,2004.

[4]黄希庭.心理学导论[M].北京:人民教育出版社,2007.

[5]罗伯特·斯滕伯格,凯琳·斯滕伯格.爱情心理学[M].李朝旭,等,译.北京:
    世界图书出版公司,2010.

[6]吴江霖,戴健林,陈卫旗.社会心理学[M].广州:广东高等教育出版社,2004.

[7]李献华.大学生心理健康教育与咨询工作指导手册[M].北京:当代中国音像
    出版社,2004.

[8]柳友荣,李群,王雪飞.大学生生活健康心理学[M].合肥:安徽人民出版
    社,2011.

[9]高玉祥.个性心理学[M].北京:北京师范大学出版社,2002.

[10]中共重庆市委教育工委,重庆市教育委员会.让心灵追上人生的脚步:大学
    生心理成长导引[M].重庆:西南师范大学出版社,2011.

[11]烨子.爱情心理学[M].北京:大众文艺出版社,2001.

[12]黄儒经,吴晓兰.你未必知道的典故[M].北京:东方出版社,2008.

[13]中华医学会精神病科分会.中国精神障碍分类与诊断标准(CCMD-Ⅲ)
    [M].济南:山东科学技术出版社,2001.

[14]金菊,崔寅.大学生心理健康教育[M].哈尔滨:黑龙江人民出版社,2003.

[15]黄红,高红梅,苏光.大学生心理健康指导[M].哈尔滨:黑龙江人民出版
    社,2007.

[16]张连云,蒋俊梅,朱军.大学生心理健康教育研究[M].成都:西南财经大学
    出版社,2006.

[17]段鑫星,孟莉.大学生心理咨询实录之恋爱心理:爱是青春的舞蹈[M].北
    京:科学出版社,2008.

[18]黄希庭.大学生心理健康教育[M].上海:华东师范大学出版社,2004.

[19]侯桂芳.新世纪大学生心理健康教育概论[M].济南:山东人民出版

社,2007.

[20]何金彩,唐文捷.大学生心理健康与发展[M].杭州:浙江大学出版社,2005.

[21]谭明山.哈佛教授常讲的心理健康故事[M].北京:中央编译出版社,2007.

[22]王群.大学心理健康教育[M].上海:复旦大学出版社,2005.

[23]陈国梁.大学生心理健康教育[M].广州:华南理工大学出版社,2009.

[24]吉利兰·詹姆斯.危机干预策略[M].肖水源,等,译.北京:中国轻工业出版社,2000.

[25]张海燕.走过去,前面是个天:大学生心理危机援助案例集[M].上海:华东理工大学出版社,2005.

[26]吴汉德.大学生心理健康[M].南京:东南大学出版社,2003.

[27]孔燕.微笑成长:大学生心理健康教育案例[M].合肥:安徽人民出版社,2003.

[28]段鑫星,陈婧.大学生心理危机干预[M].北京:科学出版社,2006.

[29]何冬梅,曹晓平.大学生心理健康与调适[M].沈阳:辽宁大学出版社,2007.

[30]斯阳红,吴天武.心理学新编[M].武汉:华中师范大学出版社,2007.

[31]赵夏娣.运动与心理健康[M].西安:西北工业大学出版社,2010.

[32]张承芬.学生心理健康教育[M].北京:警官教育出版社,1997.

[33]姚本先.学校心理健康教育导论[M].合肥:中国科技大学出版社,2002.

[34]刘勇.团体心理辅导与训练[M].广州:中山大学出版社,2007.

[35]樊富珉.团体咨询的理论与实践[M].北京:清华大学出版社,1996.

[36]李建周.心理训练[M].北京:教育科学出版社,1996.

[37]众行管理资讯研发中心.管理培训游戏全案[M].广州:广东经济出版社,2002.

[38]刘明之.户外培训游戏大全[M].北京:北京大学出版社,2003.

[39]钱永健.拓展训练[M].北京:企业管理出版社,2006.

[40]谭志远.团队游戏:创建高效团体的110种游戏[M].北京:中华工商联合出版社,2005.

[41]韩庭卫.企业管理户外拓展训练全书[M].广州:广东经济出版社,2006.

[42]许维素.建构解决之道:焦点解决短期治疗[M].宁波:宁波出版社,2013.

[43]李江雪.大学生情绪管理与辅导[M].北京:北京师范大学出版社,2010.

[44]吴少怡.大学生团体辅导与团体训练[M].济南:山东大学出版社,2010.

[45]金树人.生涯咨询与辅导[M].北京:高等教育出版社,2007.

[46]沈之菲.生涯心理辅导[M].上海:上海教育出版社,2000.

[47]胡礼祥.大学生领导力拓展与训练[M].杭州:浙江大学出版社,2011.

[48]金杰·拉皮德·伯格达.九型人格与领导力[M].北京:中信出版社,2012.

[49]刘慧.大学生团体心理咨询实务[M].北京:中国人民大学出版社,2012.

[50]伏忠国,李云鹤.中学生团体心理辅导实用教程[M].北京:知识产权出版社,2015.

[51]车文博.心理治疗手册[M].长春:吉林人民出版社,1990.

[52]檀传宝.德育美学观[M].太原:山西教育出版社,1996.

[53]杜时忠.人文教育论[M].南京:江苏教育出版社,1996.

[54]黄希庭.普通心理学[M].兰州:甘肃人民出版社,1982.

[55]黄希庭.人生心理咨询手册[M].石家庄:河北教育出版社,1991

[56]黄辛隐,戴克明,陶新华.校园心理剧研究[M].苏州:苏州大学出版社,2003.

[57]邓旭阳,桑志芹.心理剧与情景剧理论与实践[M].北京:化学工业出版社,2009.

[58]石红.心理剧与心理情景剧实务手册[M].北京:北京师范大学出版社,2006.

[59]黄辛隐,戴克明,陶新华.校园心理剧研究[M].苏州:苏州大学出版社,2003.

[60]刘嵋.大学生心理健康教育与辅导[M].北京:机械工业出版社,2008.

[61]张承芬.学生心理健康教育系列丛书[M].济南:明天出版社,2001.

[62]樊富珉.大学生团体心理咨询[M].北京:清华大学出版社,2000.

[63]刘嵋.大学生班级团体心理辅导教程[M].北京:清华大学出版社,2009.

[64]吴增强.学校心理辅导通论[M].上海:上海科技教育出版社,2004.

[65]刘嵋.校园心灵氧吧:学生团体心理辅导与咨询[M].济南:山东教育出版社,2010.

[66]刘嵋,董兴义.心理剧场:监狱心理剧心理辅导[M].北京:金城出版社,2011.

[67]刘嵋.校园心理剧团体心理辅导与咨询[M].北京:清华大学出版社,2016.

[68]凌四宝,杨东明,舒曼.大学心理健康教育实务[M].北京:中国人民大学出版社,2015.

[69]黄小梅.大学生心理健康教育[M].北京:人民邮电出版社有限公司,2014.